마르크스 엥겔스
**주택문제와
토지국유화**

마르크스 엥겔스
주택문제와 토지국유화

초판 1쇄 인쇄 · 2019년 5월 1일
초판 1쇄 발행 · 2019년 5월 5일

지은이 · K. 마르크스 · F. 엥겔스 외
옮긴이 · 김대웅
펴낸이 · 이춘원
펴낸곳 · 노마드
기　획 · 강영길
편　집 · 이경미
디자인 · 디자인오투
마케팅 · 강영길

주　소 · 경기도 고양시 일산동구 무궁화로120번길 40-14(정발산동)
전　화 · (031) 911-8017
팩　스 · (031) 911-8018
이메일 · bookvillagekr@hanmail.net
등록일 · 2005년 4월 20일
등록번호 · 제2005-295호

ISBN 979-11-86288-29-0 (03320)

이 도서의 국립중앙도서관 출판예정도서목록(CIP)은 서지정보유통지원시스템 홈페이지(http://seoji.nl.go.kr)와 국가자료공동목록시스템(http://www.nl.go.kr/kolisnet)에서 이용하실 수 있습니다.(CIP제어번호: CIP2019012923)

마르크스 엥겔스
주택문제와
토지국유화

KARL FRIEDRICH
MARX ENGELS
THE HOUSING QUESTION & THE LAND NATIONALIZATION

서민 · 노동자들의 주택문제 해소와
토지 공개념을 제시한 최초의 저서

카 를 마 르 크 스
프리드리히 엥겔스 외 | 지음
김 대 웅 | 옮김

nomad
노마드

서민·노동자들의 주택문제 해소와
토지 공개념을 제시한 최초의 저서

　지금 세계는 마르크스와 엥겔스가 살았던 19세기와 너무도 비슷하다. 19세기에는 과학 기술의 발전으로 산업혁명을 일으켜 생산과 소비가 급증한 반면에 자본과 노동의 모순으로 빈부의 격차는 더욱 심해졌고, 21세기에는 소위 IT산업혁명의 완성으로 정보화 사회로 접어들었지만, 자본과 노동의 모순에 정보 소유자와 비소유자의 모순까지 겹쳐 있어 지금도 그때와 상황이 별반 달라진 게 없다고 본다. 인간이 이윤과 자본의 도구로 전락하여 인간 고유의 주체성과 존엄성을 상실해 가는 심대한 위기에 처해있는 실정 말이다. 특히 오늘날 우리나라에서는 집값 상승으로 온 나라가 시끄럽고 사람들의 이목은 모두 이 문제에 집중되어 있다. 하지만 어느 시대나, 특히 19세기 이후 자본주의가 태동하여 맹위를 떨치며 모순을 극명하게 드러냈던 사회에서는 토지와 주택문제가 사람들의 이해와 관심이 집중된 영역이었다. 의·식·주 중에서도 주거지는 삶의 가장 중요한 요소이기 때문이다.

이 책은 19세기 말 이후의 주택문제에 대한 일련의 저작들, 즉 엥겔스의 『주택문제』, 『영국 노동자계급의 상태』 중 '대도시', 레닌의 『국가론 노트』 중 『주택문제』, 레닌의 『국가와 혁명』 중 '엥겔스의 보충부분'을 소개하고, 또 토지 국유화와 관련된 2편의 저작, 즉 마르크스의 『토지 국유화에 대하여』와 레닌의 『사회민주주의의 농업강령』 중 제3장 '국유화와 자치체(自治體) 소유화의 이론적 기초'를 독자들에게 소개한 것이다.

이는 당시 주택문제의 원인과 해결방안에 대한 고전적 정의를 살펴본 다음, 이런 이론들이 현재 우리가 처한 상황들의 근본적인 원인을 규명에 도움이 되고 그 대처방안을 찾는데 일조하려는 데 의미가 있다.

엥겔스의 『주택문제』는 당대의 노동계급의 입장에 서서 집필된 저작으로 전 3편으로 이루어져 있다. 여기서 엥겔스는 주택문제 해

결에 대한 부르주아적 또는 쁘띠 부르주아적인 공상적 계획을 신랄하게 비판하고 있다. 150년 전 당시 독일은 후발공업국가로 소규모 산업과 농업을 잠식하여 저임금을 바탕으로 세계시장에 뛰어들었다. 그 밑바탕에 노동자들의 희생이 있었음은 우리와 너무 비슷하다. 이 과정에서 소규모 자영업자와 농민들은 노동자가 되어 도시로 내몰렸고, 그 바람에 대도시의 주택난도 매우 심각했다. 90퍼센트에 이르는 사람들이 주택이 없었고, 싼 임대료를 찾아 악취 나는 지하방에 살거나 비좁은 방에 여러 가구가 함께 살기도 했다. 파리에서는 오스망 시장의 도시정비 사업으로 인해 부르주아 투기꾼들은 엄청난 이득을 챙겼다. 재개발로 부동산 기획자들이 떼돈을 번 우리의 상황과 마찬가지였다.

엥겔스는 이 책에서 프루동주의자들의 주택문제에 대한 입장과 해결방안, 즉 모든 노동자들에게 자기 소유의 소형가옥을 준다는 방안에 대해, '경제적 문제'를 '법률적 문제'와 '도덕적 문제'로 대치시키고 있다고 비판하고 있다. 그러면서 노동자주택의 임대료 구입가격 속에는 잉여가치가 지대, 이윤, 이자의 형태로 내포되어 있다는 사실을 마르크스 경제학의 이론에 입각해서 논증하고 있다. 그리고 이들의 계획은 자본주의 사회 내에서는 이루어질 수 없는 부르주아적·쁘띠 부르주아적 공상이라고 비판하고, 더욱 경계해야 할 것은 프루동주의자들의 입장이 주택문제뿐만 아니라 다른 여러 문제들에 대해 해악을 끼칠 수 있다고 지적했다.

"오늘날의 사회에서는 주택 문제도 다른 모든 사회 문제와 마찬가지 방식으로, 즉 수요와 공급의 점진적인 경제적 조정을 통해 해결된다."

"건축업이 비싼 주택을 훨씬 더 유리한 투기 대상으로 보고 노동자들의 주택은 오직 예외적으로만 건축한다."

"따라서 그야말로 더러운 돼지우리 같은 집도 언제나 빌리려는 사람이 나타나며, 끝으로 가옥 소유자가 자본가로서 자기 소유의 가옥에서 최고의 집세를 무자비하게 짜낼 권리뿐 아니라 또한 경쟁으로 말미암아 어느 정도 그렇게 해야만 하는 사회가 존속하는 한 주택난을 겪지 않을 수 없다."

이러한 엥겔스의 지적은 21세기를 살아가고 있는 지금 우리의 현실과 다를 게 거의 없다. 그리고 엥겔스의 다음과 같은 비판은 집값

이 폭등한 지난 몇 년 간 아무 대책도 내놓지 않다가 대선이 가까워서야 표를 얻기 위해 대책을 내놓는 우리나라의 현실과 과연 뭐가 다른가?

"영국의 자유주의적 정부의 원칙은 오직 극도의 필요성에 못 이겨서만 사회적 개혁 법안을 제출하며 이미 존재하는 법령들도 전혀 집행하지 않는다. … 최상의 경우에도 국가는 관례로 된 표면적 미봉책이 어디서나 균일하게 실행되도록 배려할 뿐이다."

그래서 엥겔스는 마침내 다음과 같은 결론에 도달하게 된다.

"주택난을 끝장내기 위해서는 다음과 같은 오직 하나의 수단이 있을 뿐이다. 지배계급에 의한 노동계급의 착취와 억압을 전반적으로 제거하는 것이다."

『주택문제』 제1편은 1872년 2월 3일, 7일, 10일, 14일, 21일자 『인민국가』에 실린 익명의 연속 논문(프루동주의자 A. 밀베르거가 오스트리아의 『인민의 의지 *Volkswille*』에 실었던 논문)에 대한 비판을 『인민국가 *Der Volksstaat*』 편집부로부터 부탁을 받고 '주택문제'라는 제목으로 집필한 것이다. 엥겔스는 1872년 5월 7일 리프크네히트에게 보낸 편지에서 『인민국가』에 실린 주택난에 대한 황당무계한 프루동주의적 견해를 반박하려고 『주택문제』를 집필한다."고 쓰고 있다. 제1편 '프루동은 주택문제를 어떻게 해결하는가'는 1872년 6월 26일, 29일, 7월 3일자의 『인민국가』 제51, 52, 53호에 발표되었다. 이어 그는 1872년 10월 제2편 '부르주아지는 주택문제를 어떻게 해결하는가'를 집필했다. 제2편은 E. 작스의 저작 『노동계급의 주택조건과 그 개혁』이 담고 있는 주택문제 해결에 대한 부르주아적·박애주의적 방법에 대해 비판을 가한 것으로, 1872년 12월 25일, 28일자 『인민국가』 제103호, 104호 및 1873년 1월 4일, 8일자 『인민국가』 제2호, 3호에 실린 것이다. 제3편은 『인민국가』 편집부가 뮐베르거에게 지면을 통해 엥겔스의 비판에 대한 반론의 기회를 주었기 때문에, 뮐베르거를 또다시 비판하기 위해 집필한 것이다. 이것은 「다시 한 번 프루동 및 주택문제에 관하여」라는 제목으로 1873년 2월 8일, 12일, 19일, 22일자 『인민국가』 제12, 13, 15, 16호에 발표되었다.

그 후 엥겔스의 저작 3편 전부가 『인민국가』 출판사에서 각권으로 간행되었다. 1편과 2편은 1872년에, 3편은 1873년에 출판되었으며, 제2편 '부르주아지는 주택문제를 어떻게 해결하는가'는 1873년 1월 오스트리아의 『인민의지』 제3~9호에도 연재되었다. 그리고 『주택문

제』는 1887년 엥겔스의 서문에 실리고 약간씩 보충·수정되어 호팅겐·취리히 출판사에서 다시 간행되었다.

『토지국유화에 대하여』는 1872년 3월에서 4월 사이에 마르크스가 집필한 것이다. 당시 맨체스터에 있던 국제노동자협회(Internationale)에서는 이 문제에 관한 토론이 있었다. 외젠 뒤퐁(Eugéne Dupont)은 엥겔스에게 보낸 3월 3일자 편지에서 맨체스터 지부 회원들이 '농토문제'에 대해 어떤 혼란을 일으키고 있는지 알려왔다. 그는 문제의 핵심을 5가지로 정리하여 마르크스와 엥겔스에게 자신이 준비한 연설을 예정된 지부회의 때까지 재고할 수 있도록 '농토문제'에 관한 의견을 작성해서 즉시 알려줄 것을 요청했다.

여기에 실린 마르크스의 초고는 뒤퐁에게 보내는 답장의 초안이다. 이 초고는 내용상 뒤퐁이 1872년 5월 8일 지부회의에서 낭독했던 보고와 거의 일치하며, 1872년 6월 15일자『인터내셔널 헤럴드 *International Herald*』에 '토지국유화에 대하여—국제노동자협회 맨체스터지부에서 낭독된 보고'라는 제목으로 실렸다.『인터내셔널 헤럴드』에는 집필자도 강연자도 명시되어 있지 않다(원문은 영어).

엥겔스의 주요저작의 하나인『영국 노동자계급의 상태』는 1844~45년에 집필된 것으로 자본주의의 발상지이며 그 전형을 보여주었던 영국 노동자계급의 상태를 구체적으로, 실증적으로 고찰한 것이다. 이 책에서는『영국 노동자계급의 상태』중에서 당시 노동자의 주거 환경·상태를 구체적으로 묘사해놓은 '대도시'와 '주요직물산업의 공장노동자' 부분을 발췌해서 실었다.

『사회민주주의 농업강령』은 1907년 11~12월에 레닌에 의해 집필되었는데, 이 책에서는 그중 '제3장 국유화와 자치체 소유화의 이론적 기초'를 부분 발췌해서 실었다.

『국가론 노트』중의 '주택문제'와『국가와 혁명』중의 '제4장 엥겔스의 보충설명'은 1916~1917년의 2년 사이에 레닌에 의해 집필된 저작으로 엥겔스가 그의 저작『주택문제』에 언급한 부분(주택문제 해결과 프롤레타리아 독재와 국가 간의 관계)에 대해 관심을 갖고 집필한 것이다.

끝으로 부록으로는 우리나라 초창기 경제평론가 소륜(蘇輪) 선생의 「한국경제와 주택건설의 제문제」와 「고대 주택의 발달사」를 실어보았다. 지금의 우리나라 주택정책에 참고가 될 수도 있을 것이다.

김대웅

차 례 CONTENTS

1

주택문제

Zur Wohnungsfrage / The Housing Question

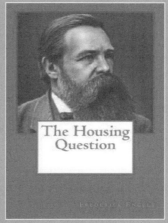

1872년 5월부터 1873년 1월까지 집필.
1872년 6월부터 1873년 2월까지 『인민국가』에 연재.
단행본으로는 1872년(제1편, 제2편), 1873년(제3편)에
라이프치히에서 팸플릿으로 처음 발표.
개정 제2판은
호팅겐·취리히 출판사에서 1887년 간행.

| 독일어본 제2판 서문 |

이 저작은 내가 1872년에 라이프치히의 『인민국가*Der Volksstaat*』[1] 에 실었던 3편의 논문들을 재출간한 것이다. 당시 독일에는 수십억 프랑이 소나기처럼 쏟아져 들어왔다.[2] 국채가 상환되고 요새와 병영이 건설되고 비축용 무기와 군비가 교체되었다. 유통 중인 거액의 화폐와 마찬가지로 유휴자본도 급증했다. 그런데 이 모든 사건들은 독일이 단지 '통일제국'으로서뿐만 아니라 대(大)공업국으로서 세계무대에 등장했던 바로 그 시기에 일어났다. 이 수십억의 화폐는 신

---

1) 『인민국가*Der Volksstaat*』는 독일 사회민주노동당(아이제나흐파)의 중앙기관지로서 1869년 10월 2일부터 1876년 9월 29일까지(처음에는 주 2회, 1873년 7월부터는 3회) 라이프치히에서 발행되었다. 이 신문은 독일 노동운동에서 혁명적 조류의 대표자들의 견해를 게재하고 과감하게 혁명적으로 진출했기 때문에 줄곧 정부와 경찰의 박해를 받았다. 이 신문의 편집부 구성원들은 편집자들의 체포로 인해 교체가 빈번했으나, 그의 총 지도권은 W. 리프크네히트의 손 안에 있었다. 이 신문에서 큰 역할을 한 사람은 『인민국가』 출판부를 관리한 A. 베벨이었다.
마르크스와 엥겔스는 이 신문 편집부와 긴밀한 접촉을 유지했으며, 이 신문에 자기들의 논문을 체계적으로 실었다. 마르크스와 엥겔스는 『인민국가』의 활동에 큰 의의를 부여하면서 이 신문의 동향을 주시했다. 그리고 개별적 실책과 과오에 대해 비판을 가하면서 이 신문의 노선을 바로잡아주었다. 덕분에 이 신문은 1870년대 가장 유력한 신문 중 하나가 되었다.
2) 프로이센·오스트리아 전쟁에서 오스트리아 제국을 패배시킨 오토 폰 비스마르크가 독일 통일의 마지막 걸림돌인 프랑스를 제거하여 독일 통일을 마무리하고자 일으킨 프랑스 제2제국과 프로이센 왕국간의 전쟁, 즉 프러시아·프랑스 전쟁이 끝난 후 체결된 1871년 '프랑크푸르트 조약'에 따라 프랑스에 부과된 50억 프랑의 배상금을 말한다.

생 대공업에 어마어마한 추동력을 가져다주었다. 이 화폐가 가져다 준 것은 무엇보다도 전후(戰後)의 짧고 환상에 찬 번영기였으며, 곧 이어 일어난 1873~1874년의 대파국이었다. 이러한 파국을 통해 독일은 세계 시장에서 경쟁할 수 있는 공업국임이 입증되었다.

오랜 문화를 가진 한 나라가 공장제 수공업(매뉴팩처)과 소생산으로부터 대공업으로 이행하고 더구나 이처럼 유리한 조건에 의해 이 이행이 촉진되는 시기는 또한 '주택난'의 시기이기도 하다. 한편으로는 농촌으로부터 수많은 노동자들이 공업 중심지로 발전하고 있는 대도시로 갑자기 흡수된다. 그리고 한편으로는 이 오랜 도시들의 설계가 새로운 대공업의 조건들과 그 대공업에 상응하는 교통에 더 이상 적합하지 않기 때문에 도로가 확장되거나 새로 건설되고 철도가 도심을 뚫고 부설된다. 노동자들이 밀물처럼 도시로 몰려드는 바로 그 순간 도시에서는 노동자들의 주택이 대량으로 철거된다. 이 때문에 노동자와 노동자를 고객으로 하는 소상인과 수공업자들은 급격한 주택난을 겪게 된다. 애초에 공업 중심지로 생겨난 도시들에서는 이러한 주택난을 거의 찾아볼 수 없다. 예를 들면 맨체스터, 리즈, 브래드포드, 바르멘-엘베르펠트 등이 그렇다. 이와 반대로 런던, 파리, 베를린, 빈에서는 주택난이 한때 심각했으며 또한 대부분 만성적으로 계속되고 있는 실정이다.

바로 이 심각한 주택난은 독일에서 수행되고 있던 산업혁명의 상징으로서 당시의 신문지면을 '주택문제'로 채우게 했으며 온갖 종류의 사회적인 엉터리 치료법이 나오게 되는 동기가 되었다. 이리하여 수많은 논문들이『인민국가』지상에도 발표되었다. 후에 뷔르템베르크(Würtemberg)의 의학박사 뮐베르거(A. Mülberger)라는 익명의 필자는 이 기회야말로 주택문제에서 독일 노동자들에게 프루동의 사회적 만병통치약의 기적적 효능을 설명하는 데 적합하다고 생각했다.3) 나는 이런 기묘한 논문들이 발표된 데 대해 놀라지 않을 수 없었다고 편집자에게 알렸는데 편집자는 이에 대한 답변을 써달라고 제의해왔다. 그래서 쓰게 된 것이 이 글이다(제1편:『프루동은 주택문제를 어떻게 해결하는가』를 보라). 연재된 이 논문에 뒤이어 나는 곧 두 번째 논문을 발표했는데 이 글에서 나는 에밀 작스(Emil Sax) 박사의 저서4)를 예로 들어 이 문제에 관한 박애주의적이고 부르주아적인 견해를 분석했다(제2편:『부르주아지는 주택문제를 어떻게 해결하는가』를 보라). 한참 뒤에야 뮐베르거 박사가 나의 논문에 대해 답변5)을 해주었기 때문에 나는 다시 반박하지 않을 수 없게 되었다(제3편:『또 한 번 프루동 및 주택문제에 관하여』를 보라). 그리하여 이 문제에 관한 논쟁과 특별한 연구도 마무리되었다. 각각 단행본 소책자로도 출판된 이 세 편의 연재논문은 이렇게 유래된 것이다. 이제 와서 새로이 재출판이 필요해진 것은 분명 독일제국 정부의 호의적인 배려 덕분인데, 정부는 언제나 그러했듯이 책에 대한 금지령을 포고하여

---

3) 「주택문제Die Wohnungsfrage」라는 제목의 뮐베르거의 6편의 논문은『인민국가』1872년 2월, 3, 7, 10, 14, 21일 및 3월 6일자에 서명 없이 게재되었다. 이 논문들은 나중에 팸플릿으로 재발행되었다.

4) E. Sax, *Die Wohnungszustände der arbeitenden Klassen und ihre Reform*(근로계급들의 주택 사정과 그 개혁), Wien, 1869.

5) 엥겔스의 논문에 대한 뮐베르거의 답변은『인민국가』1872년 10월 26일자에 '주택문제에 대하여-프리드리히 엥겔스에게 주는 A. 뮐베르거의 답변(Zur Wohnungsfrage-Antwort an Friedrich Engels von A. Mülberger)'이라는 제목으로 실렸다.

이 저작에 대한 수요를 크게 늘려주었다. 따라서 나는 이 자리를 빌려 독일제국 정부에 대해 깊은 감사의 말을 전하는 바이다.

나는 이 새로운 판(版)을 위해 본문을 재검토하고 약간의 보충과 주석을 가했으며, 제1편에서는 유감스럽게도 나의 논적(論敵)이었던 뮐베르거 박사가 찾아내지 못했던 사소한 경제학적 오류를 바로잡았다.[6]

이 논문을 재검토하면서 나는 최근 14년 동안에 국제노동계급운동이 얼마나 커다란 진보를 가져왔는지를 똑똑히 볼 수 있었다. 당시 "라틴어계의 노동자들은 20년 동안 프루동의 저작[7]밖에는 아무런 정신적 자양분도 갖지 못했던 것이 사실이다.[8] 그것도 프루동을 "우리 모두의 선생(notre maître a nous tout)"으로 보았던 '무정부주의'의 아버지 바쿠닌에 의해 일방적으로 해석된 프루동주의였다. 프랑스에서는 프루동주의자들이 노동자들 사이에서 한 개의 작은 분파에 불과했지만 그럼에도 불구하고 오직 그들만이 명확히 정식화된 강

----

6) 예를 들어 이 책 66쪽의 마지막 문장은 『인민국가』제53호(1872년 7월 3일)에 다음과 같이 실려 있다.
"앞에서 본 것처럼 임대가격, 일반적으로 임대료는 1) 지대부분, 2) 건축 자본에 대한(이자로 이루어진) 이윤부분, 3) 수선비, 잡비 및 보험료 부분으로 이루어져 있다. 그 가옥이 저당 잡혀 있는 경우에만 임대료 속에 자본이자 부분이 포함되어 있다."
1872년에 『인민국가』 출판사에서 간행된 엥겔스의 『주택문제』 제1편 단행본에는 "그 집이 저당 잡혀 있는 경우에만 임대료 속에 자본이자 부분이 포함되어 있다."라는 구절에 다음과 같은 저자의 주가 붙어 있다.
"건물과 집을 사고파는 자본가에게 지대와 기타 경비를 제외한 임대가격 분은 자본이자의 형태로 나타날 수 있다. 하지만 그 경우에도 문제 그 자체는 조금도 변하지 않는다. 어떤 임대 주택의 건축주가 스스로 주택을 임대하든가, 임대를 목적으로 하는 다른 자본가에게 팔든가 해도 문제는 마찬가지이다."
7) 프루동, 『경제적 모순의 체계 또는 빈곤의 철학』, 제1~2권, 파리, 1846년 참조. Proudhon, *Systéme des contradictions économiques, ou pholosophic de la misère*, T. Ⅰ~Ⅱ, Paris, 1846.
8) 제3편의 첫 부분 참조.

스스로 아나키스트라 칭한 피에르 조제프 프루동(Pierre-Joseph Proudhon; 1809~1865)은 1843년 마르크스와 바쿠닌을 알게 되었다. 프루동이 1842년 쓴 『경제적 모순의 체계, 혹은 빈곤의 철학』에 대해 마르크스가 『철학의 빈곤』으로 비판하면서 두 사람은 결별했다.

령을 가지고 있었고 코뮌[9) 당시에는 경제적 영역에서 지도권을 장악할 수 있었다. 벨기에에서는 프루동주의가 왈롱(Walloon)인[10) 노동자들을 완전히 지배하고 있었으며 스페인과 이탈리아의 노동운동에서는 극히 일부를 제외하고는 모든 사람이 무정부주의자가 아니면 견실한 프루동주의자였다. 그런데 지금은 어떠한가? 프랑스에서는 노동자들이 프루동을 완전히 버렸다. 프루동주의자이면서도 자신을 '사회주의자'라고도 부르는 급진주의적 부르주아지 및 프티부르주아들 사이에서만 프루동은 아직 신봉자를 거느리고 있으며, 사회주의적 노동자들은 이들과 치열한 투쟁을 벌이고 있다. 벨기에에서는 플랑드르인이 왈롱인에게서 운동의 지도권을 탈취했으며, 프루동주의를 배척하고 운동의 수준을 강력히 고양시켰다. 스페인

----

9) 1871년의 파리코뮌을 말한다 – 옮긴이.

10) 벨기에의 프랑스어 사용 지역. 에노(Hainaut), 리에주(Liège), 뤽상부르(Luxembourg), 나무르(Namur)주와 브라반트(Brabant)주의 일부에서도 프랑스어를 쓴다. 역사적으로 게르만 문화권의 북부 플랑드르(Flandre) 지역(네덜란드어 사용, 58%)과 라틴 문화권의 남부 왈롱 지역(프랑스어 사용, 33%)이 공존하는데, 벨기에 남동부 왈롱 지방의 주민은 프랑스어를 사용하고 있다 – 옮긴이.

에서도 이탈리아에서와 마찬가지로 1870년대의 무정부주의의 대조수가 밀려갔으며, 이와 함께 프루동주의의 잔재도 일소되었다. 이탈리아에서는 새로운 당이 정리되고 건설되는 과정에 있지만, 스페인에서는 '인터내셔널 총평의회(General Council of the International)'[11])에 충성을 바쳤던 '신 마드리드 연맹'이 작은 핵심에서 강력한 당[12])으로 발전했다. 이들은 (공화주의적 신문 자체에서 볼 수 있듯이) 일찍이 말 많던 무정부주의자들이 할 수 있었던 것보다 훨씬 더 효과적으로 노동자들에 대한 부르주아 공화주의자들의 영향력을 분쇄하고 있는 중이다. 라틴계 노동자들 사이에서는 이미 잊힌 프루동의 저서들 대신에 이제는 『자본론』, 『공산당 선언』을 비롯해 일련의 마르크스 학파의 저작들이 그 자리를 대신했다. 마르크스의 기본적 요구(정치적 독재를 획득한 프롤레타리아트가 사회의 이름으로 모든 생산수단을 장악한다는 것)는 이제 라틴계 국가들에서도 역시 전체 혁명적 노동계급의 요구가 되었다.

---

11) 제1인터내셔널의 정식 명칭은 국제노동자협회(International Working Men's Association)이다. 1864년 런던에서 창립된 노동자들의 최초의 국제적인 조직으로서, 당시에는 아직 노동자 정당이 없었기 때문에 유럽과 미국의 노동조합·협동조합·노동자 교육단체·사회주의자 등이 모여 조직되었다. 거기에는 프루동주의·라살주의·바쿠닌주의 및 영국식 노동조합주의 등 각양 각색의 사상적 유대가 있었다. 협회는 '총평의회'를 중심으로 하는 중앙집권적 기구를 가졌으며, 이를 이론적으로 뒷받침한 것은 카를 마르크스와 프리드리히 엥겔스였다 – 옮긴이.

12) '신 마드리드 연맹(Nueva Federaction Madriléna)'은 『해방La Emancipacion』의 편집부 성원들에 의하여 1872년 7월 8일에 결성되었다. 이들은 스페인 사회민주주의 비밀동맹의 활동을 그 신문이 폭로했기 때문에 '마드리드 연맹'에서 다수파인 무정부주의자들에 의해 제명되었다. '신 마드리드 연맹'의 조직과 활동에는 폴 라파르그가 적극적으로 참여했다. '신 마드리드 연맹'은 스페인 연맹위원회가 인터내셔널 가맹을 거부하자 총평의회에 호소했으며 총평의회는 1872년 8월 15일에 인터내셔널 산하의 연맹으로 인정했다. '신 마드리드 연맹'은 스페인에서 무정부주의적 영향이 보급되는 것을 반대하여 격렬한 투쟁을 전개했으며, 과학적 사회주의 사상을 선전했고, 스페인에서 자립적인 프롤레타리아 당의 창건을 위해 힘썼다. 그 기관지인 『해방』에는 엥겔스가 주로 기고했다. '신 마드리드 연맹' 회원들은 1879년에 창건된 '스페인 사회노동당'의 조직자들이었다.

그런데 프루동주의가 마침내 라틴계 국가들의 노동자들에 의해서도 거부되고 (이제는 자기의 진정한 사명에 알맞게) 프랑스, 스페인, 이탈리아 및 벨기에의 부르주아 급진주의자들에게만 부르주아적·프티부르주아적 열망의 표현으로 봉사하고 있는데, 왜 이제 다시 프루동주의를 논할 필요가 있을까? 무엇 때문에 이 논문들을 다시 출판함으로써 다시 죽은 논적(論敵)과 투쟁할 필요가 있을까?

첫째, 이 논문이 프루동과 그의 독일인 대변자들과의 단순한 논쟁에 그치는 것이 아니기 때문이다. 마르크스와 나 사이에 있었던 분업 때문에 정기간행물에서 우리의 견해를 발표하는 일, 특히 적대적 견해들과 투쟁하는 일은 나에게 맡겨졌다. 이것은 마르크스가 위대한 기본 저작(『자본론』)을 완성할 수 있도록 시간을 주기 위해서였다. 그러므로 나는 주로 논쟁의 형식으로 우리의 견해들 대부분을 다른 견해들에 대립시켜 서술해야만 했다. 이 경우에도 그렇다. 제1편과 제2편에는 비단 프루동식의 문제 이해에 대한 비판뿐만 아니라 우리 자신의 견해에 대한 서술도 포함되어 있다.

둘째, 프루동은 유럽 노동운동사에서 너무 큰 역할을 했기 때문에 그를 그냥 잊어버릴 수는 없었다. 그는 비록 이론적으로 반박당하고 실천적으로도 밀려나가긴 했으나 여전히 역사적 관심의 대상이다. 현대사회주의를 어느 정도 면밀히 연구하는 사람이라면 운동의 '극복된 관점'도 역시 연구하지 않으면 안 된다. 마르크스의 저서 『철학의 빈곤』은 프루동이 사회개혁의 실천적 제안을 내놓기 수년 전에 이미 발표되었다. 따라서 마르크스는 당시 프루동의 교환은행(Tauschbank, exchange bank)의 싹을 발견하고 그것을 비판할 수 있었을 뿐이었다. 그러므로 이런 시점에서 보면 본 소책자는 (유감스럽게도 아주 불충분하지만) 마르크스의 저작을 보충하고 있는 셈이다. 마르크스라면 이 모든 것들을 훨씬 더 훌륭히 또 정확히 해냈을 것이다.

마지막으로 독일에는 오늘에 이르기까지 부르주아적 및 프티부르주아적 사회주의가 아직도 강력히 제기되고 있다. 즉 한편으로는 강단사회주의자(講壇社會主義者, Kathedersozialismus)[13]와 온갖 종류의 박애주의자들을 통해 노동자들을 주택의 소유자로 만들려는 바람이 아직도 큰 역할을 하고 있다. 따라서 이들에 대항하는 데에도 나의 저작은 유효하다고 보는 것이다. 또 한편으로는 제국의회 **대의원단**도 포함하여 사회민주당 내부에 일정한 종류의 프티부르주아적 사회주의가 대변자를 갖고 있다는 점이다. 즉 그들은 현대사회주의의 기본적 견해와 일체의 생산수단을 사회적 소유로 전환한다는 요구의 정당성을 인정하면서도 그 실현은 먼 장래에, 실제로는 예측할 수 없는 장래에나 가능하다고 설명한다. 바로 그렇기 때문에 오늘날 사람들은 사회적 미봉책에만 의존하고, 사정에 따라서는 이른바 '근로 계급들의 향상'이라는 가장 반동적인 경향에 동조하기까지 한다. 독일과 같이 너무나(par exellence) 속물적인 나라에서 이러한 경향이

---

13) 1870년대에서 90년대 사이에 있었던 부르주아 이데올로기의 한 흐름. 이 명칭은 그들(A. 와그너, G. 슈몰러, L. 브렌타노, W. 좀바르트 등)이 대학강좌(Katheders)에서 개량주의를 설교한 데서 유래했다. 그들은 국가를 초계급적 기구로 규정하고, 사회주의는 평화적 점진적으로 도입될 수 있다고 주장했다. 그들의 목표는 조직화된 보험제도와 공장법을 제정함으로써 노동자의 상태를 개선하는 것이었으며, 잘 조직된 노동조합은 정치투쟁과 노동계급정당을 불필요하게 만들 것이라고 주장했다 – 옮긴이.

나타나는 것은 당연한 일이며, 공업의 발전이 오랜 속물주의를 강제적으로 또 대대적으로 뿌리 뽑고 있는 시기에 특히 그러하다. 하지만 이러한 경향은 지난 8년 동안 반(反)사회주의자법[14]과 경찰 및 판사에 반대하는 투쟁에서 우리 노동자들이 보여준 놀랄 만한 상식에 비추어 보면 운동에 전혀 해로운 것이 아니다. 그러나 우리는 이러한 경향이 존재하고 있음을 아주 분명히 이해할 필요가 있다. 그리고 이러한 흐름이 이후 더욱 확고한 형태와 명확한 윤곽을 띠면(이 것은 불가피하고 또 바람직한 일이기까지 하지만) 그들은 강령을 만들기 위해 자신의 선구자들에게로 돌아갈 수밖에 없을 것이며, 그러면 프루동을 피할 수 없을 것이다.

'주택문제'에 대한 그랑(大)부르주아적 해결이나 프티부르주아적 해결의 핵심은 노동자의 주택을 자신들의 소유로 해야 한다는 것이다. 하지만 이것은 지난 20년간에 걸친 독일의 공업 발전에 따라 아주 독특한 양상을 띠고 있다. 그렇게 많은 임금노동자들이 주택을 소유하고 있을 뿐만 아니라 텃밭이나 전답을 소유하고 있는 것은 다른 나라에서는 찾아볼 수 없는 실정이다. 이런 노동자들뿐만 아니라 가옥과 텃밭 또는 전답을 임차하여 보유하고 있는 다른 노동자들도 많다. 채소재배 또는 소규모 농업과 결합되어 있는 농촌 가내 공업은 독일의 새로운 대공업의 폭넓은 기초를 이루고 있다. 서부의 노동자들은 주로 자기 주택을 소유하고 있으며, 동부의 노동자들은 대

---

14) 반사회주의자법(the Anti-socialist Law)은 1878년 10월 21일 독일에서 제정되었다. 이 법에 의해 모든 사회민주주의 당 조직과 대중적 노동 조직들, 사회민주주의자들은 탄압받았으며 사회주의 출판물은 압수당했다. 대중적 노동운동의 압력으로 1890년 10월 1일 폐지되었다.

부분 세입자이다. 가내 공업과 텃밭 및 농경작의 결합 그리고 주택
과의 결합은 비단 아직도 수방직기(手紡織機)가 기계방직기와 경쟁
하고 있는 지방, 즉 라인 하류지방과 베스트팔렌 지방, 에르츠게비
르게(Erzgebirge) 산맥15) 및 슐레지엔 지방에서만 발견되는 것이 아
니다. 또한 우리는 어떤 부문의 가내 공업이 농촌의 생업이 되어 있
는 지방, 예컨대 튀링겐 삼림지대와 뢴(Rhön) 지대에서도 이러한 결
합을 볼 수 있다. 담배 전매문제로 논쟁이 벌어졌을 때, 담배의 제조
가 이미 얼마나 많이 농촌 가내 공업으로 자리잡고 있는지 밝혀진
바 있다. 그리고 수년 전 아이펠16)에서 있었던 것처럼 소농민 사이
에 궁핍상태가 나타날 때 부르주아 신문들은 곧바로 적당한 가내 공
업의 도입을 유일한 구제책으로 제시한다. 사실 악화일로에 있는 독
일의 영세농민의 궁핍 상태는 독일 공업의 전반적 상황과 더불어 농
촌의 가내 공업을 지속적으로 확대시키고 있다. 이것은 독일만의 특
이한 현상이다. 다만 예외적으로 우리는 이와 비슷한 현상을 프랑스
에서, 예컨대 양잠업(養蠶業) 지대에서만 볼 수 있다. 소농이 존재하
지 않는 영국에서는 농촌 가내 공업이 일용 농업노동자의 부녀자들
에 의해 유지되고 있다. 우리는 아직 아일랜드에서만 독일에서와 마
찬가지로 의류제조 가내 공업이 실제로 농민 가족들에 의해 유지되
고 있음을 볼 수 있다. 물론 우리는 세계 공업시장에 등장하지 않은

----

15) 독일의 작센과 체코의 보헤미아 사이에 걸친 산맥 — 옮긴이.
16) 아이펠 지방(프로이센의 라인주)은 산악지대가 많고 늪과 황무지 면적이 넓고 풍토 조건이 농
    업에 불리하다. 이 지방에서 농사는 낙후한 농업 기술과 비효율적인 소농 경리에 의해 진행되
    었다. 이 모든 것들 때문에 흉작이 주기적으로 닥쳐왔고, 소농민층의 궁핍이 극심했다. 엥겔스
    의 이 논문에서는 1882년에 일어난 사변을 말하고 있는데, 그해에는 전 해에 이어 흉작이 계속
    되고 농산물 가격이 폭락한 후에 아이펠 지방에 기아가 닥쳐왔다.

러시아와 기타 나라들은 여기서 언급하지 않겠다.

이처럼 오늘날 광대한 지역에서의 독일 공업은 언뜻 보기에 기계가 도입되기 이전의 일반적인 상태와 닮았다. 하지만 이것은 언뜻 볼 때에만 그렇다는 것이다. 텃밭이나 농경작과 결합된 기존의 농촌 가내 공업은 공업이 발전하고 있는 지방에서는 견딜 만한, 그리고 장소에 따라서는 노동계급의 안락하기까지 한 물질적 기초로 작용했지만, 동시에 그것은 그들의 정신적 및 정치적 무기력증의 토대이기도 했다. 수제품과 그 생산비가 시장가격을 결정했다. 그리고 오늘날과 비교하면 보잘것없던 당시의 노동생산성 때문에 대개 시장이 공급보다 빨리 성장했다. 이것은 지난 세기 중반의 영국과 부분적으로는 프랑스에서, 특히 섬유공업에서 그러했다. 하지만 가장 불리한 조건 하에서, 30년전쟁[17])으로 말미암아 황폐화된 상태에서 겨우 회복하기 시작한 독일에서의 사정은 이와 전혀 달랐다. 즉 세계시장을 상대로 한 독일의 유일한 가내 공업이었던 아마포 직조는 조세와 봉건적 공납(Feudallasten, feudal exactions)이 너무 무거웠기 때문에 이 분야에 종사하는 농민은 다른 분야 농민들의 가장 낮은 생활수준 정도에 머물 수밖에 없었다. 그럼에도 불구하고 농촌의 공업노동자는 당시 어느 정도 안정된 생활을 할 수 있었다.

기계가 도입됨에 따라 이 모든 것들이 변했다. 이제 가격은 기계제품에 의해 결정되었으며, 가내 공업 노동자의 임금은 이 가격과 함께 떨어졌다. 따라서 노동자는 이 임금에 동의하거나 다른 일을 찾아야

---

17) 프로테스탄트교도와 가톨릭교도 간의 싸움이 원인이 된 1618~1648년의 전쟁. 주요 투쟁무대는 독일이었으며, 군사적 약탈과 팽창주의적 야욕이 전쟁에 내포되어 있었다 ─ 옮긴이.

만 했다. 다른 일을 찾는 것은 그가 프롤레타리아로 되지 않는 한, 즉 그의 작은 가옥과 텃밭과 전답(자신의 것이건 임차한 것이건)을 내놓지 않는 한 불가능한 일이었다. 노동자는 아주 드문 경우에만 그렇게 했다. 그러므로 농촌 수(手)방직공들의 오랜 텃밭 경작과 농경은 도처에서 수방직기와 기계직조기 간의 투쟁을 그토록 오래 끌게 한 원인이 되었는데, 독일에서 이 투쟁은 오늘날까지도 끝나지 않고 있다. 이 투쟁에서 처음으로, 특히 영국에서 다음과 같은 현상이 나타나기 시작했다. 노동자들의 상대적 복지의 기초가 되었던 동일한 조건, 즉 노동자 자신이 생산수단을 소유하는 것이 이제는 그들에게 장애와 불행이 된 것이다. 공업에서는 기계방직기가 그들의 수방직기를 몰아냈고 농업에서는 대규모 농업이 그들의 소규모 농업을 밭에서 몰아냈다. 그런데 이 두 생산부문에서 다수인의 집단적 노동과 기계 및 과학의 채용이 사회적 통칙이 되어가고 있었지만, 노동자들의 소규모 가옥, 텃밭, 전답 및 수방직기는 그들을 개별적 생산이나 손노동의 낡은 방법에 매어 있도록 했다. 가옥과 텃밭을 소유하는 것은 이제 완전한 이동의 자유에 비해 훨씬 가치가 떨어져버렸다. 어떤 공장의 노동자도 서서히, 그러나 불가피하게 굶어죽어 가는 농촌 수방직공과 그 처지를 바꾸려고 하지 않을 것이다.

독일은 뒤늦게 세계시장에 등장했다. 1840년대에 발생한 독일의 대공업은 1848년 혁명을 통해 첫 추동력을 갖게 되었으며, 1868년과[18] 1870년 혁명이 적어도 최악의 정치적 장애를 제거한 뒤에야 비

----

18) 프로이센·오스트리아 전쟁을 가리킨다 ─옮긴이.

로소 충분히 발전할 수 있었다. 그러나 이미 세계시장은 대부분 점령당하고 있었다. 영국은 대중 소비제품을 공급했고 프랑스는 아름다운 사치품을 제공했다. 독일은 가격에서 영국을 이길 수 없었고 품질에서는 프랑스를 이길 수 없었다. 그러므로 독일은 기존의 독일식 생산의 길을 따라서 영국인에 비해서는 너무나 작고 프랑스인에 비해서는 너무나 나쁜 상품을 가지고 우선 세계시장에 기어들어 가는 수밖에 없었다. 처음엔 좋은 견본을 보내고 나중에는 너절한 제품을 보내는, 독일인이 즐겨 쓰는 이 사기 방법은 이내 세계시장에서 준엄한 징벌을 당해 거의 사용할 수 없게 되었음은 물론이다. 그런데 과잉생산 조건 하에서의 경쟁은 견실한 영국인들까지도 점차 품질저하라는 내리막길로 몰아넣어 이 방면에서는 적수가 없다고 자처하는 독일인들을 도와주는 결과를 가져왔다. 그리하여 독일은 마침내 대공업을 갖게 되었고, 세계시장에서 일정한 역할을 담당하게 되었다. 그러나 독일의 **대**공업은 거의 전적으로 국내시장을 위한 것이다(그 생산이 국내 수요를 훨씬 능가하는 제철공업을 제외하고). 그리고 독일의 대량 수출품은 수많은 소제품(小製品)들로 이루어졌는데, 이를 위해 대공업은 필요한 반제품만을 공급하며 이 소제품 자체는 대부분 농촌 가내 공업을 통해 제공되고 있었다.

바로 여기서 현대 노동자들을 위한 가옥 및 토지 소유라는 '축복(Segen, Blessing)'이 아주 찬란하게 빛나고 있다. 어느 곳에서도(아일랜드의 가내 공업조차도 예외가 아닐 것이다) 독일의 가내 공업에서처럼 지극히 낮은 임금을 지불하지는 않는다. 경쟁은 노동자 가족이 자기네 작은 텃밭이나 전답에서 벌어들인 것을 자본가가 노동력의 가격에서 공제하도록 허용해준다. 노동자들은 어떤 도급임금(Akkordlohn, piece wages)이라도 받아들이지 않을 수 없다. 그렇지 않으면 그들은 달리 아무런 소득도 얻지 못할 것이며 또 그들의 소규모 농업생산물만으로는 살아갈 수 없기 때문이다. 그리고 바로 이 농업과 토지 소유가 그들을 그 땅에 묶어놓고 다른 일자리를 찾지 못하게 하기 때문이다. 이것이야말로 독일이 세계시장의 온갖 소제품 판매에서 경쟁력을 유지케 하는 토대이다. 모든 **자본의 이윤은 정상적 임금에서 공제(控除)함으로써 얻어내기 때문에 잉여가치 모두를 구매자에게 선사할 수 있다.** 이것이 바로 대부분의 독일 수출품이 놀랄 만큼 값이 싼 비밀이다.

다른 부문의 공업에서도 독일 노동자들의 임금과 생활수준이 서유럽 나라들보다 낮은 것은 무엇보다도 이러한 사정 때문이다. 전통적인 노동력의 가치보다 훨씬 낮게 유지되고 있는 이러한 노동가격의 무게는 도시 노동자들, 심지어는 대도시 노동자들의 임금에도 과도한 압력을 가해 그것을 노동력의 가치 이하로 끌어내린다. 도시에서는 더욱 그렇다. 임금이 낮은 가내 공업이 낡은 수공업을 몰아냄으로써 여기에서조차 임금의 전반적 수준을 저하시키고 있기 때문이다.

여기서 우리는 다음과 같은 사실을 분명히 알게 된다. 즉 이전의 역사적 단계에서 노동자의 상대적 복지의 기초가 되었던 것(농업과 공업의 결합, 가옥과 텃밭과 전답의 소유, 보장된 주택)이 오늘날의 대공업 지배 하에서는 노동자에 대한 심각한 질곡일 뿐만 아니라 전체 노동계급에 대한 최대의 불행이며, 임금을 정상 수준 이하로 전례 없이 떨어뜨리는 기초이다. 더욱이 이것은 개개의 기업이나 몇몇 지방들에서만 그런 것이 아니라 전국적인 범위에서도 그렇다. 이렇게 임금에서 비정상적으로 공제한 것으로 살면서 부유해지는 대·소 부르주아지가 농촌 공업 그리고 가옥을 소유한 노동자들을 환영하는 것은 그리 놀라운 일이 아니며, 또한 농민의 온갖 불행에 대한 유일한 구제책으로 새로운 가내 공업의 도입을 환영하고 있는 것도 이상한 일이 아니다!

이것은 문제의 한 측면이고 거기에는 또한 반대의 측면도 있다. 가내 공업은 독일 수출의 폭넓은 토대가 되었으며 또한 동시에 전체 대공업의 토대가 되어 있다. 그런 까닭에 가내 공업은 독일의 여러 지방에 광범하게 보급되었으며, 또한 날이 갈수록 더욱더 확대되고 있다. 자가 수요를 충족시키기 위한 소농민의 공업적 가내 노동(industrielle Hausarbeit, industrial domestic production)이 값싼 기성복과 기계생산물에 의해 파괴되고, 또 그의 가축사육과 그에 따른 비료생산도 낡은 촌락공동체(Mark) 제도, 공유지 및 강제적 윤작(輪作) 등의 와해로 인해 붕괴된 바로 그때부터 소농민의 몰락은 불가피했다. 이러한 몰락은 고리대금업자에게 얽매인 소농민을 강제로 근대 가내 공업으로 몰아넣었다. 아일랜드 지주의 지대와 마찬가지로 독일 고리대금업자가 얻는 저당이자는 토지소득에서가 아니라 다만 공업에 종사하는 농민의 임금에서만 지불될 수 있다. 가내 공업이 확대됨에 따라 농촌지역이 순차적으로 오늘의 공업운동(industrielle Bewegung, industrial movement)으로 끌려 들어가고 있다. 독일의 산업 혁명이 영국과 프랑스에서보다도 훨씬 더 넓은 지역으로 확대된 것은 가내 공업에 의한 농촌지역의 혁명적 변화에 따른 것이다. 그리고 독일의 공업 수준이 비교적 낮기 때문에 가내 공업을 광범위하게 확대시킬 필요성은 더욱 커진다. 이 점은 영국 및 프랑스와는 대조적으로 독일의 혁명적 노동운동이 도시 중심지에만 국한되지 않고 전국의 광범한 지역에 강력하게 확대되고 있는 이유를 보여준다. 또한 이것은 노동운동의 조용하면서도 확고하며 끊임없는 전진을 설명해준다. 그러므로 독일의 수도와 기타 대도시들에서 봉기가 승리를 거두려면 대다수의 소도시들과 많은 농촌지대가 대변혁을 일으킬 만큼 성숙되었을 때에만 비로소 가능할 것이라는 것이 자명해진다. 어느 정도 사태가 정상적으로 발전할 경우 노동자의 승리는 결코 1848년 및 1871년의 파리 시민들과 같은 방식으로는 오지 않을 것이며, 바로 그렇기 때문에 파리가 위의 두 경우에서 맛본 것처럼 반동적인 지방 때문에 혁명적 수도가 패배를 당하는 사태를 겪지 않을 것임을 우리는 알고 있다. 프랑스에서는 운동이 언제나 수도로부터 시작되었지만 독일에서는 대공업, 매뉴팩처 및 가내 공업 지대로부터 시작되었으며, 수도는 뒤에서야 비로소 쟁취되었던 것이다. 그러므로 미래에도 출발은 프랑스인에게 속하겠지만 결정적 승리는 오직 독일에서만 쟁취될 수 있을 것이다.

그런데 이 농촌 가내 공업과 매뉴팩처는 그것의 확대를 통해 독일의 가장 중요한 생산 부문이 되었고, 또한 그로 인해 독일 농민을 더욱더 혁명적으로 만들고 있다. 하지만 그 자체는 앞으로 있을 변혁의 첫 단계에 불과하다. 이미 마르크스가 증명한 바와 같이(『자본론』, 제1권, 제3판, 484~495쪽)[19] 농촌 가내 공업 및 매뉴팩처도 일정한 발전단계에 이르러서는 기계와 공장제 생산에 의해 파멸의 시간을 맞이할 것이다. 그리고 이러한 파멸의 시간은 임박한 것처럼 보인다. 그러나 독일의 경우 기계 및 공장제 생산에 의한 농촌 가내 공업과 매뉴팩처의 파괴는 수백만 농촌 생산자들의 생존을 파괴한다는 것을 뜻하며, 거의 절반에 이르는 독일 소농민에 대한 수탈을 뜻한다. 그리고 가내 공업의 공장제 공업으로의 전환과 농업경제의 대규모 자본주의적 농업으로의 전환을, 소토지 소유의 대토지 소유로의 전환을, 즉 농민의 희생 하에 자본과 대토지 소유의 이익을 위해 공업과 농업혁명이 일어나는 것을 뜻한다. 독일이 이러한 변화를 낡은 사회적 조건 하에서 치르게 된다면 이 변화는 의심할 여지없이 하나의 전환점이 될 것이다. 그때까지 다른 어느 나라에서도 노동계급이 주도권을 장악하지 못한다면 공격을 개시할 나라는 분명 독일이 될 것이며 '영광스러운 군대'의 농민 자제들은 용감하게 이를 지원할 것이다.

각 노동자들에게 주택을 갖게 함으로써 그들을 반(半)봉건적 방식으로 자본가에게 결박하여 놓으려는 부르주아적 및 프티부르주아적 유토피아는 이제 아주 다른 양상을 띠고 있다. 그들의 이상이 실

---

19) Marx/Engels, *Werke*, 제23권, 494~504쪽을 참조.

현되기보다는 모든 소규모 가옥 소유자를 공업적 가내 노동자로 전화시키고 있으며, 지금 '사회적 소용돌이'에 휩쓸려 들어가고 있는 소농민들의 낡은 폐쇄성과 이와 관련된 그들의 정치적 무기력증을 타파하고 있다. 그리고 산업혁명이 농촌에 확대됨으로써 주민들 중에 가장 안정되어 있고 가장 보수적인 계급을 혁명의 온상으로 전화시키고 있으며, 이 모든 과정의 정점으로서, 기계에 의해 수탈당한 가내 공업적 농민을 강제로 폭동의 길로 치닫게 하고 있다.

부르주아—사회주의적 박애주의자들이 자본가로서의 자기의 사회적 기능을 수행하면서 그들의 이상을 이처럼 거꾸로 된 방식으로 추구하는 한, 즉 그들의 이익에는 배치되고 사회혁명에는 유리하게 계속 실현시키는 한, 우리는 기꺼이 그들이 자기네들의 이상을 즐기도록 허용할 수 있다.

프리드리히 엥겔스
1887년 1월 10일, 런던.

F. 엥겔스 『주택문제』, 제2판,
취리히, 1887.

제1편

프루동은 주택문제를 어떻게 해결하는가

『인민국가』제10호 이후에는 몇 호에 걸쳐 주택문제에 관한 6편의 논문이 연재되어 있다.[20] 이 논문들은『인민국가』2월 3일, 7일, 10일, 14일 그리고 3월 6일자에 실렸다.

이 논문은 (오래전에 잊힌 40년대의 몇몇 통속문학적인 글[21])들을 제외한다면) 프루동 학파를 독일에 이식하려고 한 최초의 시도라는 이유에서 주목할 가치가 있다. 이것은 이미 25년 전 프루동적 관념에 결정적 타격을 준[22] 독일 사회주의의 전 발전과정에 비할 때 엄청난 퇴보를 의미하기 때문에 이러한 시도에 대해서는 지금 당장 반박할 필요가 있다.

현재 출판물에서 그처럼 큰 비중을 차지하고 있는 소위 주택난이란 노동계급이 일반적으로 불결하고 비좁고 건강에 해로운 주택에 살고 있다는 점이 아니다. 이 주택난은 오늘날에만 있는 특유한 것도 아니다. 그것은 과거 모든 피압박 계급들과는 달리 오늘날 프롤레타리아트만이 당하는 특징적인 고통들 중 하나도 아니다. 오히려

----

20) 뮐베르거의『주택문제』를 가리킨다.
21) 카를 그륀으로 대표되는 진정 사회주의자들의 저작을 가리킨다. Marx/Engels, *Werke*(이하『전집』), 제3권, 518~520쪽 참조.
22) 마르크스,『철학의 빈곤』, 브뤼셀과 파리, 1847년―엥겔스의 주.

주택난은 모든 시대의 모든 피압박 계급들이 거의 같은 정도로 당한 고통이다. 이러한 주택난을 종식시키기 위해서는 단 **한 가지** 수단이 있을 뿐이다. 즉 근로계급에 대한 지배계급의 착취와 억압을 전면적으로 제거하는 것이다. 오늘의 주택난이란 인구가 대도시에 갑자기 몰려든 결과 원래 열악했던 노동자들의 주택 조건이 더 악화된 것을 의미한다. 즉 집세가 엄청나게 오르며, 개개의 주택에 사는 거주자의 밀집도가 더 커지고, 어떤 사람들은 도대체 거처할 곳조차 없게 된 상태에 있음을 의미한다. 그리고 주택난이 이처럼 요란하게 문제되고 있는 까닭은 그것이 노동계급에게만 국한된 문제가 아니라 동시에 프티부르주아지에게도 문제가 되기 때문이다.

오늘날의 도시 노동자 및 일부 프티부르주아지가 겪고 있는 주택난은 오늘날의 자본주의적 생산양식에서 발생하는 온갖 **작은** 부차적 재앙들 중 하나이다. 주택난은 자본가가 **노동자로서의**(als Arbeiter) 노동자를 착취하는 직접적 결과가 결코 아니다. 이 착취는 사회혁명이 자본주의적 생산양식을 폐지함으로써 철폐하려는 근본적인 폐악이다. 자본주의적 생산양식의 기초는 다음과 같은 사실에 있다. 즉 우리의 현재 사회질서가 노동자의 노동력을 그 가치대로 사서 그 노동력의 대가로 지불된 가격의 재생산에 필요한 시간보다도 더 장시간 노동시킴으로써 노동력의 가치보다 훨씬 더 많은 것을 자본가가 노동자에게서 짜낼 수 있도록 하는 데 있다. 그리하여 생산된 잉여가치는 자본가 및 토지소유자의 전체 계급에 분배되며, 이외에 그들이 고용한 법왕과 제왕으로부터 야경꾼 등에 이르기까지 분배된다. 이것이 어떻게 분배되는가 하는 문제는 여기서 우리의 관심사가 아니다. 그러나 일하지 않는 모든 사람들이 이런 또는 저런 방법으로 그들의 손에 들어오는 이 잉여가치에 의해서만 살 수 있다는 한 가지 사실은 의심할 수 없다(이것을 맨 처음 천명한 **마르크스**의 『**자본론**』을 참조).

노동계급에 의해 생산되고 또 그들로부터 무상으로 탈취한 잉여가치가 비(非)근로계급 사이에서 분배되는 것은 매우 교훈적인 싸움과 상호기만 속에서 이루어진다. 즉 이 분배는 팔고 사는(賣買) 방법에 의하여 이루어지는 만큼 그 주된 방법 중 하나는 판매자가 구매자를 속이는 것이다. 이 속임수는 지금 소매업, 특히 대도시의 소매업에서는 판매자의 절대적인 생활조건이 되었다. 그러나 식료품 잡화상 또는 빵 장수가 노동자에게 상품의 가격이나 품질을 속인다 하더라도 그것은 결코 노동자를 노동자로서의 고유한 자격(spezifischen Eigenschaft, specific capacity)에서 속이는 것이 아니다. 오히려 어떤 지방에서 속임수의 일정한 평균수준이 사회적 규칙으로 굳어버리면, 그것은 결국 이에 상응한 임금의 상승에 의해 조정될 수밖에 없다. 노동자는 소매상인에 대해 구매자로서, 즉 화폐 또는 신용의 보유자로서 등장하지 결코 노동자로서, 즉 노동력의 판매자로서 등장하는 것이 아니다. 이런 속임수는 부유한 계급보다 가난한 계급 일반과 노동자에게 한층 더 강력한 영향을 미친다. 하지만 그것은 노동자에게만 영향을 미치는, 오직 노동계급에만 특유한 해악은 아니다.

주택난도 사정은 꼭 마찬가지다. 현대 대도시의 팽창은 도시의 몇

몇 지역, 특히 도시의 중심에 있는 토지의 가치를 인위적으로, 때로는 엄청나게 상승시킨다. 그러나 이 토지 위에 이미 세워져 있는 건물들은 그 가치가 올라가는 것이 아니라 오히려 떨어지는데, 이 건물이 이미 변화한 조건에 적응하지 못하기 때문이다. 그러므로 사람들은 이 건물

제2제정 시대 파리 시장 오스망 남작

을 철거하고 다른 건물로 바꾼다. 여기에서 맨 먼저 철거의 운명에 처하는 것은 도시 중심지에 있는 노동자의 주택이다. 이 노동자 주택의 집세는 아무리 많은 입주자를 집어넣더라도 일정한 최대한계를 결코 넘어설 수는 없으며, 또 넘어선다 하더라도 아주 천천히 넘어갈 수 있을 뿐이다. 이 주택들은 철거되고 대신 상점, 창고, 공공건물이 들어선다. 보나파르트주의는 오스망(Hausmann) 남작[23])을 통해 파리에서[24]) 그들의 협잡질과 개인적 치부를 위해 이러한 경향을 대대적으로 이용했다. 그런데 이 오스만의 정신은 런던, 맨체스터, 리버풀에도 확산되었으며, 베를린과 빈에서도 역시 고향에 온 것처럼 느끼는 것 같다. 그 결과 노동자들은 도시의 중심부로부터 변두리로 쫓겨나며, 노동자들의 주택 및 소규모 주택들은 찾아보기 힘들

----

23) 오스망 남작(Georges-Eugene, Baron Haussmann; 1809~1891)은 프랑스의 정치인이며 보나파르트주의자. 제2제정 기간 중 파리 시장이었다. 그는 파리 시의 도시계획 시 노동자들의 봉기를 분쇄하기 쉽도록 계획을 짰다. 즉 노동자들의 주거지역을 변두리로 이전시켰으며, 시가전 때 포격을 쉽게 할 수 있도록 주요 도로를 일직선으로 만들었다. 보나파르트주의자들은 이 도시정비 과정에서 막대한 부동산 투기이익을 얻었다 - 옮긴이.
24) 엥겔스는 1887년판에 "파리에서"라는 말을 덧붙였다.

게 되고, 더구나 값이 비싼데다가 때로는 전혀 구할 수조차 없는 형편이다. 그것은 이러한 조건에서 건축업이 비싼 주택을 훨씬 더 유리한 투기대상으로 보고 노동자들의 주택은 오직 예외적으로만 건축하기 때문이다.

그러므로 주택난은 부유한 계급보다는 노동자들에게 훨씬 더 큰 고통을 주고 있음이 틀림없다. 그러나 주택난도 소매상인들의 속임수처럼 오로지 노동계급만을 압박하는 불행은 아니며, 그것이 노동계급에게 관계되는 만큼 일정한 수준에 도달하고, 또 일정한 기간이 지나면 마찬가지로 일정한[25] 경제적 조정을 찾지 않을 수 없게 된다.

이러한 고통은 노동계급과 다른 계급들 특히 프티부르주아지가 함께 겪고 있는 것이기 때문에 프티부르주아 사회주의는 이를 문제 삼기 좋아하는데, 프루동도 여기에 속한다. 그러므로 우리 독일의 프루동주의자들이 먼저 주택문제(이것은 우리가 본 것처럼 결코 노동자에게만 국한되는 문제가 아니다)를 들고 나오는 것은 결코 우연이 아니다. 그리고 그가 우리와 반대로 주택문제를 전적으로 노동계급의 문제라고 선언하는 것도 우연이 아니다.

   세입자와 집 소유자의 관계는 **임금노동자와 자본가**의 관계와 같다.[26]

   이것은 완전히 틀린 말이다.

----
25) 『인민국가』에서는 '일정한'이 '그러한'으로 되어 있다.
26) 1872년 2월 10일자 『인민국가』에 실린 뮐베르거의 글.

주택문제에는 서로 대립하는 두 당사자가 있다. 즉 집을 빌리는 사람(임차인)과 집 빌려주는 사람(임대인), 즉 집주인이 있다. 전자는 후자로부터 주택의 일시적 사용권을 사려고 한다. 그는 화폐나 신용을 가지고 있다. 비록 그가 이 신용을 그 집 소유자에게서 고리대금으로, 추가 임대료를 주고 다시 사지 않을 수 없게 될지라도 역시 그러하다. 이것은 단순한 상품판매이지 프롤레타리아트와 부르주아지 간의, 즉 노동자와 자본가 간의 거래는 아니다. 집을 빌리는 사람은 비록 그가 노동자라 할지라도 **돈 있는 사람**으로서 등장할 뿐이다. 즉 그는 자신의 특유한 상품인 노동력을 미리 팔아야만 그 돈으로 주택을 이용할 수 있는 구매자로서 등장할 수 있다. 또는 그의 노동력이 곧 팔릴 것이라는 보증을 할 수 있어야 한다. 노동력을 자본가에게 팔면서 이루어지는 독특한 결과를 이 경우에는 전혀 찾아볼 수 없다. 자본가는 구입한 노동력이 첫째로 그 가치를 재생산하도록 하며, 둘째로 또 잉여가치를 생산하도록 한다. 이 잉여가치는 자본가계급 내에서 분배될 때까지 한동안 그의 손안에 머물러 있다. 따라서 이런 경우에는 여분의 가치(überschüssiger Wert, extra value)가 생산되며, 현존하는 가치의 총액이 증가한다.

임대차 거래에서는 사정이 완전히 다르다. 집을 빌려주는 사람이 집을 빌리는 사람에게서 얼마를 빼앗아내든 이것은 언제나 이미 **존재하고 있는**, 이전에 **생산된** 가치의 이전에 불과하며, 집을 빌리는 사람과 집을 빌려주는 사람이 소유하고 있는 것을 **합친** 가치의 총액은 불변인 채로 남아 있다. 노동자는 자본가가 자기의 노동에 대해 가치 이하로 지불하거나 가치 이상으로 지불하거나 또는 가치대로 지불하거나 관계없이 자기의 노동생산물의 일부를 빼앗기는 것이다. 하지만 집을 빌리는 사람은 다만 그가 주택에 대해 그 가치 이상으로 지불해야만 하는 경우에만 그러하다. 따라서 집을 빌리는 사람과 집을 빌려주는 사람과의 관계를 노동자와 자본가 간의 관계와 동일시하려는 시도는 이 관계를 완전히 왜곡하는 것이다. 이와 반대로 여기서는 두 시민 간의 아주 일상적인 상품 거래가 문제이며, 또한 이 거래는 일반적으로는 상품판매를, 특수하게는 '토지재산'이라는 상품의 판매를 지배하는 경제법칙에 의해 이루어진다. 첫째로 가옥 또는 가옥 일부의 건축비 및 유지비가 계산되며, 둘째로는 가옥의 위치가 좋고 나쁜 데 따라 좌우되는 토지가격이 계산되고, 끝으로 그 시기의 수요와 공급 간의 상호관계가 문제를 결정한다. 이 단순한 경제관계가 우리 프루동주의자의 머릿속에는 다음과 같이 반영되어 있다.

일단 건축된 주택은 (주택의 실제 가치가 오래전에 이미 집세의 형태로 그 소유자에게 충분한 정도 이상으로 지불되었더라도) 사회적 노동의 일정한 부분을 받을 수 있는 항구**적인 법률적 기초**(ewiger Rechtstitel, perpetual legal title)가 된다. 그러므로 예컨대 50년 전에 건축된 주택은 이 50년 동안에 집세 수입을 통해 최초 비용의 2배, 3배, 5배, 10배 또는 그 이상을 보상받는다.

여기서 이미 우리는 프루동의 전모를 보게 된다. 우선 다음과 같은 것들, 즉 집세는 가옥 건축비에 대한 이자뿐 아니라 수리비와 받을 가망 없는 빚과 받지 못하는 집세의 평균액을, 그리고 때때로 집을 비워두면서 생기는 손실의 평균액을 보상해야 한다는 것, 끝으로 가옥은 시간이 지남에 따라 거주할 수 없게 되고 가치가 없어지는 만큼 집세는 이 가옥 건축에 투하된 자본을 매년 일정한 비율로 상각해야만 한다[27]는 것을 망각하고 있다. 둘째로 집세는 가옥 부지의 가치가 오르는 데 따른 이자도 지불해야만 하며, 따라서 그 일부는 지대(地代)로 이루어지고 있다는 사실을 망각하고 있다. 하긴 우리의 프루동주의자는 이러한 가치의 상승은 토지소유자와는 아무런 상관없이 생기는 것이므로 마땅히 토지소유자에게 귀속되는 것이 아니라 사회가 차지해야 한다고 즉각 선언한다. 하지만 이렇게 말함으로써 그는 사실상 토지 소유의 폐지를 요구하고 있다는 것을 모르고 있다. 그러나 우리는 이 문제를 여기서 언급하려 하지는 않는다. 그것은 우리를 문제의 핵심에서 너무나 멀어지게 하기 때문이다.

마지막으로 프루동주의자는 이 전체 거래에서 소유자로부터 가옥을 사는 것이 문제가 아니라 일정한 기간의 가옥 이용권이 문제가 될 뿐이라는 것을 모르고 있다. 프루동은 어떤 경제적 현상이 일어나는 현실적, 실제적 조건을 한 번도 깊이 생각해본 적이 없었다. 그래서 주택의 최초의 건축비가 어떻게 일정한 사정 아래서 50년 동안에 집세의 형태로 10배나 지불될 수 있는지 이유를 설명할 수 없

---

27) "끝으로"라는 말부터 "상각하지 않으면 안 된다."라는 말까지의 구절은 엥겔스가 1887년판에서 첨가한 것이다.

다. 그는 그리 어렵지 않은 이 문제를 경제학적으로 연구하는 대신에 그리고 그것이 사실상 경제법칙과 모순되는지 또 모순된다면 어떻게 모순되는지를 밝혀내기보다는 경제학에서 법률학으로 대담하게 비약함으로써 궁지를 모면하고 있다. 즉 "일단 건축된 가옥은 그것이" 해마다 일정한 지불을 받을 수 있는 "항구**적인 법률적 기초가** 된다."는 것이다. 그러나 어떻게 이렇게 되는가, **어떻게** 가옥이 법률적 기초가 **되는가**, 이에 대해서 프루동은 침묵을 지키고 있다. 그러나 이것이야말로 그가 설명해주어야만 할 대목이다. 그가 이 문제를 연구했다면 그는 세상의 어떤 법률적 기초도, 그것이 아무리 영속적인 것이라 할지라도, 50년 동안에 집세의 형태로 그 건축비의 10배를 받아낼 만한 힘을 가옥에 부여할 수는 없으며, 또 이것은 오직 경제적 조건(이것은 법률적 기초의 형태로서 사회적 승인을 받을 수 있다)의 결과에 의해서만 가능하다는 사실을 알았을 것이다. 따라서 그는 처음부터 다시 출발해야만 할 것이다.

프루동의 학설은 모두 경제적 현실로부터 법률적 공론으로의 비약에, 즉 자신을 구원해주는 이러한 비약에 의거하고 있다. 이 용감한 프루동은 현상들 간의 경제적 연관성을 파악하지 못할 때마다(프루동은 중대한 문제에서는 늘 그렇지만) 법률의 영역으로 도피하여 **영원한 정의**(ewige Gerechtigkeit, eternal justice)에 호소한다.

프루동은 처음에 정의, '영원한 정의'라는 자기의 이상을 상품생산에 대응하는 법률관계에서 끌어낸다. 덧붙여 말한다면 그렇게 함으로써 그는 선량한 시민들 모두에게 큰 위안이 되도록, 상품생산 형태는 정의와 마찬가지로 영원한 것이라고 논증하고 있다. 그런 다음에 그는 반대로 현실적 상품생산과 이에 대응하는 현실적 법률을 이 정의라는 이상에 합치하도록 개조하려고 한다. 어떤 화학자가 물질변환의 현실적 법칙을 연구하고 이를 기초로 특정 문제를 해결하기보다는 물질변환을 '자연성(Natürlchkeit, naturalite)' 및 '친화력(Verwandtschaft, affinite)'이라는 '영원한 이데아'에 맞추려고 한다면, 우리는 이 화학자에 대하여 어떻게 생각해야 할까? 우리가 '고리대금'을 가리켜 '영원한 정의', '영원한 공정성', '영원한 상호주의' 및 기타의 '영원한 진리'와 모순된다고 말한다면, 그것은 일찍이 고리대금을 가리켜 그것이 '영원한 자비', '영원한 신앙', '영원한 신의 의지'와 모순된다고 말한 교부(教父)들보다 우리가 조금이라도 더 아는 것이 있는가?(**마르크스**, 『**자본론**』, 1권, Kerr edition, 각주, 96~97쪽.[28]))

그런데 우리의 프루동주의자[29]는 그의 주님이나 선생님보다 별로 나은 게 없다.

임대차계약은 체내의 혈액순환과 마찬가지로 현대사회 생활의 불가결한 수천 가지 거래 중의 하나이다. 이 모든 거래가 **법적 이념**(Rechtsidee, conception of justice ; 법률의 궁극적 이상)으로 관통된다면, 다시 말해 도처에서 정의의 엄격한 요구에 따라 거래가 이루어진다면,

28) 『전집』 제23권, 99~100쪽 참조.
29) A. 뮐베르거를 가리킨다 ─ 옮긴이.

그것은 당연히 사회의 이익이 될 것이다. 한마디로 말하면 사회의 경제 생활은 프루동이 말한 바와 같이 **경제적 정의**의 높이로까지 고양되어야만 한다. 그런데 실제로는 다 알다시피 정반대의 일이 일어나고 있다.

마르크스가 푸르동주의자를 바로 이 결정적인 측면에서 그렇듯 간결하고 정확하게 묘사한 지 5년이 지났음에도 불구하고 어떻게 이런 무의미한 말이 독일어로 인쇄될 수 있는가? 이 엉터리 말은 대체 무엇을 의미하는가? 그것은 현대사회를 지배하는 경제법칙의 실제적 결과들이 이 저자의 정의감을 모욕하고 있다는 것을 의미하며, 또 악이 시정되는 방향으로 사태가 변하기를 바라는 저자의 경건한 희망 이외에 아무것도 의미하지 않는다. 그런데 두꺼비에게 꼬리가 있다면 그것은 이미 두꺼비가 아닐 것이다! 과연 자본주의적 생산양식에는 하나의 '법적 이념', 즉 노동자를 착취할 수 있는 그들의 특권에 대한 이념이 '관철'되어 있지 않단 말인가? 이 저자가 우리에게 그것은 **그의 법이념**(idea of justice)이 아니라고 언명한다고 해서 우리가 일보라도 전진한 것인가?

그러면 주택문제로 돌아가기로 하자. 우리 프루동주의자는 그의 '법적 이념'에 완전한 자유를 주어 우리에게 감동적인 어조로 다음과 같이 열변을 토한다.

대도시 주민의 90퍼센트 또는 그 이상이 자기의 것이라고 부를 수 있는 숙소를 갖고 있지 못하다는 사실보다 더 (찬양받는 금세기의 모든 문화에 대한) 무서운 조소는 없다는 것을 우리는 망설임 없이 단언한다. 도덕적 및 가족적 생존의 진정한 중심인 자기 집은 사회적 회오리 때문에 사라지고 있다. …… 우리는 이 점에서 야만인보다 훨씬 못하다. 원시인은 자기 동굴을 가지고 있으며, 오스트레일리아인은 자기의 오막살이 흙집을 가지고 있고, 인디언은 자기의 부엌을 가지고 있다. 그러나 현대 프롤레타리아트는 사실상 공중에 떠 있다. ……

이 슬픈 노래 가운데 프루동주의의 반동성이 완전히 드러나고 있다. 현대의 혁명적 계급인 프롤레타리아트가 형성되기 위해서는 과거의 노동자를 아직 토지에 얽매어 놓았던 탯줄을 끊어버리는 것이 절대적으로 필요했다. 자기의 직기와 함께 자그마한 집과 텃밭과 밭뙈기를 가졌던 수방직공은 갖은 빈곤과 갖은 정치적 압박을 받으면서도 "경건함과 공손함으로 충만된" 온순하고 불평을 모르는 사람이었으며, 부자, 승려, 관리 앞에서는 모자를 벗었고 또 노예정신이 아주 속속들이 배어 있었다. 바로 현대적 대공업이야말로 토지에 결박되어 있던 노동자를 아무것도 가진 것이 없는 프롤레타리아트로, 전통적인 모든 족쇄로부터[30] 해방된, 그리고 **법률의 보호 밖에 놓인**[31] 프롤레타리아트로 만들었으며, 한편 이 경제적 혁명이야말로 근로계급의 착취를 그 최종적 형태, 즉 자본주의적 생산의 형태에서 전복할 수 있는 유일한 조건을 만들어 놓았다. 그런데 지금 이 눈물 많

---

30) 『인민국가』에는 "전통적인 모든 족쇄로부터"라는 말 대신에 "전통적인 모든 문화로부터"라고 쓰여 있다.
31) Vogelfrei(free as a [jail-]bird)는 '법률의 보호 밖에 놓인'이란 뜻과 '새처럼 자유로운'이란 뜻이 있다.

은 프루동주의자가 나타나 노동자들이 자기 집에서 쫓겨나는 사실을 큰 퇴보인 것처럼 여기며 한탄하고 있다. 그러나 바로 이것이야말로 노동자들의 정신적 해방의 첫 조건이었던 것이다.

27년 전 (『영국 노동자계급의 상태』[32]에서) 나는 18세기에 일어난, 노동자들이 자기 집에서 쫓겨나는 바로 이 과정을 대략 서술했다. 이 과정에서 토지소유자들과 공장주들이 감행한 파렴치한 행위와 또한 이렇게 집에서 쫓겨나는 것이 먼저 그 노동자들에게 당연히 미치는 해로운 물질적 및 도덕적 작용에 대해서도 나는 이 책에서 상당히 서술했다. 그러나 당시의 상황 아래서는 당연히 필연적인 이 역사적 발전과정을 '야만인보다 못한' 상태로의 퇴보로 내가 간주할 수 있었겠는가? 결코 그럴 수 없었다. 1872년의 영국 프롤레타리아트는 '자기 집'을 가지고 있던 1772년의 농촌 수방직공보다 무한히 높은 상태에 있었다. 동굴에 사는 원시인이나 오막살이 흙집에 사는 오스트레일리아인이나 자기의 부엌을 가지고 있는 인디언이 어떻게 6월 폭동[33] 같은 것을 일으키며 또 파리코뮌을 실현하겠는가?

자본주의적 생산이 대규모로 실시된 이후 노동자들의 물질적 처지가 전반적으로 악화되었다는 사실을 의심하는 것은 부르주아지뿐이다. 그렇다고 해서 우리가 과연 이집트인들의(그것도 매우 빈약한) 전골냄비[34]나, 오직 노예정신만을 키워주는 농촌 소공업이나

---

32) 『전집』제2권, 225~506쪽 참조.

33) 파리 6월 봉기. 1848년 6월 23일~26일 간에 걸쳐 수행된 파리 노동자들의 영웅적인 봉기. 프랑스 부르주아지는 이 봉기를 무자비하게 진압했다.

34) 엥겔스는 여기서 성서에 나오는 '이집트인들의 전골냄비(flesh-pots)'에 대한 말을 비유적으로 인용하고 있다. 성서에 나오는 전설에 따르면, 이집트인들에게 포로가 된 유대인들이 탈출했을 때 그중 비겁한 자들은 힘든 노정과 굶주림 때문에 노예 처지에 있으면서 적어도 배불리 먹

'야만인들'을 동경하여 뒤돌아봐야 한단 말인가? 그렇지 않다. 현대의 대공업에 의해 형성되었고, 그를 토지에 결박시켜 놓았던 족쇄를 포함한 종래의 모든 족쇄로부터 해방된, 또 대도시로 쫓겨온 프롤레타리아트만이 모든 계급적 착취와 모든 계급적 지배에 종지부를 찍는 위대한 사회적 변혁을 수행할 수 있다. 자기 집을 가지고 있는 이전의 농촌 수방직공들은 결코 이렇게 할 수 없었을 것이며, 그들은 결코 그러한 생각에 도달하지 못했을 것이고, 더구나 그 실현은 바라지도 못했을 것이다.

이와 반대로 프루동의 생각에는 지난 1세기 동안의 전체 산업혁명, 즉 증기력과 손노동을 기계로 교체하고 노동의 생산력을 1,000배나 증가시킨 대규모 공장제 생산은 대단히 불쾌한 사건이며 원래 일어나서는 안 될 것이었다. 프티부르주아인 프루동은 각자가 즉시에 사용할 수 있고 시장에서 교환할 수 있는 하나하나의 독립적 생산물을 제조하는 세계를 동경하고 있다. 이 경우 각자가 자기의 노동 생산물의 모든 가치를 다른 생산물로 보상받을 수 있다면 "영원한 정의"는 충족되는 것이며, 지상에서 가장 훌륭한 세계가 수립되는 것이다. 그러나 프루동의 이 가장 훌륭한 세계는 이미 그 맹아상태에서, 진전하는 공업의 발전에 의해 짓밟히고 말았다. 이 공업의 발전은 이미 오래전에 모든 대공업 부문에서 고립적(개별적) 노동(Einzelarbiet)을 몰아내고, 또 소공업 및 영세 공업의 여러 부문에서도 고립적 노동을 나날이 더욱더 구축하고, 기계와 정복된 자연력에 의

던 지난날들을 그리워했다는 것이다.

거하는 사회적 노동(Gesellschaftliche Arbeit)으로 고립적 노동을 교체하고 있다. 이 사회적 노동에 의해 완성되었고 즉시 교환 또는 소비될 수 있는 생산물은 많은 개인들의 공동의 산물이며, 그것은 그들의 손을 거쳐야만 한다. 그리고 바로 이 산업혁명에 의하여 인간 노동의 생산력은 아주 높은 수준에 도달했다. 그리하여 인류가 존재한 이래 처음으로 다음과 같은 가능성이 조성되었다. 즉 모든 사람들 사이에 분업이 합리적으로 조직된다면 사회의 모든 성원들의 풍족한 소비와 풍부한 예비기금(Reservefond, reserve fund)을 위해 충분한 정도로 생산할 뿐만 아니라 각자에게 충분한 여가를 주어 그들이 역사적으로 계승한 문화(과학, 예술, 교제형식[인간관계] 등)에서 참으로 가치 있는 모든 것들을 보존할 뿐만 아니라 이 모든 것들을 지배계급의 독점으로부터 사회 전체의 공동재산으로 만들며, 또 그것을 더욱 발전시킬 수 있다는 것이다. 바로 여기에 결정적인 점이 있다. 인간 노동의 생산력이 이러한 수준으로 발전하자마자 지배계급이 존재할 온갖 명분은 사라진다. 그것은 계급차별을 옹호하는 최후의 근거로 항상 다음과 같은 것이 거론되기 때문이다. 즉 그날그날의 양식을 획득하는 데 늘 애쓸 필요 없는, 사회를 위해 정신적 노동에 종사할 계급이 있어야만 한다는 것이다. 지금까지 위대한 역사적 정당성을 가지고 있던 이 공론(公論)은 최근 100년 동안의 산업혁명에 의해 그 근거가 영원히 소멸되고 말았다. 지배계급의 존재는 날이 갈수록 공업 생산력의 발전 그리고 또 과학, 예술, 특히 문화적 교제형식의 발전에 더욱더 큰 걸림돌이 되고 있다. 우리의 현대 부르주아

지보다도 더 무식한 자는 일찍이 없었다.

그러나 이 모든 것들은 친구 프루동과 아무런 관계도 없는 일이다. 그는 오로지 '영원한 정의'를 갈망할 뿐 다른 아무것도 바라지 않는다. 각자는 반드시 자기 생산물과의 교환으로 노동의 소득 전부를, 즉 자기 노동의 가치 전부를 받아야 한다. 그러나 현대공업의 생산물에서 이 가치를 산출해내는 것은 그리 쉬운 일이 아니다. 현대공업은 생산물 전체에 대한 개개인의 특수한 참가 몫(종전의 고립적 [개인적] 손노동에서 이것은 생산물에 분명히 표현되었다)을 애매하게 한다. 또한 현대공업은 프루동의 전체 체계의 기초가 되고 있는 개별적 교환, 즉 각 당사자가 소비의 목적으로 자기 생산물을 다른 사람의 생산물과 서로 교환하는 생산자 간의 직접적 교환[35]을 더욱더 배제한다. 바로 그렇기 때문에 반동적 특징이 프루동주의 전체를 관통하고 있다. 그것은 산업혁명에 대한 증오 그리고 전 현대적 공업, 증기기관, 방적기 및 기타의 재해를 구축하고 종래의 믿음직한 손노동으로 돌아가려고 은밀하게 표현된 열망이다. 그렇게 되면 우리는 생산력의 1,000분의 999를 잃어버리며, 인류 전체는 가장 무서운 노동노예의 처지를 면치 못하며, 기아가 일반적 통칙으로 자리잡을 것이다. 하지만 이 모든 것쯤이야 우리 각자가 '노동의 소득 전부'를 받으며 '영원한 정의'가 실현되도록 교환을 조직할 수만 있다면 무슨 문제가 되겠는가?

---

35) "즉 각 당사자가"라는 말부터 시작하여 "직접적 교환"까지의 이 구절은 엥겔스가 1887년판에서 보충한 것이다.

전 세계가 멸망할지라도 정의는 승리할 것이다(Fiat fustitia, pereat mundus)!

이 프루동주의적 반혁명이 전면적으로 실현된다면 그때 세계는 멸망할 것이다.

그런데 근대적 대공업에 의해 제약된 사회적 생산 하에서도 각자에게 '그의 노동의 전 소득'(이 말이 도대체 의미를 가지는 한)을 보장할 수 있는 것은 물론이다. 그런데 이 말은 다음과 같이 보다 넓은 의미에서 이해하는 경우에서만 의미를 지닌다. 즉 각각의 개별적 노동자가 이 "자기 노동의 소득 전부"의 소유자로 되는 것이 아니라 오직 노동자만으로 성립된 사회 전체가 그들의 전체 노동생산물의 소유자로 되며, 사회는 이 전체 생산물의 일부를 사회 성원들의 소비를 위해 분배하고, 일부는 사회의 생산수단의 보상 및 증대를 위해 사용하며, 또 일부는 생산 및 소비의 예비기금으로서 저축하는 것으로 이해하는 경우에만 의미를 지닌다. 36)

* * *

앞의 서술을 통해 우리는 프루동주의자가 방대한 주택문제를 어떻게 해결하려고 하는지 미리 알 수 있다. 그는 한편으로 우리가 더 이상 **야만인보다 못한** 처지에 있지 않도록 각 노동자는 자기 집을

---

36) "그런데 이 말은"이란 말부터 시작하는 전 구절은 엥겔스가 1887년판에서 보충한 것이다.

가져야 한다는 요구를 제기한다. 또 한편으로는 가옥의 최초 건축비의 2배, 3배, 5배 또는 10배가 집세의 형태로 지불되고 있는 것은 (실제로 그렇지만) '법률적 기초'에 근거하고 있으며, 또 이 법률적 기초는 '영원한 정의'와 모순된다고 주장한다. 해결은 간단하다. 즉 우리는 법률적 기초를 폐지하고, 또 지불되는 집세는 주택 자체의 가격을 보상하는 지불이라고 영원한 정의에 따라 선언하면 된다. 이미 자체 내에 결론을 내포하고 있는 전제를 만들어 놓는다면, 미리 준비된 결과를 주머니에서 끄집어내 이러한 결과를 낳게 한 불패의 논리를 과시하기 위해서는 물론 어느 요술쟁이나 다 가지고 있는 기교 정도면 충분하다.

여기서 바로 그것이 일어나고 있다. 주택임대를 폐지하는 것이 필요하다고 선포되고 있는데, 그것도 바로 집을 빌리는 사람을 모두 자기 주택의 소유자로 전화시키라는 요구의 형태로 선포되고 있는 것이다. 그런데 어떻게 이를 실현하겠는가? 문제는 간단하다. :

주택임대는 해소된다. …… 종래의 집주인은 그 가옥의 가치를 한 푼도 남김없이 지불받을 것이다. 집세는 이전처럼 임차인이 자본의 영원한 권리에 대해 지불하는 공물(貢物)이 아니라, 셋집을 얻는 것이 선포된 그날부터 넘어온 주택에 대한 연부지불(jährliche Abzahlung, annual installment)이 된다. …… 사회는 …… 이리하여 독립적이고 자유로운 주택 소유자들의 총체로 전화된다.

프루동주의자는 집주인이 노동을 하지 않고 집에 투여한 그의 자본으로부터 지대와 이자[37]를 받는 것을 영원한 정의에 대한 범죄로 보고 있다. 그는 이것은 폐지되어야 하고, 집에 투여한 자본에는 더 이상 이자가 붙어서는 안 되며, 또 이 자본에는 그것이 구입된 토지를 대표하는 한 지대가 붙어도 안 된다고 명령한다. 그러나 이러한 명령은 오늘날 사회의 기초인 자본주의적 생산양식은 전혀 건드리지 않고 있다는 것을 우리는 이미 보아왔다. 노동자의 착취가 일어나는 결절점(Angelpunkt, node) － 그것은 자본가에 대한 노동력의 판매이며, 자본가가 이 거래를 이용하여 노동자가 지불된 노동력의 가치보다 훨씬 더 많이 생산하도록 강요한다. 자본가와 노동자 간의 이 거래야말로 모든 잉여가치를 낳게 한다. 이 잉여가치는 그 후 지대, 상업이윤, 자본에 대한 이자[38], 세금 등등의 형태로 각종 자본가들 및 그 사용인들 사이에 분배된다. 그런데 여기에 프루동주의자가 나타나서 만일 우리가 자본가 중 **단 한 가지 변종**, 즉 직접적으로는 전혀 노동력을 구입하지 않아 잉여가치를 생산토록 하지 않는 자본가들이 이윤, 즉 이자[39]를 받는 것을 금지시키기만 하면, 이것은 일보전진일 것이라고 생각한다. 가옥 소유자가 내일부터 지대 및 이자를 지불받을 가능성을 박탈당하더라도, 노동계급으로부터 탈취한 부불노동(不佛勞動)의 양은 조금도 변하지 않을 것이다. 그럼에도 불구하고 우리 프루동주의자는 다음과 같이 설명한다.

---

37) 『인민국가』에서는 '이윤'이라고 되어 있다.
38) 『인민국가』에는 이 말이 없다.
39) 『인민국가』에는 "즉 이자"라는 구절이 없다.

이리하여 주택임대의 폐지는 혁명적 사상의 태내에서 발생한 **가장 효과 있고 가장 고상한 갈망** 중의 하나이며, 그것은 사회민주주의의 제**1차적 요구**가 되어야 한다.

이것은 낳은 알의 크기에 반비례하여 언제나 큰 울음소리를 내는 암탉과 같은 프루동 선생 자신의 요란한 고함소리 그대로이다.

그러면 이제 각 노동자, 프티부르주아 및 부르주아지가 연부지불에 의해 처음에는 부분적으로, 다음에는 완전히 주택의 소유자로 될수밖에 없는 훌륭한 사태를 상상해보라! 영국의 공업 지구들처럼 대공업이 있고 노동자들을 위한 조그만 집들이 마련되어 있어서 가족을 거느린 각 노동자들이 독립가옥에 살고 있는 곳에서는 이것이 어느 정도 의미가 있을 수도 있다. 그러나 파리의 소공업은 대륙 대도시의 대부분의 소공업과 마찬가지로 10, 20, 30세대가 동거하는 대가옥들에 의해 보충되고 있다. 주택임대를 해소한다는 세계 해방의 법령이 공포되는 날 페테르(Peter)라는 한 노동자가 베를린의 기계공장에서 일하고 있다고 치자. 1년이 지난 후 그가 함부르크 토르(Tor) 근처의 어느 집 5층에 있는 자그마한 방인 자기 집의 15분의 1의 소유자가 된다고 하자. 그는 실직했다가 곧 하노버의 포트호프(Pothof)에 있는 3층의, 정원의 전망이 아름다운 전번과 비슷한 집에서 살고있다. 여기서 그가 5개월 거주하여 그 재산의 꼭 1/36을 얻었을 때
40) 돌연히 동맹파업 때문에 뮌헨으로 쫓겨 가고, 여기서 11개월 체

---

40) 1년(12개월)에 자기 주택의 1/15을 소유하는 것으로 가정했으므로 5개월에 1/36이 된다.

류한 뒤 오베르 앙게르가세(Ober Angergasse) 뒷골목의 컴컴한 지하실의 꼭 11/180에 해당하는 소유자로 된다. 지금 노동자가 그렇듯 흔히 겪어야 하는 이사가 계속 그를 따라다닌다. 그리하여 그는 갈렌(St. Gallen)과 똑같이 쾌적한 주택의 7/360, 리즈(Leeds)에 있는 다른 주택의 23/180, 세랭(Seraing)에 있는 제3의 주택의('영원한 정의'가 침범되지 않도록 정밀히 계산하여) 347/56223의 소유권을 갖게 된다. 그런데 우리 페테르는 주택의 이 모든 자그마한 부분들을 어떻게 할 것인가? 누가 그에게 이 주택들의 정확한 가치를 지불할 것인가? 어디서 그는 자기의 이전 각종 주택의 기타 부분들의 소유자 또는 소유자들을 찾아야 할 것인가? 그리고 여러 층에, 예컨대 약 20개의 주택이 들어 있으며, 또 상환기간(Ablösungsfrist, redemption period)이 지나고 주택임대가 폐지될 때 세계 각지에 산재한 300명이나 될 부분적 소유자에게 속하는 어떤 큰 집의 소유관계는 대체 어떻게 될 것인가? 우리 프루동주의자는 이렇게 대답할 것이다. : 그때 가서는 프루동의 교환은행[41]이 설립되어 이 은행이 언제나 모든 노동생산물에 대해 노동의 전 소득을 지불할 것이며, 따라서 또 주택 지불에 대해서도 완전한 가치를 지불할 것이라고. 그러나 프루동의 교환은행은 첫째, 주택문제에 관한 논문 가운데서 이 은행 문제 자체가 전혀 언급되어 있지 않기 때문에 여기서는 전혀 관계가 없는 문제다. 둘째, 교환은행은 어떤 사람이 상품을 팔고자 할 경우 틀림없이 그 상

----

41) 프루동이 프루동식의 교환은행을 설립하려고 한 것은 1848~1849년의 혁명 시기였다. 그는 1849년 1월 13일 파리에 인민은행(Banque du peuple)을 창립했다. 이 은행은 약 2개월간 존속했지만, 그것조차도 종이 위의 존재에 불과했다. 이 은행은 "또한 정식으로 일을 시작해보지도 못하고 일찍 파산했다."(마르크스)

품의 가치 전체를 지불할 구매자를 발견하리라는 기괴한 착오에 입각하고 있다. 셋째, 프루동이 교환은행을 발명하기 전에 그것은 이미 영국에서 노동교환소[42]란 명칭으로 여러 번 실패를 거듭했었다.

노동자가 자기의 주택을 **사서** 가져야 한다는 생각 자체가 역시 이미 우리가 지적한 프루동의 다음과 같은 반동적 견해에 의거하고 있다. 즉 근대적 대공업에 의해 창출된 조건은 병적인 암이며, 따라서 이 사회는 억지로, 즉 100년간이나 흘러온 그 조류에 역행해서라도 개개 생산자의 낡고 침체한 손노동이 통칙으로 되어 있는 상태로 되돌아가게 해야 하며, 대체로 이미 몰락했으며 또 몰락 중에 있는 소경영의 부흥을 이상화한 것뿐인 상태로 되돌아가게 해야 한다는 것이다. 노동자가 이 침체한 상태로 되돌아간다면, '사회적 소용돌이'가 다행히 제거된다면 노동자는 물론 '자기 집'에 대한 소유권을 다시 가질 수 있을 것이며, 그렇게 되면 이미 상술한 집을 사서 자기 것으로 만든다는 이론도 그리 불합리하게는 보이지 않을 것이다. 그러나 이를 실현하기 위해서는 우선 세계사의 시곗바늘을 100년이나 뒤로 돌려놓고, 그리하여 근대 노동자를 또다시 그들의 조상들처럼 편협하고 비굴하고 추종적인 노예적 인간으로 만들지 않으면 안 되리라는 것을 프루동은 망각하고 있다.

이 프루동의 주택문제 해결방법에 실제로 실현할 수 있는 합리적

-----

42) 노동교환소(Labour Exchange Bazaar) 또는 공정 노동교환소(Equitable Labour Exchange Bazaars or Offices)는 영국의 여러 도시에 있는 노동자 협동단체에 의하여 설치되었다. 이러한 교환소는 1832년 9월 런던에서 로버트 오언이 처음으로 설치하였는데 그것은 1834년까지 존속되었다. 이 교환소에서 노동 생산물은 노동 지폐로 교환되었는데, 이 지폐의 단위는 1노동시간이었다. 이것은 자본주의적 상품경제 하에서 화폐 없는 교환을 실시해보려는 공상적인 기도였기 때문에 곧 실패하고 말았다.

프랑스의 방직공장주 장 돌퓌스(Jean Dolfus; 1800~1887)와
프랑스 동북부 뮐루즈(Mulhouse)의 공장 전경.

인 내용이 있다면, 그것은 오늘날 이미 실현되고 있으며, 또 이것은
'혁명적 사상의 태내'에서가 아니라 대부르주아지 자체 내에서 비롯
된 것이다. 우리는 스페인의 우수한 신문인 마드리드의 『해방』[43]이
1872년 3월 16일자에 이에 관해 어떻게 말하는지 들어보기로 하자.

주택문제를 해결하는 또 하나의 방법이 있는데 그 방법은 프루동이
제안한 것으로서 언뜻 보면 훌륭한 것 같으나 자세히 들여다보면 완
전히 무력하다는 것을 알 수 있다. 프루동은 주택 임차인을 분할 지불
에 의한 구매자로 전화시키고 매년 지불하는 집세를 주택의 가치에 대
한 상각금(Ablösungsrate)으로 계산하여 임차인이 일정한 기간이 지난 뒤
에는 이 주택의 소유자가 되도록 할 것을 제안했다. 프루동이 가히 혁
명적이라고 생각한 이 방법을 오늘날 모든 나라에서 투기회사들이 사
용하고 있는데, 이 회사들은 이렇게 하여 집세를 인상함으로써 집의 2

---

43) 『해방*Emancipacion*』은 주간신문으로서 마르크스주의적인 제1인터내셔널 스페인 지부의 기
관지이다. 마드리드에서 1871년 6월부터 1873년까지 발행되었다 − 옮긴이.

배 내지 3배의 가치를 지불하게 만들고 있다. 프랑스 동북부의 돌퓌스(Dollfus) 씨와 기타 대공장주들은 돈벌이를 위해서뿐만 아니라 또한 하나의 정치적 흉계를 가지고 그 제도를 실행했다.

지배계급의 가장 현명한 지도자들은 언제나 소(小)소유자의 수를 증가시켜 프롤레타리아트에 대항하는 군대를 양성하려고 애썼다. 전 세기의 부르주아 혁명들은 귀족 및 교회의 대토지 소유를 분할하여 분할지소유로 세분했으며(오늘의 스페인 공화주의자들도 아직 스페인에 존재하고 있는 대토지 소유에 대해 바로 이렇게 하고 싶어 한다) 이렇게 함으로써 소토지소유자 계급을 만들었는데, 이들은 그 후 사회의 가장 반동적 요소로 변했으며 도시 프롤레타리아트의 혁명운동에 대한 끊임없는 걸림돌이 되었다. 나폴레옹 3세는 소액 국채를 발행함으로써 도시에서도 그와 같은 계급을 만들어내려고 했으며 돌퓌스 씨와 그 일파는 연부지불로 소규모 주택들을 노동자에게 판매함으로써 노동자들의 온갖 혁명적 정신을 질식시키는 동시에 이 토지 소유에 의해 노동자들을 그들이 일하고 있는 공장에 얽매어 놓으려 하고 있다. 그러므로 프루동의 계획은 노동계급의 생활을 조금도 편안하게 하지 못했을 뿐만 아니라 노동자계급의 이익에 정반대되기까지 했다.[44]

----

44) 아메리카의 대도시나 신흥 도시 부근의 자기 '집'에 노동자를 얽매어 둠으로써 주택문제를 어떻게 자연발생적으로 해결하고 있는가에 대해서는 엘리노어 마르크스-아벨링(Eleanor Marx-Aveling)이 인디애나폴리스에서 보낸 1886년 11월 28일자 편지의 한 구절이 이를 증명하여 준다. : "우리는 캔자스시티에서, 더 정확히 말하면 이 도시 부근에서 그야말로 아직 황무지인 땅 위에 방 셋쯤 되는 보잘것없는 작은 목조 가옥을 보았다. 이 토지의 가격은 600달러였으며 자그마한 집을 세우기에 적당한 넓이였다. 이 집 값이 또 600달러였으니 도심지로부터 한 시간이나 걸리는 진흙밭 황무지 가운데 있는 이 초라한 오두막 값이 합계 4,800마르크(240파운드)에 달한다." 따라서 노동자들이 이 주택을 얻는 데만도 무거운 저당 채무를 져야만 하며, 그들은 고용주의 사실상의 노예가 되어버린다. 그들은 자기 집에 얽매어 이곳을 떠날 수가 없으며, 그들에 대한 어떠한 노동조건도 수락하지 않을 수 없는 것이다 - 1887년 독일어 제2판에 대한 엥겔스의 주.

그러면 어떻게 주택문제를 해결할 것인가? 그것은 현대사회에서 다른 모든 사회문제와 마찬가지의 방법으로 해결된다. 즉 수요와 공급 간의 점차적인 경제적 균형에 의해 해결된다. 그러나 이러한 해결방도는 그 자체가 문제를 새롭고 끊임없이 발생시키며, 따라서 그것은 아무런 해결방도가 되지 못한다. 사회혁명이 이 문제를 어떻게 해결할 것인가 하는 것은 각각의 상황에 의존할 뿐만 아니라 한층 더 폭넓은 문제와도 관련이 있다. 그중 가장 근본적인 문제는 도시와 농촌의 대립을 폐지하는 문제다. 미래의 사회구조에 관한 공상적 학설을 꾸며내는 것이 우리의 임무가 아니기 때문에 이 점을 상세히 논할 필요는 더 이상 없다. 다만 한 가지, 즉 대도시에는 현재 이미 주택이 충분히 있으므로 이 건물들을 합리적으로 이용하는 경우에는 실제적인 '주택난'을 당장 완화할 수 있으리라는 점만은 확실하다. 물론 이것은 현재의 소유자들을 수탈하여, 집 없는 노동자들이나 지금 과밀 주택들에 살고 있는 노동자들을 이 가옥에 이주시키는 방법에 의해서만 실현될 수 있다. 그리고 프롤레타리아트가 정권을 쟁취하자마자 공공복지의 명령에 따른 이러한 방책은 현존 국가에 의한 기타의 수탈 및 주택점유(Einquartierungen, billetings)와 마찬가지로 아주 쉽게 실현될 것이다.

* * *

그러나 우리의 프루동주의자는 주택문제에서 거둔 그의 업적만으로는 아직 만족하지 않는다. 그는 이 문제를 평탄한 지상(地上)으로부터 높은 수준의 사회주의의 영역에 올려놓고 거기에서도 이 문제가 본질적인 "사회문제의 일부분"이라는 것을 증명해야만 한다.

자본의 생산성이(조만간 그렇게 되기 마련인데) 예컨대 **모든 자본의 이자율을 1퍼센트로 확정하는** 과도적 법률에 의해 실제로 억제된다고 가정해보자. 그리고 이 이자율도 점차 영에 접근시켜 결국에는 **자본의 회전에 필요한 노동** 이외에는 아무것도 더 지불되지 않는 경향을 띤다고 해보자. 다른 모든 생산물과 마찬가지로 가옥과 주택도 당연히 이 법률의 적용을 받는다. …… 우선 소유자 자신이 가옥을 팔려고 노력할 것이다. 그렇게 하지 않으면 그의 가옥은 이용되지 않을 것이고, 가옥에 투여한 자본은 전혀 쓸모없는 것으로 될 것이기 때문이다.

이 문장은 프루동식 교리문답서(教理問答書, catechism)의 주요 신조들 중 하나를 포함하고 있으며, 또한 이 교리문답서에 있는 많은 혼란들 중 뚜렷한 한 예를 보여주는 것이다.

'자본의 생산성'은 무의미한 것인데 프루동은 이것을 아무 검토도 없이 부르주아 경제학자들에게서 빌려왔다. 사실 부르주아 경제학자들도 노동은 모든 부의 원천이며 모든 상품의 가치의 척도라는 명제로부터 출발하고 있다. 하지만 그들은 또한 어떻게 하여 공업이나 수공업 사업에 투자한 자본가가 그 사업의 결과로서 투여자본을 회수할 뿐만 아니라 그 밖의 이윤까지도 획득하는가를 설명해야만 한다. 그리하여 그들은 온갖 모순에 빠질 수밖에 없으며 자본에 대해서도 일정한 생산성을 인정해야만 한다. 프루동이 아직도 부르주아적 사유방식에 얼마나 깊이 사로잡혀 있는가를 가장 잘 증명해주는 것은 자본의 생산성에 대해 운운하는 그의 어투다. 소위 '자본의 생산성'이라는 것은 임금노동자의 부불노동을 취득하는 자본의 고유한 성질(오늘날의 사회관계 하에서, 이러한 성질 없이 자본은 결코 자본으로 될 수 없을 것이다)에 불과하다는 것을 우리는 이미 처음에 보았던 것이다.

그러나 프루동이 부르주아 경제학자들과 다른 점은 그가 이 '자본의 생산성'을 시인하지 않고 오히려 그것을 '영원한 정의'에 대한 침범으로 보고 있다는 사실이다. 노동자가 자기의 노동의 전 소득을 받지 못하게 되는 것은 바로 이 '자본의 생산성'이다. 따라서 그것을 폐지하지 않으면 안 된다. 그러면 어떠한 방법으로 폐지하는가? **이자율**을 강제적 법률에 의해서 낮추고 결국에는 영이 되게 함으로써 폐지한다. 우리 프루동주의자의 의견에 따르면, 이렇게 되면 자본이 생산적이지 않은 것으로 된다는 것이다.

대부(貸付) **화폐**자본의 이자는 다만 이윤의 일부에 불과하며, 산업자본 또는 상업자본의 이윤은 자본가계급이 노동계급으로부터 부불노동의 형태로 약탈한 잉여가치의 일부에 불과하다. 이자율을 규제하는 경제법칙은, 일반적으로 동일한 사회형태의 법칙들이 상호 독립적일 수 있는 것과 동일한 정도로 잉여가치율을 규제하는 법칙으로부터 독립적이다. 그러나 개개의 자본가들에게는 다른 조건이 동일하다면 이자율의 저하에 비례하여 그만큼 이윤율이 높아질 것은 명백하다. 그러므로 이자율을 저하시키고 결국 이것을 폐지하는 것은 사실상 '자본의 생산성'이라는 것을 '억제'하지 못할 것이다. 그것은 다만 노동계급으로부터 약탈한 부불 잉여가치를 개별자본가들 사이에 재정리해서 분배하는 것일 뿐이며, 산업자본가에게 불리하고 노동자에게 유리하게 해주는 것이 아니라 금리생활자에게 불리하고 산업자본가에게 유리하게 해준다.

프루동은 법률적 관점에 서 있기 때문에 이자율을 모든 경제적 사실과 마찬가지로 사회적 생산의 조건에 의거해 설명하는 것이 아니라 이 조건을 일반적으로 표현하는 국가의 법률에 의거해 설명하고 있다. 국가의 법률과 생산의 사회적 조건 간의 내적 관련을 전혀 고려하지 않는 이러한 관점에서 볼 때 국가의 법률은 필연적으로 완전히 자의적인 명령이 되며, 따라서 이 명령은 언제든지 마음대로 정반대의 것으로 바꿀 수 있다. 따라서 프루동에게는(그가 그렇게 할 수 있는 권력을 가지자마자) 법령을 공포하여 이자율을 1퍼센트로 인하하는 것처럼 쉬운 일은 없을 것이다. 그러나 다른 모든 사회적 조건이 예전과 같다면 프루동의 이 법령은 종이 위의 존재에 불과할 것이다. 어떤 법령이 공포된다 할지라도 이자율은 현재 그것을 지배하고 있는 경제법칙에 의해 규제될 것이다. 신용능력이 있는 사람들은 여전히 사정 여하에 따라서 2, 3, 4퍼센트 내지 그 이상으로 돈을 빌릴 것이다. 그러나 예전과 다른 점은 금리생활자가 매우 신중해졌기 때문에 소송사건으로까지 갈 염려가 전혀 없는 사람들에게만 돈을 빌려주리라는 것뿐이다. 뿐만 아니라 자본으로부터 '생산성'을 박탈하려는 이 위대한 계획은 그 유래가 **고리대금법**(Wuchergesetze, the usury laws)만큼이나 오랜 것인데, 이 고리대금법은 바로 이자율의 제한을 목적으로 하는 것이었으며, 현재는 모든 곳에서 폐지되고 말았다. 실제로 그것은 항상 위반되거나 회피되었으며, 국가는 사회적 생산의 법칙에 대해 무기력하다는 것을 자인하지 않을 수 없었기 때문이다. 그런데 지금 이 실행 불가능한 중세기적 법률이 부활되면 틀림없이 "자본의 생산성이 억제"된다는 것이다! 프루동주의를 면밀히 연구하면 할수록 그것이 더욱더 반동적이라는 것을 독자들은 알게 될 것이다.

그리고 이러한 방법으로 이자율이 영이 되고, 따라서 자본에 대한 이자가 폐지될 때 "자본의 회전에 필요한 노동 이외에는 아무것도 더 지불되지 않을 것이라고 한다." 이것은 이자율의 폐지가 이윤의 폐지, 심지어는 잉여가치의 폐지와도 같다는 것을 의미할 것이다. 그러나 법령에 의하여 **사실상** 이자를 폐지할 수 있다면 어떤 결과가 나타날 것인가? **금리생활자** 계급에게는 자기자본을 대부의 형식으로 빌려주는 것이 더 이상 장려책이 되지 못할 것이다. 그러므로 그는 잘되든 못되든 자본을 자기 자신의 공업적 기업 또는 주식회사에 투자할 것이다. 자본가계급이 노동계급으로부터 약탈하는 잉여가치의 총량은 전혀 변하지 않을 것이고, 변한다면 다만 그 분배가 변할 뿐인데 그나마도 크게 변하지는 않을 것이다.

사실 우리 프루동주의자는 이미 부르주아 사회의 상품구매에 있어서는 평균하여 "자본으로의 회전에 필요한(이것은 '일정한 상품의 생산에 필요한'이라는 뜻이다) 노동" 이외에는 아무것도 더 지불되고 있지 않다는 사실을 보지 못하고 있다. 노동은 모든 상품가치의 척도이며 현대사회에서는(시장의 변동을 도외시한다면) 전체적으로 볼 때 상품이 그 제조에 필요한 노동 이상으로 지불된다는 것은 전혀 불가능한 일이다. 아니, 친애하는 프루동주의자여, 어려움은 전혀 다른 데 있다. 어려움은 "자본으로의 회전에 필요한 노동"(당신의 혼란스런 용어를 사용한다면)이 사실상 **완전히 지불되고 있지 않다**는 점에 있다! 어떻게 이렇게 되는가는 당신이 마르크스의 책(『자본론』, 제1권, 128~160쪽)을 읽어보면 알 수 있을 것이다.

그러나 그것만이 아니다. **자본**이자(Kapitalzins, interest on capital)의 지불이 폐지되면 집세45)도 폐지된다. "가옥도 주택도 모든 다른 생산물과 마찬가지로 이 법률의 적용을 받기" 때문이다. 이것은 부하 지원병을 호출한 늙은 장교와 같은 꼴이다.

> "여보게! 자네는 독토르(Doctor; 의사, 박사)라고 하는데 때때로 집에 들러주게. 마누라와 아이가 일곱이나 있다 보니 늘 치료받을 일이 생긴다네."

---

45) Zins. 이자, Meitzins(또는 Micthe).

"장교님, 미안합니다. 저는 철학 독토르(박사)올시다!"

"어느 편이건 나에겐 마찬가지일세. 아무튼 독토르는 독토르니까."

우리 프루동주의자도 이와 같다. 즉 집세(Mietzins, house rent)이건 자본이자(interest on capital)이건 그에게는 마찬가지다. 이자(Zins, interest)는 세(Zins, sawbones)이고 독토르는 독토르다. 우리가 이미 위에서 본 바와 같이 우리가 보통 집세라고 부르는 임대가격(Mietpreis, rent price)은 다음과 같은 것으로 구성되어 있다.

1) 지대의 일부.
2) 건축업자의 이윤을 포함한 건설자본에 대한 이자의 일부.
3) 수선비와 보험료에 해당하는 부분.
4) 이윤도 포함되는 건설자본을 가옥의 점차적 소모에 따라 매년 보상(상각[償却])하는 부분.

"우선 소유자 자신이 집을 팔려고 노력할 것이다. 그렇게 하지 않으면 그의 집은 이용되지 않을 것이고, 집에 투하된 자본은 전혀 쓸모가 없기 때문"이라는 사실은 이제는 아마 눈먼 장님에게도 명백해질 것이다. 물론 대부(貸付)자본에 대한 이자를 폐지한다면 어떤 집주인이라도 그 집에 대해 한 푼의 집세도 받을 수 없을 것인데, 그 이유란 단순하다. 즉 집세는 이를 이자라고도 할 수 있기 때문이며, 임대료에 실질적인 자본이자의 한 부분이 포함되어 있기 때문이다.

보통의 자본이자에 대한 고리대금법의 효력을 없애려면 이 법의 준수를 고의적으로 회피하면 되었지만, 이 고리대금법은 집세의 비율을 조금도 다치게 한 적이 없다. 프루동의 신고리대금법이 그 어떤 것에도 구애받지 않고 단순한 자본이자뿐만 아니라 복잡한 집세까지도 규정하고, 또한 점차로 그것을 폐지하리라고 생각한 사람은 프루동뿐이었다.[46]

그렇다면 왜 '전혀 쓸모없는' 집을 주택 소유자에게 많은 돈을 주고 구매해야 하는지, 또 이러한 상황에서 무슨 이유로 주택 소유자는 집 수리비를 아끼기 위해서라도 이렇듯 '전혀 쓸모없는' 집을 애써 처분하려 하지 않는지, 이것이 우리가 아직 알지 못하고 있는 비밀이다.

한 단계 높은 사회주의(프루동 선생의 말씀에 따르면 초사회주의)의 영역에서 거둔 이 위대한 업적이 있은 후, 우리 프루동주의자는 한 단계 더 높이 올라갈 권리가 있다고 자처한다.

----
46) 1872년 7월 3일자 『인민국가』 제53호의 마지막 두 개 단락은 다음과 같이 되어 있다.
"우리가 이미 위에서 본 바와 같이 흔히 집세라고 부르는 임대가격은 다음과 같은 것으로 구성되어 있다.
1) 지대부분. 2) 결코 건설자본의 이자가 아니라 그 이윤인 부분. 3) 수리비, 보관비, 보험료 부분. 자본에 대한 이자 부분은 집이 저당되었을 경우에 비로소 집세에 포함된다.
'우선 소유자 자신이 집을 팔려고 노력할 것이다. 그렇게 하지 않으면 그의 가옥은 이용되지 않을 것이고 집에 투여된 자본은 전혀 쓸데없는 것이 되기 때문'이라는 것은 이제는 아마 눈 먼 봉사에게도 명백해질 것이다. 그것은 두말할 것도 없다. 대부 자본에 대한 이자를 폐지한다면 그 어떤 주택 소유자라도 그 집에 대해 벌써 한 푼의 집세도 더 이상 받을 수 없을 것인데 그 이유란 단순하다. 즉 집세는 이를 임대료라고도 할 수 있기 때문이다."
엥겔스의 역작 『주택문제』의 제1절은 1872년에 출판사 『인민국가』에서 단행본으로 발간되었는데 거기에는 "자본에 대한 이자는 집이 저당되는 경우에 비로소 집세에 포함된다."라는 구절에 다음과 같은 주가 달려 있다.
"기성의 집을 구매하는 자본가에게는 지대와 여러 비용들 이외의 것으로 이루어진 임대 가격 부분이 자본에 대한 이자의 형태로 나타날 수 있다. 그렇다고 해서 사태 자체는 조금도 변함이 없을 것이며 자본가에게는 주택 소유자 자신이 자기 집을 세 주든가 동일한 목적으로 다른 자본가에게 팔든가, 그것은 아무 상관이 없다."

이제 이렇게 중요한 우리의 연구대상을 전면적으로 충분히 해명하기 위해서는 몇 개의 결론들을 더 내리기만 하면 된다.

도대체 그 결론이란 어떠한 것인가? 이자율을 폐지함으로써 주택의 가치가 없어진다는 결론이 나오지는 않는 것과 마찬가지로 위의 서술로부터도 결론이 나오지는 않는다. 또 우리 필자의 화려하고 장엄한 미사여구를 무시한다면 그 결론은 단지 다음과 같은 것을 의미할 뿐이다. 즉 셋집을 구해 자기 것으로 만드는 사업을 한층 훌륭히 완수하기 위해서는 1) 대상에 대한 정확한 통계, 2) 훌륭한 위생경찰, 3) 가옥의 신축을 담당할 건설노동자 협동조합 등이 필요하다는 것이다. 이 모든 것들은 물론 대단히 좋고 훌륭하지만, 이 모든 싸구려 장사꾼 식의 감언이설로 아무리 떠들어보아도, 이것만으로는 프루동의 사상적 혼란의 암흑에 결코 '완전한 빛'을 비추어줄 수는 없다.

이러한 위업을 수행한 사람은 독일 노동자들에게 다음과 같은 심각한 경고를 해줄 권리가 있다.

이 문제와 또한 이와 비슷한 문제는 사회민주당의 주목을 끌 만한 가치가 충분하다고 생각한다. …… 사회민주당은 여기서 고찰된 주택문제와 마찬가지로 이에 못지않게 중요한 **신용, 국채, 사채, 세금 등등**과 같은 문제들도 명확하게 이해하도록 노력해야 한다.

그리하여 우리 프루동주의자는 비슷한 문제에 관한 일련의 논문들을 쓰겠다고 우리에게 약속하고 있다. 그 프루동주의자가 이 모든 문제들을 현재의 '이렇듯 중요한 대상'과 마찬가지로 상세히 서술한다면『인민국가』는 1년분의 원고를 확보하게 될 것이다. 하지만 우리는 답을 미리 알아맞힐 수 있는데, 모든 것들은 이미 서술한 것으로 귀착될 것이다. 즉 자본이자는 폐지될 것이고, 이렇게 됨으로써 국채 및 사채에 대해 지불되는 이자도 없어질 것이며, 신용도 무료가 될 것이다. 똑같은 마술적 언사가 임의의 다른 대상에도 적용될 것이다. 또 개개의 어느 경우에나 준엄한 논리로 자본이자가 폐지되면 빌려 쓴 돈에 대해 더 이상 이자를 지불할 필요가 없다는 놀랄 만한 결론이 나오게 되는 것이다.

그 밖에도 우리 프루동주의자가 우리를 위협하는 데 이용하는 훌륭한 문제들이 있다. 그것은 **신용**이다! 봉급날에서 봉급날까지의 신용 또는 전당포의 신용 이외에 노동자에게 어떤 신용이 더 필요한가? 그와 같은 신용이 노동자에게 무료로 제공되든지 이자를 붙여 심지어는 전당포의 고리대금적 이자를 붙여 제공되든지 그것이 그에게 큰 차이가 있겠는가? 그리고 대체로 말해서 노동자가 이로부터 이익을 얻는다면, 따라서 노동력의 생산비가 더 싸지면 노동력의 가격 또한 떨어지지 않겠는가? 그러나 부르주아지에게는, 특히 프티부르주아에게는 신용이 중대한 문제이다. 프티부르주아에게는 어느 때나 신용을, 더욱이 이자 없는 신용을 받을 수 있으면 너무나 편리할 것이다. "국채!" 노동계급은 자신들이 그것을 만들지 않았다는 것을 알고 있으며, 그들이 정권을 잡은 후에는 그것을 만든 사람에게 그것을 지불케 해야 한다는 것을 알고 있다. **사채**! 신용에 관한 부분을 보라. **조세**! 이것에 부르주아지는 큰 이해관계를 가지고 있으나 노동자들은 이것과 거의 이해관계를 가지고 있지 않다. 노동자가 조세로써 지불하는 것은 결국 노동력의 생산비로 들어가며, 따라서 그것은 자본가에 의해 보상되어야만 한다. 여기서 노동계급에게 아주 중요한 문제라고 해서 우리 앞에 제기된 이 모든 문제들은 사실상 부르주아지에게만, 그보다도 더 프티부르주아에게만 중대한 이해관계가 있다. 따라서 우리는 프루동과는 반대로 노동계급은 결코 이러한 계급들의 이해를 수호할 사명을 지니고 있지 않다는 것을 주장하는 바이다.

실제로 노동자에게 관련된 큰 문제, 자본가와 임금노동자의 관계 문제, 어떻게 하여 자본가는 자기 노동자들의 노동에 의하여 치부할 수 있는가 하는 문제, 이러한 문제들에 관해서 우리 프루동주의자는 아무런 말이 없다. 그의 스승이 이 문제를 연구한 것은 사실이다. 하지만 그것을 결코 해명하지는 못했으며, 심지어 최근의 여러 저작에서도 본질적으로는 이 점에서 『빈곤의 철학』[47]보다 더 나아가지 못했다. 이 책에 대해서는 이미 1847년에 마르크스가 그것이 전혀 무가치하다는 것을 너무나 훌륭히 폭로했었다.

라틴어계의 노동자들이 25년간이나 이 '제2제국의 사회주의자'의 저작 이외에는 거의 아무런 다른 사회주의의 정신적 양식을 가지지 못했다는 것은 대단히 슬픈 일이다. 만일 프루동의 이론이 이제 독

---

47) P. J. 프루동, 『경제적 제 모순의 체계 또는 빈곤의 철학』, 제2권, 파리, 1846, 232, 273, 302쪽 참조.

일에도 범람한다면 겹으로 불행한 일일 것이다. 그러나 이것을 염려할 필요는 조금도 없다. 독일 노동자들의 이론적 수준은 프루동주의에 비해 약 50년이나 앞섰기 때문에, 이 점에 대해서 앞으로 더 수고하지 않으려면 그저 주택문제 **하나만** 예를 들어 다루면 충분할 것이다.

부르주아지는 주택문제를
어떻게 해결하는가

I

주택문제의 프루동주의적 해결을 취급한 편에서는 프티부르주아지가 얼마나 이 문제에 직접적 이해관계를 가지고 있는가를 보았다. 그러나 대부르주아지도 비록 간접적이기는 하나 이 문제에 상당히 큰 이해관계를 가지고 있다. 현대 자연과학이 보여주는 바에 따르면 노동자들이 밀집해 있는, 소위 빈민가가 주기적으로 우리 도시들을 엄습하는 모든 전염병들의 발원지다. 콜레라, 티푸스, 장티푸스, 천연두 및 기타 무서운 병은 이 빈민가의 더러운 공기와 유독한 물을 매개로 병원체를 전파시킨다. 여기서는 이 병균들이 죽는 일이 거의 없으며, 적당한 조건이 갖추어지기만 하면 대체로 유행병이 되어 그 발원지의 경계를 넘은 뒤 자본가들이 거주하는 공기가 맑고 건강에 적합한 도시구역들을 침입한다. 지배계급인 자본가계급은 벌을 받지 않고 노동계급만을 유행병의 희생물로 만드는 모습을 즐길 수는 없다. 그 결과는 자본가들 자신에게도 돌아온다. 그리하여 죽음의 천사는 노동자들 사이에서와 마찬가지로 자본가들 사이에서도 무자비하게 미쳐 날뛴다.

이것이 과학적으로 확인되자 인자한 부르주아지들은 자기 노동자들의 건강을 배려하는 고상한 경쟁심에 불타올랐다. 끊임없이 재발하는 전염병을 발본색원하기 위해 협회도 설립하고 책도 내고 제안도 하고 법률도 심의하여 공포했다. 노동자들의 주택 조건도 조사했으며 극심한 결함들을 제거하려고 애썼다. 어느 나라보다도 대도시가 가장 많고, 따라서 대부르주아지가 누구보다도 위험을 느꼈던 영국에서 특히 활발한 활동이 전개되었다. 노동계급의 위생조건을 조사하기 위한 정부 위원회들이 조직되었다. 이 위원회들의 보고는 대륙의 모든 자료와는 달리 매우 정확하고 완전하고 공명정대했으며, 따라서 그것은 좀 더 철저한 새로운 법률의 기초가 되었다. 이 법률이 아무리 불완전하다 할지라도 그것은 역시 대륙에서 지금까지 이 방면에서 취해진 그 어떤 조치보다도 훨씬 훌륭한 것이었다. 그럼에도 불구하고 자본주의적 사회제도에서는 치료해야 할 질병이 계속 꼬리를 물고 필연적으로 재생되기 때문에 영국에서도 이러한 치료는 한 걸음도 앞으로 나가지 못하고 있다.

독일에서도 전염병의 원천이 만성적으로 존재하지만 이것이 잠자고 있는 대부르주아지를 각성시킬 만큼 첨예한 정도로 만연하기까지에는 늘 그러하였던 것처럼, 훨씬 더 긴 시일이 요구되었다. 그러나 천천히 걸어도 황소걸음이라고 드디어 우리 독일에서도 공중위생과 주택문제에 관한 부르주아 문헌이 나타났다. 이 문헌은 외국의, 주로 영국의 선행자들을 발췌한 보잘것없는 것인데, 이 저자들은 우렁차고 화려한 빈말로써 거기에 무슨 고매한 사상이나 있는 듯이 떠들고 있다. 이러한 문헌의 하나가 에밀 작스[48] 박사의 『노동계급의 주택 상황과 그 개혁』(빈, 1869)[49]이다.

나는 주택문제에 대한 부르주아적 견해를 설명하기 위해 이 저서를 선택했다. 그것은 단지 이 저서가 주택문제에 관한 부르주아적 문헌을 되도록이면 총망라하려 했기 때문이다. 그러나 우리 저자가 "전거"로 삼고 있는 문헌들은 실로 훌륭한 것들이다! 사실상 중요한 전거인 영국의 의회보고서 중에서도 그야말로 낡아빠진 3개만을 들고 있는데 저자가 **그중 어느 것도 읽은 적이 없다**는 사실을 책 내용 전체가 말해주고 있다. 그 대신 이 저자는 진부한 부르주아적, 선의 있는 소시민적, 위선적인 자선가적 저술들을 인용하고 있다. 즉 뒤페시오(Ducpétiaux), 로버츠(Roberts), 홀(Hole), 후버(Huber), '영국사회과학회의'(더 정확히는 사회적 허튼소리)의 회의록, 프로이센 노동계급 복리증진협회 잡지, '파리 세계박람회'[50]에 관한 오스트리아 정부의 보고, 동 박람회에 관한 보나파르트 정부의 보고, 『런던 화보』[51], 『대지와 바다』[52] 및 끝으로 '공인된 권위'와 '예리한 실천적 이해력'이 있고 "사람의 폐부를 찌르는 설득력 있는 웅변을 할 줄 아는" 인물, 즉 …… 율리우스 파우셰[53] 등이다! 이 전거 목록에서 빠져 있는

----

48) 에밀 작스(Emil Sax; 1845~1927)는 체코 출신의 오스트리아의 부르주아 경제학자이다 — 옮긴이.

49) E. Sax, *Die Wohnungszustande der arbeitenden Klassen und ihre Reform*, Wien, 1869.

50) 19세기 파리에서는 1855년, 1867년, 1889년 모두 3번 열렸다. 특히 1889년에 개최된 '파리 엑스포'에서는 에펠탑이 선보였다 — 옮긴이.

51) 『런던 화보*Illustrated London News*』는 1842년부터 발간된 영국의 주간 화보 잡지이다.

52) 『대지와 바다*Ueber Land und Meer*』는 1858년부터 1923년까지 슈투트가르트에서 발간된 독일의 주간 화보 잡지이다.

53) 율리우스 파우셰(Julius Faucher; 1820~1878)는 독일의 정치평론가로 자유주의와 자유무역을 옹호했으며, 주택문제에 관한 글을 썼다.

것은『정자(亭子)』54), 『북새통』55) 및 사수
(射手) 쿠치케56)뿐이다.

작스 씨는 그의 견해에 관하여 아무
런 오해도 일어나지 않도록 22쪽에서
다음과 같이 설명한다.

율리우스 파우셰.

사회경제학이란 사회적 문제에 대한
국민경제학을 말하는데, 좀 더 정확히 말하면 그것은 **이 과학의 "철"칙**
(iron laws)에 근거하여, 현재 지배하고 있는 사회제도의 틀 안에서 소위
(!) 무산계급을 유산계급의 수준에까지 제고하도록 이 과학이 우리에게
제공하는 수단 및 방법의 총체를 말한다.

우리는 '국민경제학', 즉 정치경제학이 마치 일반적으로 '사회적'
문제 이외의 다른 어떤 문제들을 취급하는 듯이 말하는 혼란된 사고
에 대해서는 구태여 논하지 않겠다. 우리는 곧 주요 문제에 들어가
려 한다. 작스 박사는 부르주아 경제학의 '철칙', '현재 지배하고 있는
사회제도의 틀'을, 다시 말하면 자본주의적 생산양식을 그대로 유지
시키려 하며, 또 그렇게 하고서도 "소위 무산계급(propertyless classes)

---

54) 『정자Gartenlaube』는 독일의 프티부르주아적 경향의 주간 문학잡지 『정자. 가정화보 잡지Die
   Gartenlaube. Illustriertes Familienblatt』의 약칭이다. 이 잡지는 1853년부터 1903년까지는 라
   이프치히에서 발간되었고, 그 후 1903년부터 1943년까지는 베를린에서 발간되었다.
55) 『북새통Kladderadatsch』은 1848년부터 베를린에서 발간된 주간 풍자 화보 잡지이다.
56) 사수 아우구스트 쿠치케(the Fusilier August Kutschke)는 1870~1871년 프로이센·프랑스 전쟁
   당시 민족주의적 군가를 작사한 독일 시인 고트헬프 호프만(Gotthelf Hoffmann)의 익명이다 –
   옮긴이.

을 유산계급(the propertied classes)의 수준에까지" 제고시킬 것을 요구하고 있다. 그러나 사실상 자본주의적 생산양식의 필연적 전제조건으로 되는 것은 소위 무산계급의 존재인 것이 아니라 사실상의 무산계급의 존재, 즉 자신의 노동력 이외에 아무것도 팔 것이 없기 때문에 부득이 자신의 노동력을 산업자본가에게 팔 수밖에 없는 무산계급의 존재이다. 따라서 작스 씨가 발견한 새로운 과학, 즉 '사회경제학'의 임무는 다음에 있다. 즉 모든 원료, 생산도구 및 생활수단의 소유자인 자본가를 한편으로 하고, 자신의 노동력 이외에 아무것도 없는 무산의 임금노동자를 다른 한편으로 하는 이 양자 간의 대립에 기초한 사회제도의 내부에서, 바로 이러한 사회질서의 틀 내에서, 모든 임금노동자가 계속 임금노동자로 남아 있으면서도 자본가로 전화할 수 있는 수단과 방법을 발견한다는 것이다. 작스 씨는 이 문제를 해결했다고 생각하고 있다. 작스 씨, 나폴레옹 Ⅰ세 때부터 각자가 자기의 배낭 속에 장군 자격증을 넣고 다니는 프랑스의 모든 병사들이 사병으로 남아 있으면서도 동시에 장군이 될 수 있는 방법을 우리에게 친절히 가르쳐줄 수는 있겠는가! 또 독일제국 4,000만 신민을 모두 독일 황제로 만드는 방법도 가르쳐 줄 수 있겠는가!

부르주아 사회주의의 본질은 바로 현대사회의 모든 재해의 기초를 그대로 유지하면서 이 재액을 제거하려 하는 데 있다. 이미『공산당 선언』에서 지적한 바와 같이 부르주아 사회주의자들은 "부르주아 사회의 존재를 공고히 하기 위하여 사회 질병들을 치료"하려고 하며, 그들은 **프롤레타리아트 없는 부르주아지**[57]를 원하는 것이다. 우리가 이미 본 바와 같이 작스 씨는 바로 이렇게 문제를 제기하고 있다. 그는 사회문제의 해결을 주택문제의 해결에서 찾고 있는데, 다음과 같은 견해를 가지고 있다.

근로계급들의 주택을 개선함으로써 앞서 말한 육체적 및 정신적 빈곤을 훌륭히 완화할 수 있을 것이다. 이렇게 함으로써, 즉 **오직** 주택조건**만**을 광범히 개선함으로써 이 계급들의 압도적 부분을 흔히 인간답지 못한 생활의 시궁창에서 고결한 물질적 및 정신적 복지의 높은 수준으로 끌어올릴 수 있을 것이다(14쪽).

아울러 말하건대 부르주아적 생산관계에 의해 발생하고 부르주아적 생산관계의 존속을 조건 짓는 프롤레타리아트가 존재한다는 사실을 은폐하는 것이 부르주아지의 이익으로 되는 것이다. 그러므로 작스 씨는 21쪽에서 우리에게 말하기를 근로계급들이란 본래의 노동자들도 포함하여 모든 "재산 없는 사회계급들", "수공업자, 과부, 연금생활자(!), 하급관리 등등 서민 일반"을 의미한다는 것이다. 부르주아 사회주의는 소부르주아 사회주의와도 손을 맞잡고 있는 실정이다.

도대체 주택난은 어디서부터 오는가? 그것은 어떻게 발생했는가? 선량한 부르주아인 작스 씨는 주택난이 부르주아적 사회형태의 필

---

57) 『전집』제4권, 488쪽 참조.

연적 산물이라는 것을 알 수가 없다. 수많은 근로대중이 오로지 임금만으로, 즉 그들의 생명을 유지하고 대를 이어가는 데 필요한 양의 생활수단만으로 생활해야 하며, 기계 기술의 새로운 개량 등등이 끊임없이 노동자 대중을 실직케 하고, 규칙적으로 반복되는 격렬한 공업의 변동이 한편으로는 무직업 노동자들을 수많은 예비군으로 만들어 놓고, 다른 한편으로는 때로는 팽창한 노동자 대중의 직업을 빼앗고 길거리로 내몰며, 노동자들이 큰 무리를 이루어, 그것도 현재의 조건에서 그들이 들어갈 주택이 건설되는 것보다 한층 더 급격히 대도시들에 집중하고 있으며, 따라서 돼지우리같이 불결한 집마저도 빌리려는 사람이 항상 나타나며, 끝으로 집주인이 자본가로서 자기의 소유 가옥에서 최고의 집세를 무자비하게 짜낼 권리뿐만 아니라 경쟁 때문에 어느 정도 그렇게 해야 할 의무까지도 지니고 있는 그런 사회는 주택난을 겪지 않고서는 존재할 수 없다는 사실을 우리 작스 씨는 알 수가 없다. 이러한 사회에서 주택난은 결코 우연한 것이 아니라 필연적인 제도다. 주택난은 그것을 발생시키는 전체 사회제도가 송두리째 개혁되어야만 비로소 위생상태 등에 미치는 결과와 함께 제거될 수 있다. 그러나 부르주아 사회주의는 이것을 알 도리가 없다. 부르주아 사회주의는 현존 조건으로는 주택난을 설명할 **수가 없다.** 따라서 부르주아 사회주의로서는 도덕적 언어를 사용하여 인류의 악, 이른바 원죄(原罪)로 주택난을 설명하는 것 이외에는 다른 방법이 없다.

이리하여 죄는 …… 일부분은 집을 요구하는 **노동자 자신**에게 있고 또 일부분은(훨씬 더 큰 정도로) 이 요구의 충족을 담당한 사람들 또는 필요한 자금을 가지고 있으면서도 이 의무를 다하려고조차 하지 않는 사람들, 즉 **사회의 상층, 유산 계급들에게 있다**는 것을 여기서 승인하지 않을 수 없으며, 따라서 부인해서도 안 된다(얼마나 대담한 결론인가!). 후자의 죄는 …… 그들이 좋은 집을 충분히 공급, 보장하지 않으려는 데 있다.

프루동이 우리를 경제학 영역에서 법률학 영역으로 이끌어가듯이, 여기서 우리 부르주아 사회주의자는 우리를 경제학 영역에서 도덕의 영역으로 이끌어가고 있다. 이것이야말로 극히 당연한 일이다. 자본주의적 생산양식, 즉 오늘날 부르주아 사회의 '철칙'을 불가침의 것이라고 선언하면서 불유쾌한, 허나 필연적인 결과를 제거하려고 하는 자에게는 자본가들에게 도덕적 설교를 하는 것 외에 다른 방법이 없다. 그런데 이러한 설교의 감동적 작용은 사적 이해 또는 경쟁에 의해 이내 다시 한 번 뿔뿔이 사라져버린다. 이러한 설교는 연못에서 즐겁게 헤엄치고 있는 자기가 깐 새끼 오리에게 연못가에서 안달하는 암탉과 똑같다. 새끼 오리들은 물 가운데에 맨땅이 없더라도 물 위를 잘만 돌아다니며, 자본가들은 비록 이윤 가운데 인정이 없더라도 이윤을 향해 돌진한다. "금전 거래에 인정은 없다."[58]

----

58) 1847년 6월 8일 제1차 연합 주 의회 회의에서 행한 한제만의 연설의 한 구절이다. 『프로이센 제1차 제국의회』, 제7부, 베를린, 1847년, 55쪽. *Preussens Erster Reichstag*, Th. 7, Berlin, 1847, p. 55.

다비트 J. 한제만.

라고 이미 늙은 한제만[59]이 말했는데, 그는 이것을 작스 씨보다도 더 잘 이해하고 있었다.

좋은 주택은 너무 비싸서 대부분의 노동자들은 그 주택을 이용할 **수가 전혀 없다.** 대자본은 …… 근로계급들을 위한 주택 건축에 주춤거리고 있다. …… 결국 이 근로계급들은 주택에 대한 욕구를 충족시키려고 하면 대부분 투기에 희생당하고 만다.

가증스러운 투기! 대자본은 당연히 결코 투기를 하지 않는다! 그러나 그것은 악의가 아니라 그저 대자본이 노동자 주택에 투기하는 것을 방해하는 무지(無知)에 불과하다.

주택소유자들은 주택에 대한 수요를 정상적으로 충족시키는 것이 …… 얼마나 크고 중요한 역할을 하는지 전혀 **알지** 못한다. 그들은 이렇듯 무책임하게 쓰지 못할 불결한 주택들을 제공함으로써 **자기들이 바로 사람들에게 무엇을 가져다주는가를 알지 못하며,** 그리고 마침내 그들은 이렇게 함으로써 자기 자신이 얼마나 해를 입는가를 알지 못한다(27쪽).

---

59) 한제만(David Justus Hansemann; 1790~1864)은 프러시아의 대자본가이자 은행가로 라인강 유역의 진보적 부르주아 지도자 중 한 사람이었다. 프러시아의 재정장관(1848년 3~9월)을 지내기도 했다. 후에 프러시아 은행 총재를 역임했고, 베를린에 할인은행(Diskonto-Gesellschaft)을 세웠다. [구한말 고종의 내탕금 51만 8,800마르크(현재 시가 250억 원)도 주한 독일공사 콘라트 폰 잘데른의 손을 거쳐 이 은행에 '대한제국국고유가증권(Effekten des Kaiserlich Koreanischen Staatsschatzes)'이라는 이름으로 거치했었다 — 옮긴이.]

하지만 주택난이 발생하기 위해서는 자본가의 무지에 노동자의 무지가 보충되어야만 한다. 작스 씨는 노동자의 "최하층이 모두 거처 없이 사는 것을 면하기 위해 부득이(!) 어디서든지 어떻게든지 숙소를 구하지 않을 수 없다. 이 점에 있어서 그들은 완전히 고립무원"하다면서 다음과 같이 말하고 있다.

그들의(노동자들의) 다수가 경솔한 탓에, 그러나 주로 무지한 탓에 합리적인 위생에 대해, 특히 이 점에서 주택이 얼마나 큰 의의가 있는지를 하나도 모르기 때문에 그들 신체의 자연적 발달과 건강한 생활의 조건들을 교묘하게 잃고 있다는 사실을 누구나 다 알고 있다(27쪽).

그러나 바로 여기서 어리석은 부르주아의 정체가 드러난다. 자본가들의 '죄'는 무지 속에 사라져버리지만 노동자들의 무지는 다만 그들의 죄를 인정하기 위한 구실이 될 뿐이다. 어디 한번 들어보자.

그리하여 (즉 무지 때문에) 노동자들은 다만 몇 푼이라도 집세를 절약할 수만 있다면 컴컴하고 눅눅하며 비좁은 주택, 요컨대 위생의 모든 요구들을 조롱하는 주택에 살며 …… 왕왕 여러 가족이 함께 사는 주택, 심지어는 단칸방도 빌려 쓴다. ― 그 이유는 집세를 가능한 한 적게 물려고 하기 때문이다. 그런데 한편 그들은 **음주와 온갖 쓸데없는 향락**에 자기 수입을 **그야말로 죄받을 만큼 낭비하고 있다.**

노동자가 "술과 담배에 낭비하는"(28쪽) 돈, "아주 비참한 결과를 가져다주는, 마치 연추(鉛錘)처럼 자꾸만 노동자들을 시궁창으로 끌어넣는 술집 생활" ― 바로 이것이 참으로 연추처럼 작스 씨의 목을 죄고 있다. 지금과 같은 상황에서 노동자들의 음주벽은 티푸스, 범죄, 기생충, 집달리 및 기타 사회적 질환과 마찬가지로 그들의 생활조건의 필연적 산물이며, 또한 음주벽에 빠진 사람의 평균치를 미리 계산할 수 있을 정도로 필연적인 산물이라는 것을 작스 씨는 알 수가 없다. 그런데 한때 나의 옛날 초등학교 선생도 "평민은 선술집에 다니고 양반은 클럽에 다닌다."고 말하곤 했다. 나는 선술집에도 클럽에도 여러 번 가본 일이 있어서 그걸 확신할 수 있다.

쌍방이 '무지'하다는 이 모든 공론은 결국 자본과 노동의 이익의 조화라는 낡아빠진 말과 같은 것이다. 자본가가 자기의 진정한 이익을 이해한다면, 그들은 노동자들에게 좋은 주택을 제공하고 또 일반적으로 노동자들의 생활조건을 개선시켜줄 것이다. 노동자들이 자기의 진정한 이익을 자각한다면, 그들은 동맹파업도 조직하지 않을 것이고, 사회민주주의에도 열중하지 않을 것이며, 정치에도 관여하지 않을 것이고, 그들의 상전인 자본가들에게 온순히 추종할 것이라는 것이다. 그러나 매우 유감스럽게도 쌍방은 작스 씨와 그 수많은 선행자들이 설교한 것을 결코 자기들의 이익으로 보지 않는다. 노동과 자본 간의 조화에 대한 복음은 이미 50년이나 설교되어 왔으며, 부르주아적 박애주의자들은 이 조화를 모범적 시설로써 실증하려고 이미 많은 돈들을 허비해왔다. 그런데 우리가 뒤에서 보는 것처럼, 사태는 이 50년 동안 조금도 변하지 않고 있다.

우리의 저자는 이제 문제의 실질적 해결로 나아간다. 노동자들을 주택의 **소유자**로 만들려는 프루동의 계획이 결코 혁명적이 아니었다는 것은 부르주아 사회주의가 이미 프루동보다도 먼저 이 계획을 실천적으로 이행해보려고 했으며, 또 지금도 여전히 시도하고 있다는 사실로도 이미 명백하다. 작스 씨도 주택문제는 주택의 소유권이 노동자의 수중으로 넘어감으로써만 완전히 해결될 수 있다고 선언한다(58, 59쪽). 그뿐만 아니라 그는 이런 생각에서 시적 감흥에 잠겨 다음과 같은 감격적인 장광설을 늘어놓았다.

인간의 토지 소유에 대한 동경, 심지어 오늘날 **격렬하게 요동치는 영리생활**도 누그러뜨릴 수 없었던 이 열망에는 일종의 독특한 무엇이 있다. 이것은 토지 소유로 표현되는 경제적 획득의 중요성에 대한 무의식적 감정이다. 토지 소유를 통해 그가 땅속 깊이 튼튼한 뿌리를 박는 것처럼 확고한 지위를 획득하며, 또한 모든 영업은(!) 토지 소유에서 가장 굳건한 토대를 획득한다. 그러나 토지 소유가 가져다주는 축복의 힘은 이러한 물질적 이익의 범위를 훨씬 뛰어넘는다. 어떤 토지를 자기의 것이라고 부를 수 있는 행복한 사람은 **생각할 수 있는 최고 단계의 경제적 독립에 도달**한 사람이다. 그는 자주권을 가지고 지배할 수 있는 영토를 가진다. 그는 **자기 자신의 주인**이고 일정한 권력을 가지며 필요할 때를 위해 **확실한 피난처**를 가진다. 그의 자기의식이 증대하는 동시에 도덕적 힘도 증대한다. 그러므로 이 문제에서 소유권은 중요한 의미가 있다. …… 현재 경기 변동에 대해 전혀 무기력하며 항상 고용주에 묶여 있는 노동자는 토지 소유 덕분에 어느 정도 이 불안정한 상태를 벗어날 수 있을 것이다. **그는 자본가로 될 것이며,** 따라서 이와 관련하여 그에게 열린 부동산 저당 신용을 통해 실업 또는 노동 능력 상실의 위험으로부터 보호받을 것이다. **이렇게 하여 그는 무산자로부터 유산계급으로 올라설 것이다**(63쪽).

작스 씨는 인간이 본질적으로 농민이라는 전제로부터 출발하는 것 같다. 그렇지 않다면 그는 우리나라의 대도시 노동자들에게 토지 소유에 대한 동경(이러한 동경은 지금까지 우리 노동자들 누구에게서도 발견된 적이 없다)이 있다고 말하지 않았을 것이다. 대도시 노동자들에게는 이동의 자유가 제1차적 생활조건이며, 그들에게 토지 소유는 질곡일 뿐이다. 노동자들에게 자기 집을 주고 또다시 토지에 얽어매 놓는다면 공장주들의 임금 인하에 대한 노동자들의 저항력은 없어지고 말 것이다. 경우에 따라서 개개의 노동자가 자기의 작은 집을 팔수도 있을 것이다. 그러나 대규모 파업이나 전반적인 산업공황의 경우60), 이것에 의해 타격을 입은 노동자들은 모두 집을 시장에 팔러 나올 것이다. 그렇게 되면 이 집들은 전혀 구매자를 만나지 못하거나 생산비보다 훨씬 싸게 팔릴 것이다. 이 집들이 전부 구매자를 찾는다 해도 작스 씨의 위대한 주택개혁은 역시 수포로 돌아갈 것이며, 그는 처음부터 다시 시작하지 않으면 안 될 것이다. 그러나 시인들은 공상의

----
60) "전반적인 산업 공황의 경우"라는 말은 1887년판에서 엥겔스가 덧붙인 것이다.

세계에 살고 있다. 우리 작스 씨도 이러한 세계에 살고 있는데, 그는 다음과 같이 상상한다. 즉 토지소유자는 "최고 단계의 경제적 독립에 도달"했으며 토지소유자는 '확실한 피난처'를 가지고 있고, 또 **자본가가 될 것이며** 따라서 이와 관련하여 그에게 열려진 부동산 저당 신용을 통해 실업 또는 노동 능력 상실의 위험으로부터 보호받을 것이다."라는 식의 공상을 하고 있다. 그러나 작스 씨는 프랑스의 농민들과 우리나라 라인 지방의 소농들을 살펴보는 것이 좋을 것이다. 그들의 가옥과 전답은 겹겹이 저당 잡혀 있으며, 그들의 수확은 추수하기 전에 벌써 채권자들의 소유가 되고, 그들의 '영토'에서 자주권을 가지고 지배하고 있는 것은 그들 자신이 아니라 고리대금업자, 변호사, 집달리이다. 이것은 사실상 고리대금업자를 위한 …… 생각할 수 있는 최고 단계의 경제적 독립이다. 그리고 노동자들이 가급적 빨리 그들의 작은 집을 고리대금업자의 자주권에 넘겨주도록 하기 위해 친절한 작스 씨는 노동자들에게 실업이나 노동능력을 상실할 때 빈민 구제의 신세를 지지 말고 그들에게 열려 있는 **부동산 저당 신용**을 이용하도록 상세히 가르쳐주고 있다.

아무튼 작스 씨는 이제 처음에 제기했던 문제를 해결해 놓았다. 즉 노동자는 자신의 작은 집을 가짐으로써 "**자본가가 된다**"는 것이다.

자본이란 타인의 부불노동에 대한 지배다. 따라서 노동자가 이 작은 집을 제3자에게 임대하고 임대료 형태로 이 제3자의 노동 생산물의 일부를 점유할 때만 자본이 된다. 노동자 자신이 그 집에 살고 있다면 바로 그것 때문에 그 집은 자본이 될 수 없다. 이것은 내가 양복점에서 양복을 구매하여 내가 입는 바로 그 순간 그 양복은 자본이기를 그만두는 것과 마찬가지다. 1,000탈러(Taler)의 가치가 있는 가옥을 소유하는 노동자는 벌써 프롤레타리아가 아닌 것은 사실이지만, 그렇다고 그를 자본가라고 부르기 위해서는 작스 씨가 되지 않으면 안 된다.

그러나 우리 노동자의 자본가적 특성은 또 다른 측면을 가지고 있다. 어떤 공업지역에서 모든 노동자들이 자기 집을 가지는 것이 관례로 되어 있다고 가정해보자. 이 경우 **이 지역의 노동계급은 무료로 주택을 이용**하는 것이므로 주택비는 그들 노동력의 가치에 포함되지 않는다. 그러나 모든 노동력의 생산비의 감소, 즉 노동자의 생활필수품 가격의 온갖 지속적인 하락은 "국민경제학의 철칙에 따라" 노동력 가치의 하락과 같으며, 그러므로 결국에는 이에 상응하는 임금의 하락을 가져온다. 이리하여 임금은 평균적으로 절약된 집세의 평균액만큼 하락할 것이다. 즉 노동자는 자기 집에 대한 집세를 이전처럼 화폐의 형태로 집주인에게 지불하는 것이 아니라, 부불노동의 형태로 그를 고용한 공장주에게 지불할 것이다. 이리하여 소주택에 투여한 노동자의 저축은 사실 일종의 자본으로 될 것이다. 하지만 자신을 위한 자본이 아니라 그를 고용한 자본가를 위한 자본이 될 것이다.

이처럼 작스 씨는 신문지상에서조차 자기의 노동자를 자본가로 전환시키지 못하고 있다.

덧붙이지만, 앞서 말한 것은 노동자의 생활수단의 절약 또는 가치

하락으로 귀결되는 이른바 모든 사회개혁에도 해당된다. 이러한 개혁이 전반적으로 보급되면 이에 상응하는 임금의 하락이 뒤따라 일어난다. 그렇지 않고 이 개혁이 단지 개별적 실험에 불과할 경우 이러한 개혁이 개별적 예외로서 존재한다는 사실 자체는 그것을 대규모적으로 실현한다는 것이 현존 자본주의적 생산양식과 양립할 수 없다는 사실을 증명해준다. 예컨대 어떤 지방에서 소비조합을 전반적으로 보급하여 노동자의 식료품 가격을 20퍼센트 인하했다고 치자. 그러면 이곳에서는 임금도 날이 갈수록 약 20퍼센트, 즉 이 식료품에 대한 비용이 노동자들의 생계비에 들어가는 정도에 비례해 하락할 것이다. 예를 들어 노동자가 주 임금의 평균 4분의 3을 이 식료품에 지출한다면 임금은 결국에 가서는 $3/4 \times 20 = 15\%$ 하락할 것이다. 요컨대 노동자의 지출을 절약할 수 있게 하는 이러한 개혁이 일반적으로 되면, 노동자는 이 정략에 의해 지출을 감소시킬 수 있게 된 것과 같은 비율로 감소된 임금을 받는다. 모든 노동자들이 절약에 의하여 52탈러의 독립된 수입을 얻는다고 하자. 그러면 그의 주 임금은 결국 다소 하락하지 않을 수 없을 것이다. 그러므로 그가 절약하면 할수록 적은 임금을 받게 된다. 따라서 그는 자기 자신의 이익을 위해서가 아니라 자본가의 이익을 위해서 절약하는 것이다. "이 제1의 경제적 미덕인 절약정신을 …… 그에게 가장 강하게 불러일으키기" 위해 무엇이 더 필요한가?(64쪽)

그런데 작스 씨도 뒤이어 곧바로 우리에게 말하기를, 노동자들은 자신의 이익을 위해서보다도 오히려 자본가들의 이익을 위해 주택

소유자가 되어야만 한다고 말한다.

　　노동자 신분뿐만 아니라 전 사회의 수많은 사회 성원들이 토지에 얽매여 있는 데 최대의 이해관계를 가지고 있다(나는 작스 씨가 이러한 처지에 있는 것을 단 한 번이라도 봤으면 한다). ……61) 우리 발밑에서 불을 뿜고 있는 사회문제라고 하는 화산을 타오르게 하는 모든 비밀의 힘, 즉 프롤레타리아트의 격분, 증오 …… 지성의 위험한 혼란 …… – 이 모든 것들은 만일 …… 노동자들 자신이 위에서 말한 것과 같은 방법으로 유산계급으로 되는 경우에는 …… 그것은 아침 햇빛을 받고 사라지는 안개와도 같이 산산이 사라질 것이다(65쪽).

다시 말하면, 작스 씨는 노동자들이 자신의 프롤레타리아적 처지가 변함에 따라(이러한 변화는 집을 소유함으로써 일어나지 않을 수 없다) 그들의 프롤레타리아적 성격도 상실하여 자신의 집을 가지고 있던 그들의 조상과 마찬가지로 다시 공손한 노예로 되기를 바라고 있다. 프루동주의자는 이 점을 잘 생각해볼 필요가 있을 것이다.

작스 씨는 이렇게 해서 사회문제가 해결되었다고 생각한다.

　　한층 더 공정한 부의 분배(이미 많은 사람들이 해결하려고 했으나 실패한 스핑크스의 수수께끼)는 지금 감촉할 수 있을 만큼 명백한 사실로 우리 앞에 나타나지 않았는가? 또한 이렇게 됨으로써 그것은 이상의 세계에서

----

61) 『인민국가』에서는 더 많이 인용되었는데, "우리 발밑에서"라는 말 앞에 "토지 소유는 …… 유산계급의 지배에 맞서 투쟁하는 사람의 수를 감소시킨다."라는 말이 있다.

벗어나 현실의 영역으로 옮아오지 않았는가? 만일 이것이 실현된다면 **가장 극단적 경향의 사회주의자들까지 자기의 이론의 정점으로 삼고 있**는 바로 그 최고 목적의 하나가 바로 달성된 것이 아니겠는가(66쪽).

우리가 여기까지 도달한 것은 참으로 행복한 일이다. 이 환호성은 그야말로 작스 씨 저서의 '정점'을 이루고 있는데, 여기에서 또다시 저자는 서서히 내리막길로 접어든다. 즉 '이상(理想)의 영역'에서 밋밋한 현실로 내려간다. 우리가 밑에 내려갔을 때 거기서는 우리가 없는 동안에 아무것도, 전혀 아무것도 변하지 않았다는 것을 알게 될 것이다.

우리의 안내자는 우리에게 내리막길의 첫발을 디디게 하면서 노동자 주택에는 두 가지 제도가 있다고 가르친다. 즉 그 하나는 영국처럼 모든 노동자 가족이 자신의 작은 집 그리고 가능하면 정원까지도 가지고 있는 오막살이 제도(Cottagesystem, cottage system)이며, 또하나는 파리, 빈 등지에서 볼 수 있는 것처럼 많은 노동자 주택이 들어 있는 대형 건물로 된 병영식 제도(Kasernensystem, barrack system)이

영국의 '오막살이 제도'의 대가족과 프랑스의 '병영식 제도'의 노동자 숙소.

다. 북부 독일에서 볼 수 있는 것인 이 양자의 중간제도이다. 사실 오막살이 제도만이 유일하게 정당하고 노동자가 자기 집에 대한 소유권을 획득할 수 있는 **유일한** 것이며, 병영식 제도는 그렇지 못할 뿐만 아니라 건강, 도덕 및 가정적 평화의 관점에서 볼 때도 크나큰 결함을 지니고 있다. 그러나 매우 유감스럽게도 바로 주택난의 중심인 대도시에서는 오막살이 제도가 토지 가격 상승 때문에 실행이 불가능하다. 그러므로 대도시에서 대형 병영 대신에 4호 내지 6호 가구 정도의 주택을 세우든가, 그렇지 않으면 온갖 건축 기술을 동원해 병영식 제도의 주요 결함들을 없앨 수 있다면 그것도 만족할 만한 것이다(71~92쪽).

우리가 이미 상당한 거리를 내려온 것이 사실이 아닌가? 노동자의 자본가로의 전화, 사회문제의 해결, 모든 노동자에 속하는 자신의 집-이 모든 것들은 높은 곳에, 즉 '이상의 영역'에 남아 있다. 우리가 연구해야 할 것은 농촌에는 오막살이 제도를 실시하고, 도시에는 노동자들의 병영식 주택을 쓸 만하게 건축하는 것뿐이다.

이처럼 부르주아적 주택문제 해결은 **도시와 농촌의 대립**에 부딪쳐 분명히 실패했다. 그리하여 우리는 여기서 문제의 핵심에 도달했다. 주택문제의 해결은 사회가 오늘날 자본주의 사회에서 극도에 달한 도시와 농촌의 대립을 폐지하는 데 착수할 수 있을 만큼 충분히 변혁될 때 비로소 가능하다. 자본주의 사회는 이 대립을 폐지할 수 없을 뿐만 아니라 오히려 더욱더 대립을 격화시키지 않을 수 없다. 최초의 공상적 사회주의자들인 오언과 푸리에는 이미 이것을 옳게 이해했다. 그들의 시범적 건설에는 이미 도시와 농촌의 대립은 존재하지 않는다. 따라서 여기에는 작스 씨가 주장하는 것과 정반대의 것이 존재한다. 즉 주택문제를 해결함으로써 사회문제가 해결되는 것이 아니라 오직 사회문제를 해결함으로써만, 즉 자본주의적 생산양식을 폐지함으로써만 주택문제를 해결할 수 있는 것이다. 오늘날 대도시를 보존하는 조건 하에서 주택문제를 해결하려는 것은 무의미하다. 그러나 오늘날의 대도시는 자본주의적 생산양식의 폐지를 통해서만 제거될 것이며, 또한 이 생산양식이 폐지되기 시작하면 그 때는 이미 모든 노동자들에게 자신의 불가분의 소유가 되는 집을 제공하는 것이 문제되는 것이 아니라 전혀 다른 것이 문제될 것이다.

그러나 모든 사회혁명의 최초에는 사물을 그대로 받아들이고, 또 기존 수단에 의해 가장 극심한 해악을 시정해야 할 것이다. 그리하여 우리가 이미 보아온 것처럼 주택난은 유산계급이 가지고 있는 화려한 주택들의 일부를 수용하고, 그 나머지 부분에 사람들을 강제로 거주시킴으로써 곧 제거될 수 있을 것이다.

작스 씨가 나중에 또다시 대도시들의 존재로부터 출발하여 도시 **근처에** 설립되게 될 노동자 단지(Arbeiterkolonien, working class colonies)에 관해 장광설을 늘어놓으면서, "공동 수도, 가스 조명, 공기 난방 또는 온수난방, 세탁장, 건조장, 목욕탕 등"이 있고, "탁아소, 학교, 예배당"(!), "독서실, 도서관……, 술집과 맥줏집, 만반의 설비가 갖추어진 무도실과 음악실"이 있으며, 또 증기력이 모든 집에 공급되고, 이리하여 "어느 정도 생산을 공장으로부터 가내작업장으로 다시 옮겨갈" 수 있는 단지의 아름다운 정경을 낱낱이 묘사할지라도 이 모든 것들은 조금도 사태를 변화시키지 못한다. 그가 묘사하는 노동자 단지는 후베르62) 씨가 직접 사회주의자 오언과 푸리에로부터 빌려온 것이며, 그것도 사회주의적인 것은 모두 말살해버리고 완전히 부르주아적 성격을 띠게 한 것이다. 바로 이 때문에 그것은 이미 완전히 공상적인 것이 되고 말았다. 자본가 어느 누구도 이러한 단지 건설에 관심을 갖지 않으며, 전 세계 어디에도 존재하지 않는다. 예외라 할 수 있는 프랑스의 기즈(Guise)에 있는 단지도 실은 돈을 벌려는 투기로서가 아니라 사회주의적 실험으로써 푸리에주의자가 창설한 것이다.63) 작스 씨는 자기의 부르주아적인 공상적 계획을 실증하기 위해 40년대 초 오언이 햄프셔에 건설했다가 이미 오래전에 몰락해버린 공산주의적 단지 '하모니 홀'64)의 예를 들어도 괜찮을 것이다.

그러나 노동자 단지를 건설한다는 이 모든 논의는 또다시 '이상의 영역'으로 날아올라 가려는 덧없는 시도에 불과하며, 그다음에는 또다시 포기하고 말 것이다. 우리는 다시 경쾌하게 내리막길을 달음질

---

62) V. Huber(1800~1869)는 보수주의자로 독일의 정치 평론가이자 문학사(史)가였다 – 옮긴이.

63) 그러나 이것도 결국에는 노동자를 착취하는 곳으로 변질되어 버렸다. 1886년의 파리 신문 『사회주의자』를 보라 – 1887년판에 대한 엥겔스의 주.
   『사회주의자Le Socialiste』는 프랑스의 주간 신문인데 1885년에 파리에서 J. 게트가 창간한 것이다. 1902년까지는 노동당의 기관지였으며, 1902년에서 1905년까지는 사회프랑스당의 기관지, 1905년 이후에는 프랑스사회당의 기관지였다. 1880년대와 1890년대에 엥겔스, P. 라파르그, P. B. 플레하노프가 이 신문에 기고하였다.
   기즈에 있는 단지에 대한 논설은 1886년 7월 3일자와 24일자 『사회주의자』 제45호와 48호에 발표되었다.

64) 하모니 홀(Harmony Hall)은 1839년 말에 로버트 오언을 비롯한 영국의 공상적 사회주의자들이 영국의 햄프셔에 창설한 공산주의적 단지의 명칭이다. 이 단지는 1845년까지 존속했다 – 옮긴이.

로버트 오언이 30만 파운드를 모아 3층짜리 붉은 벽돌로 지은 하모니 홀. 정원도 딸렸다.

친다. 가장 간단한 해결은 이러하다.

고용주인 공장주들이 자신의 비용으로 주택을 짓든가, 그렇지 않으면 노동자들에게 토지를 주어 건축 자본을 대출하는 식으로 노동자들 자신의 건축 활동을 권장하고 지지하여 노동자들이 적당한 주거지를 가질 수 있도록 지원하는 것이다(106쪽).

그리하여 다시 이 모든 것들이 전혀 문제될 수 없는 대도시에서 농촌으로 문제가 바뀐다. 여기서 작스 씨는 공장주 자신도 자기의 노동자들이 적당한 주택을 갖도록 도와주는 것이 자신의 이익이 된다는 것을 논증했다. 그것은 한편으로는 이것이 유리한 투자이기 때문이며, 또 다른 한편으로는 필연적이기 때문이다,

이로부터 귀결되는 노동자들의 생활향상이 …… 그들의 육체적 및 정신적 노동능력을 제고시키지 않을 수 없으며, 그것은 당연히 …… 고

용주의 이익이 되기 때문이다. 이렇게 됨으로써 고용주가 주택문제 해결에 참여하는 데 대해 다음과 같은 올바른 관점이 서게 된다. 즉 이러한 참여는 **잠재적 연합**(latenten Assoziation, latent association)의 결과이며, 노동자들의 육체적 및 경제적, 정신적 및 도덕적 행복에 대한 고용주들의(대부분 인도주의적 지향의 외피를 쓴 배려의 결과인데) 배려 그 자체는 결과적으로 유능하고, 재간 있고, 열성 있고, 만족하고 있고 또 **충직한** 노동자층을 끌어들임으로써 자연히 돈으로 보상받게 된다(108쪽).

후베르가 부르주아 박애주의적 추잡한 잠꼬대에 '고상한 의미'를 부여하려고 한 그 '잠재적 연합'[65]이라는 말도 결코 사태를 변화시키지는 못한다. 이러한 말이 없이도 농촌 지방의 대공장주들은 (특히 영국에서) 이미 오래전에 노동자 주택의 건축이 필수적인 것, 즉 공장 건설 자체의 일부분일 뿐만 아니라 아주 훌륭한 수익을 가져오는 것이기도 하다는 것을 잘 알고 있었다. 그리하여 영국에서는 수많은 촌락들이 생겼으며 그중 일부는 나중에 도시로 발전했다. 그러나 노동자들은 인자한 자본가에게 고맙다는 말 대신에 항상 이 '오막살이 제도'에 대해 맹렬히 반대했다. 문제는 단지 공장주들에게 경쟁자가 없기 때문에 노동자들이 셋집에 대해 독점적 가격을 지불하지 않을 수 없다는 데만 있는 게 아니다. 파업할 경우에는 공장주가 두말없이 노동자들을 길거리로 내쫓아 거처를 잃어버리기 때문에 그들의 반항이 아주 곤란하다는 데 있었다. 상세한 것은 나의 저서 『영국 노

----

65) V. B. 후베르,『사회문제. IV. 잠재적 연합』 노르트하우젠, 1866년, V. A. Huber, *Sociale Fragen, IV. Die Latente Association*, Nordhausen, 1866 참조.

동자계급의 상태』224쪽과 228쪽을66) 읽어보는 것이 좋겠다. 그러나 작스 씨는 이러한 논거들을 "구태여 반박할 가치가 없다."고 생각한다(111쪽).

그렇다면 작스 씨는 과연 노동자에게 작은 집에 대한 소유권을 주고 싶지 않다는 말인가? 물론 그는 주고 싶어 한다. 그러나 "고용주들은 노동자를 해고할 경우 그 대신 입주하는 자에게 제공할 숙소가 있도록 주택을 관리할 가능성을 항상 지니고 있어야만 하기" 때문에 …… 물론 "이러한 경우를 대비해 **특수협정에 의해 소유권을 철회할 것**을 예견"67)해 두어야만 한다(113쪽).

이번에는 의외로 빨리 밑으로 내려와버렸다. 처음에는 자신의 작은 집에 대한 노동자의 소유권을 말했다. 그다음 도시에서는 이것이 불가능하고 농촌에서만 실시될 수 있다는 것을 알았다. 그런데 이제 와서는 농촌에서도 이 소유권은 "특수협정에 의해 **철회될 수 있는 것**"이어야 한다고 우리에게 말하고 있다! 작스 씨가 노동자를 위해 발견한 이 신종 소유권에 의해, 노동자들을 "특수협정으로써 철회될 수 있는" 자본가로 만드는 이러한 전화(轉化)에 의해, 우리는 다시 아무 탈 없이 죄 많은 세상으로 돌아왔다. 그리고 여기서 우리는 자본

---

66) 『전집』제2권, 403~404쪽 참조.

67) 이 점에서도 영국 자본가들은 작스 씨의 가슴속 깊이 간직되어 있는 모든 소원을 이미 오래전에 충족시켰을 뿐만 아니라 그것을 훨씬 능가했다. 1872년 10월 14일 월요일 모페스 시의 '의회 선거인 명부 확정 재판소'는 2,000명의 광산 노동자가 선거인 명부에 자기의 이름을 등록해 줄 것을 청원한 데 대해 판결을 내려야만 했다. 그 결과 이 사람들 대부분은 그들이 일하고 있는 광산의 규정에 따라 그들이 거주하고 있는 작은 집의 **임차인으로** 간주되는 것이 **아니라** 다만 **호의에 의하여** 이 가옥에 거주하고 있는 자로 간주되었다. 따라서 언제든지 아무런 예고도 없이 길거리로 쫓아낼 수 있다는 것이 판명되었다(광산 소유자와 집주인은 물론 같은 사람이었다). 재판관은 이 사람들이 임차인이 아니라 **종복**이며 따라서 종복인 그들은 선거인 명부에 기재될 권리가 없다고 판결했다.(『데일리 뉴스Daily News』1872년 10월 15일) – 엥겔스의 주.

가들과 기타 박애주의자들이 주택문제를 해결하기 위해 **실제로** 무엇을 해놓았는지 연구해야 한다.

II

우리가 작스 박사를 신용한다면 자본가들이 지금까지 이미 주택난 완화를 위해 많은 중요한 일을 해놓았으며, 그리고 주택문제가 자본주의적 생산양식의 기초 위에서 해결될 수 있다는 것이 증명되었다.

우선 작스 씨는 우리를 …… 보나파르트 통치 하의 프랑스로 안내한다! 알다시피 루이 보나파르트는 파리 세계박람회(1867) 당시 한 위원회를 임명했는데, 그것은 프랑스 근로계급의 상태에 관한 보고를 작성하기 위한 것이라고 말했다. 하지만 실은 제국의 한층 더 큰 명예를 위해 근로자의 상태를 낙원 같은 것으로 서술하기 위한 것이었다. 그리고 작스 씨는 보나파르트 도당의 가장 부패한 종복들로 조직된 바로 **이** 위원회의 보고를 근거로 인용한다. 그 이유는 이 위원회의 사업결과가 "이 사업을 위임받은 위원회 **자신의 말**에 따르면, 프랑스에게 충분히 완전한 것"이기 때문이라는 것이다! 그러면 그 결과란 과연 어떤 것인가? 자료를 제공한 89개의 대공업 기업(그 중에는 주식회사도 포함되어 있다) 중 31개는 노동자 주택을 **전혀** 건축

1867년 파리엑스포부터는 본격적으로 사진 대중화가 시작되었는데, 초기 대중화에서는 명함용 소형 사진이 인기를 주도했다. 위는 대중화의 시작을 입증해주는 '1867년 파리엑스포 전시관'의 채색화 사진 앨범.

하지 **않고** 있었다. 이미 건축된 주택들에는 (작스 씨 자신의 계산에 따르면) 기껏해야 5만~6만 명이 수용되었을 뿐이며, 또 이 주택들에서는 거의 예외 없이 한 가구 당 겨우 방 두 개만이 배당되었다!

그 생산조건, 즉 수력, 탄광, 철광층 기타 광산의 위치 등에 의하여 일정한 농촌지방에 얽매여 있는 모든 자본가들은 물론 그곳에 주택이 없는 경우에 노동자들을 위해 주택을 건축하지 않을 수 없다. 그러나 이것을 '잠재적 연합'이 존재한다는 증거로, "문제와 그것의 숭고한 의의를 더 잘 이해하게 된 명확한 증거" 및 '유망한 단서'(115쪽)로 보기 위해서는 고도로 발달한 자기기만의 습관이 필요하다. 그러나 이 점에서도 각국의 공업가들은 국민적 성격에 따라 서로 구별된다. 예컨대 작스 씨는 117쪽에서 다음과 같이 말하고 있다.

영국에서는 최근에야 비로소 이 방면에서 고용주들의 활동이 강화된 것을 볼 수 있다. 특히 멀리 떨어진 농촌지방에서 그러하다. …… 가장 가까운 곳이라도 공장까지 가려면 종종 먼 길을 걸어야 하기 때문에 노동자들은 공장에 도착하면 벌써 피로하여 충분히 능률적으로 일할 수 없게 되었다. 바로 이런 사정이 고용주가 노동자들의 주택을 **건축하도록 자극하는 원인이 되었**다. 그런데 한편 이러한 사정에 대한 더욱 **깊은 이해**를 표하고 주택 **개혁**과 잠재적 연합의 모든 다른 요소를 많건 적건 결합시키는 사람들의 수가 늘고 있다. 번영하고 있는 이러한 단지는 바로 이런 사람들 덕분에 생겨난 것이다. …… 하이드의 애슈턴, 터튼의 애슈워스, 베리의 그랜트(Grant), 블링턴의 그레그, 리즈의 마셜, 벨퍼의 스트래트(Stratt), 솔레어의 솔트, 코플리의 아크로이드 등의 이름은 이 때문에 연합 왕국(영국)에서 아주 유명하다.

성스러운 소박함과 한층 더 성스러운 무식이여! '최근'에 들어서야 비로소 영국의 농촌지방 농장주들이 노동자 주택을 건설했다고! 아니다, 친애하는 작스 씨여, 영국의 자본가들은 돈주머니뿐만 아니라 지능 면에서도 참으로 대공업가들이다. 독일에서 참다운 대공업이 나타나기 오래전에 그들은 농촌지방의 공장생산에는 노동자 주택에 대한 출자가 총 고정자본에 필요하고, 직접적으로나 간접적으로나 대단히 유리한 부분이라는 사실을 알고 있었다. 비스마르크와 독일 부르주아의 투쟁이 독일 노동자들에게 연합의 자유를 선사하기 오래전에 영국의 공장주들, 광산 소유자들 및 야금 공장주들이 동시에 이 노동자들의 집주인일 경우에는 파업 노동자들에게 어떤 압박을 가할 수 있는지를 실천적으로 잘 알고 있었다. 그레그(Greg),

애슈턴(Ashton), 애슈워스(Ashworth) 등 '번영하고 있는 단지들'은 이미 40년 전에 부르주아지가 모범으로서 자랑했으며, 또 나 자신이 벌써 28년 전에 이에 대해 서술했기 때문에(『영국 노동자계급의 상태』 228~230쪽 참조)[68] 그다지 최근 시기는 아니다. 마셜(Marshal)과 아크로이드(Akroyd — 그의 이름을 이렇게 쓰고 있다)가 설립한 단지들도 이 시기 즈음에 속하는 것이며 그 기원이 전 세기로까지 소급되는 스트래트 단지는 이보다 더 오랜 것이다. 그리고 영국에서는 노동자 주택의 평균 수명이 40년으로 되었으므로 작스 씨는 이 '번영하는 단지'가 지금 얼마나 비참한 상태에 있을 것인가를 스스로 짐작하기 어렵지 않을 것이다. 뿐만 아니라 현재 이 단지들은 대부분 이미 농촌지방에 있지도 않다. 공업이 거대하게 발전한 덕분에 이 단지들의 대다수는 공장과 가옥들로 완전히 둘러싸여 있다. 그래서 지금도 단지는 2만 내지 3만 또는 그 이상의 주민들이 거주하는 불결하고 연기 자욱한 도시의 한복판에 놓여 있다. 사태가 이런데도 작스 씨로 대표되는 독일 부르주아 과학은 지금은 이미 현실과 전혀 맞지 않는 1840년의 낡은 영국 찬가를 오늘도 의연하고 경건하게 되풀이하고 있다.

그런데 특이한 사례는 늙은 아크로이드[69]이다. 이 용감한 인간은 분명 순수한 박애주의자였다. 그는 자기의 노동자들, 특히 여성 노동자들을 너무 사랑한 까닭에, 그보다 인정이 모자란 요크서의 경쟁

----

68) 『전집』제2권, 404~406쪽 참조.
69) 『인민국가』에는 '늙은 아크로이드'라는 말 대신에 다음과 같이 쓰여 있다. "늙은 A. — 나는 그의 이름을 대려고 하지 않는다. 그는 오래전에 사망하여 매장되었다."

자들은 "아크로이드의 공장에서는 오로지 그의 친자식들만 일하고 있다!"라고까지 말했다. 그런데 작스 씨는 번영하고 있는 이 단지들에서는 "사생아가 더욱더 감소하고 있다."고 주장한다(118쪽). 아주 옳은 말이다. **결혼하지 않고** 낳은 사생아는 감소하고 있다. 영국 공장 지대의 예쁜 처녀들은 아주 일찍 결혼하기 때문이다.

영국에서는 노동자 주택을 모든 대규모 농촌 공장 근처에, 그리고 공장과 동시에 건축한다는 것이 최근 60여 년 동안의 관례였다. 이미 말한 바와 같이 이러한 많은 공장촌락들이 핵심이 되어, 나중에 그 부근에 대규모 공장도시가 형성되었다. 이 도시는 공장도시가 흔히 가지고 있는 모든 폐해들을 안고 있었다. 따라서 이 단지들은 주택문제를 해결한 것이 아니라 주택문제를 자기 지역에서 **처음으로 만들어낸 셈이다.**

이와 반대로 대공업 분야에서 영국의 뒤를 겨우 따라갔으며, 엄밀히 말해 1848년부터 비로소 대공업의 뜻을 알게 된 나라들, 즉 프랑스와 특히[70] 독일에서는 사태가 판이하게 다르다. 여기서는 오직 거대한 야금공장, 예컨대 크로이소트(Creusot)의 슈나이더(Schneider) 공장과 에센(Essen)의 크루프(Krupp) 공장만이 한동안 주저한 끝에 약간의 노동자 주택을 건축하기로 결심했다. 농촌 공업가의 대다수는 자기 노동자들이 삼복더위에도, 눈보라와 비바람 속에서도 아침에는 공장으로, 저녁에는 또다시 집으로 몇 리 길을 걸어다니도록 하고 있다. 이것은 특히 산간 지방들, 즉 프랑스 및 알자스의 보

----
70) 『인민국가』에는 '특히'라는 말이 없다.

주(Vosges) 산간 지방 및 부퍼(Wupper), 지그(Sieg), 아게르(Agger), 렌네(Lenne) 및 그 밖의 라인-베스트팔렌 지방의 강 유역 등에서 볼 수 있는 일이다. 에르츠산맥 지방에서도 상황은 더 나을 게 없다. 독일인들이나 프랑스인들이나 인색하기는 도긴개긴이다.

작스 씨는 유망한 단서도, 번영하고 있는 단지들도 아무런 의미를 지니고 있지 않다는 것을 잘 알고 있다. 그러므로 그는 자본가들이 노동자 주택을 건축함으로써 얼마나 많은 수익을 짜낼 수 있는가를 보여주려고 한다. 다시 말하면 그는 자본가들에게 노동자를 기만하는 신종수법을 가르쳐주려는 것이다.

우선 그는 자본가들에게 일련의 런던 건축회사들의 예를 들고 있다. 그들은 부분적으로는 자선적이며 부분적으로는 투기적인 성질을 지니고 있는데, 4퍼센트 내지 6퍼센트 또는 그 이상의 순수익을 얻고 있다. 노동자 주택에 투여된 자본이 짭짤한 수입을 올린다는 것은 작스 씨의 증명을 기다릴 필요도 없다. 지금보다도 더 많은 자본이 노동자 주택에 투여되지 않는 것은 더 비싼 주택이 그 소유자에게 한층 더 많은 수입을 가져다주기 때문이다. 따라서 작스 씨가 자본가들에게 주는 충고는 또다시 단순한 도덕적 설교가 되고 말았다.

작스 씨가 찬란한 업적을 그렇게 소리 높여 찬양하고 있는 이 런던의 건축회사들에 관해 말해보자. 작스 씨 자신의 계산에 따르면(그는 여기에 모든 건축 투기를 포함시키고 있다) 그 회사들은 도합 2,132가구와 706명의 독신자에게, 즉 대략 1만 5,000명 미만의 사람들에게 숙소를 제공해주었다! 런던의 이스트엔드(the East End)[71]만 보아도 50만 명의 노동자들이 끔찍할 정도의 주택 조건에서 생활하고 있음에도 불구하고, 독일에서는 이러한 어린애 장난과 같은 것을 위대한 업적이라고 감히 엄숙하게 묘사하고 있다! 이 모든 자선적 노력은 사실 너무도 빈약하고 또 사소한 것이므로 노동자들의 상태를 다룬 영국 의회의 보고서에도 이러한 노력에 대해서 결코 언급조차 한 적이 없다.

이 편 전체를 통해 보여준 런던에 대한 가증스러울 정도의 무지에 대해서는 여기서 말하지 않으려고 한다. 단 한 가지만을 지적하기로 하자. 작스 씨는 소호[72]에 있던 독신자 주택이 이 지방에서는 '많은 고객을 기대할 수 없었기' 때문에 없어져버렸다고 생각하고 있다. 작스 씨는 분명히 런던의 웨스트엔드(the West End) 전체를 하나의 화려한 도시로 생각하고 있으며 가장 아름다운 거리의 바로 뒤에는 가장 구차한 노동자 구역이 있으며 예컨대 소호(Soho)도 이러한 노동자 구역의 하나라는 것을 알지 못하고 있다. 작스 씨가 말하고 있고, 또 내가 벌써 23년 전에 알고 있던 소호의 모범적 숙소는 처음에는 손님들이 많이 밀려왔지만 거기서는 누구도 견딜 수 없었기 때문에 없어지고 말았다. 그래도 이 집은 훌륭한 편이었다.

그러면 알자스의 뮐하우젠(Mühlhausen)[73]에 있는 노동자 도시, 이

---

71) 런던 동부 템스강 북쪽 지구로 19세기 산업혁명 후 빈민가로 자리잡았었다. 그 반대가 웨스트엔드이다 — 옮긴이.

72) 런던시에 있는 구(區)의 명칭 — 옮긴이.

73) 프랑스 동부의 도시로 독일과 스위스의 국경과 가깝다. 프랑스어로는 뮐루즈(Mulhouse)라고 한다 — 옮긴이.

것은 분명 성공이 아닌가?

한때 애슈턴, 애슈워스, 그레그 등지의 '번영하는 단지들'이 영국 부르주아의 자랑감이며 자만거리였던 것처럼 뮐하우젠의 노동자 도시는 대륙 부르주아지의 자랑감이며 자만거리다. 유감스럽게도 이 소도시는 잠재적 연합의 산물이 아니라 프랑스 제2제국과 알자스 자본가들의 아주 공공연한 연합의 산물이다. 이것은 루이 보나파르트의 사회주의적 실험의 하나였으며 이 실험을 위해 국가는 투여 자본의 1/8을 대출했다. 14년간(1867년까지)에 800채의 소가옥이 이런 사업을 더 잘 알고 있는 영국에서는 생각조차 할 수 없을 만큼 쓸모없게 지어졌다. 이 작은 집들은 13년 내지 15년간 비싸진 집세를 매월 지불한 후에야 노동자들의 소유가 되었다. 이러한 재산 취득 방법은 우리가 뒤에서 보는 바와 같이, 영국의 협동조합식 건축회사들에서는 이미 오래전부터 실행해왔기 때문에 알자스의 보나파르트주의자들이 결코 발명할 필요는 없었다. 집을 구매해 자기 것으로 만드는 데 덧붙이는 집세 인상액은 영국의 그것에 비해 상당히 높다. 예컨대 노동자는 4,500프랑을 15년간 분할 지불함으로써 15년 전에 3,300프랑의 가치였던 집을 받는다. 만일 노동자가 이사를 한다든가 또는 단 한 달이라도 집세가 늦어지면(이 경우에 그는 쫓겨날 수도 있다) 가옥의 최초 가치의 6과 2/3퍼센트를 1년 집세로 계산한다(예컨대 가옥 가치가 3,000프랑일 경우 한 달에 17프랑). 그리고 잔액은 **한 푼의 이자도 붙이지 않고** 그에게 돌려준다. 이 경우 회사는 국가 보조 없이도 호주머니가 뿌듯해지리라는 것을 쉽게 이해할 수 있다. 이러한 조건들로 제공되는 주택은 (그것이 시외의 반[半]농촌 지방에 건축되어 있다는 이유만으로도 벌써) 도심의 낡은 병영식 주택들보다 낫다는 것도 또한 명백하다.

독일에서 행한 조금 빈약한 실험(이 실험이 보잘것없다는 것은 작스 씨 자신이 157쪽에서 인정하고 있다)에 대해서는 말하지 않으려 한다.

그러면 이 모든 사례들은 무엇을 증명해주고 있는가? 노동자 주택의 건설은, 모든 위생법령을 유린하지 않는 경우라도 자본가들에게는 유리한 사업이라는 것뿐이다. 그러나 이것이 논박당한 일은 한 번도 없다. 우리는 모두 오래전부터 이것을 알고 있었다. 어떤 수요이건 수요를 충족시키는 투자는 **모두** 합리적으로 운영되기만 하면 수익을 가져온다. 그런데도 주택난이 왜 계속되고 있는가. 즉 **그런데도** 자본가들은 왜 노동자를 위한 위생적인 주택을 충분히 지으려 하지 않는가? 바로 여기에 모든 문제들이 있다. 그런데 여기서 작스 씨는 다만 자본에게 다시 경고할 뿐이며 이에 대한 해답은 주지도 않는다. 이 문제에 대한 실질적 해답은 우리가 이미 위에서 주었다.

이제는 최종적으로 확인한 바와 같이, 자본은 주택난을 해결할 수 있는 경우에도 이것을 제거**하려고** 하지 않는다. 그러므로 오직 두 개의 다른 출구가 남아 있을 뿐이다. 즉 노동자들의 자조(Selbsthülfe, self-help)와 국가의 지원(Staatshülfe, state assistance)이 바로 그것이다.

자조를 열렬히 숭배하는 작스 씨는 주택문제 분야에서도 자조의 기적을 이야기할 능력이 있다. 유감스럽게도 그는 맨 처음부터 자조는 오막살이 제도가 존재하거나 혹은 실현할 수 있는 곳에서만, 즉 역시 농촌지방에만 어떤 효과가 있으며, 대도시들에서는 영국에서 조차 아주 제한된 범위 내에서만 효과가 있다는 것을 인정했다. 작스 씨는 다음과 같이 탄식하고 있다.

> 이(자조의) 방법에 의한 개량은 **우회로**를 거쳐서만, 따라서 **항상** 불완전한 형태로만, 즉 사적 소유의 원칙이 주택의 질에 반작용을 가하는 힘을 가지고 있는 정도에서만 실현될 수 있다.

이것도 의심스러운 말이다. 어쨌든 '사적 소유의 원칙'은 우리 저자의 문체의 '질'에 아무런 개량적 반작용도 가하지 못했다. 이 모든 것들에도 불구하고 영국에서 시행된 자조는 커다란 기적을 보여주었다.

"이 자조는 주택 문제의 해결을 위해 다른 각도로 시행되었던 모든 것들을 **훨씬 능가**했다."

작스 씨가 여기서 말하고 있는 것은 영국의 건축조합(building societies)인데, 그가 이 조합들을 상세히 다루고 있는 까닭은 다음과 같다.

> 그것들의 본질과 활동에 관해 일반적으로 대단히 불충분하거나 그릇된 관념이 유포되고 있다. 영국의 건축조합은 결코 …… 건축회사(Baugesellschaften, associations for building houses) 또는 건축협동조합(Baugenossenschaften, building co-operatives)이 아니다. 그것들은 차라리

…… 독일어로 말하면 가옥취득협회(Hauserwerbverein, associations for the acquisition of housing property)로 불러야 할 것이다. 이것은 회원들의 정기 납입금으로 자금을 축적하고 이 자금 중에서 (그것이 축적됨에 따라) 회원들에게 집을 사도록 대출해주는 것을 목적으로 삼는 협회다. …… 이리하여 건축조합은 조합원의 일부에 대해서는 저축 금고이며, 다른 일부에 대해서는 대출 금고다. 이와 같이 건축조합은 노동자의 요구를 수용하는 부동산 저당 신용기관이며, 또 주로 …… 노동자들의 저축을 …… 예금자인 그들의 동지들이 가옥을 구매 또는 건축할 때 지원하는 데 사용하는 기관이다. 예상할 수 있는 바와 같이, 그런 대출은 해당 부동산을 저당 잡혀야 하며, 또 이자와 원금을 포함한 단기 분할지불 형태로 상환해야만 한다. …… 이자는 예금자들에게 지불되지 않고 항상 **복리(複利)로 계산되어 그들의 계좌에 기입된다.** …… 그동안 쌓인 이자와 함께 원리금은 …… 예고를 한 다음 1개월이 지나면 언제나 찾을 수 있다(170~172쪽). 영국에서는 이러한 협회들이 2,000개 이상 있으며 …… 이 협회들에 집적된 자본은 약 1,500만 파운드 스털링에 달하며, 이미 약 10만의 **노동자** 가족이 이 방법으로 자기 집을 갖게 되었다. 이것은 분명 유례를 찾아보기 힘든 사회적 업적이다(174쪽).

유감스럽게도 여기서도 불가피하게 '그러나'가 뒤따르고 있다.

그러나 문제의 완전한 해결은 이런 식으로는 **결코 달성되지 못한다.** 이 가옥 취득은 …… **많은 보수를 받는** 노동자에게만 가능하다 …… 는

이유만으로도 그렇다. 특히 위생상의
요구에는 항상 관심을 거의 갖지 않
는다(176쪽).

신용조합의 창시자 프란츠 슐체델리치.

대류에서는 "이러한 협회들은
…… 발전할 여지가 대단히 제한되
어 있다." 이 협회들은 오막살이 제
도를 전제로 하는데, 이는 농촌 지방
에만 존재한다. 그런데 농촌 지방에서는 노동자들이 아직도 자조를
할 만큼 충분히 발전되지 못했다. 다른 한편 진정한 건축협동조합이
발생할 수 있는 도시들에서는 "너무 크고 엄중한 온갖 어려움들"(179
쪽)이 이것을 저해하고 있다. 건축협동조합은 오막살이만 건축할 수
있는데, 대도시에서는 이것이 부적당하다. 요컨대 이 협동조합적 자
조 형태는 "오늘의 조건 하에서는, 그리고 가까운 장래에서도 거의
불가능할 것이다. 그러므로 이 문제의 해결에서 주된 역할을 할" 수
없다. 이 건축조합은 아직도 '초기의, 미발전된 맹아 단계'에 있을 뿐
이다. "이것은 영국에서조차 타당하다(181쪽)."

이리하여 자본가들은 이것을 **하고 싶어 하지** 않고, 노동자들은 이
것을 **할 수가** 없다. 만일 슐체델리치[74]류의 부르주아가 항상 우리
노동자들에게 모범으로 내놓는 이 영국의 건축조합에 관해 약간의
설명을 더하는 것이 절대로 필요하지 않다면, 우리는 여기서 이 문

----

74) 프란츠 슐체델리치(Franz Hermann Schulze-Delitzsch; 1808~1883)는 독일의 정치인이자 속
류 경제학자로 신용조합의 창시자이다 – 옮긴이.

제를 마무리할 수 있을 것이다.

　이 건축조합들은 결코 노동자들의 조합이 아니며, 또 그 주요 목적이 결코 노동자들에게 자기 가옥을 제공하려는 데 있는 것도 아니다. 반대로 우리는 이런 일은 보기 드문 예외로만 일어난다는 것을 알게 될 것이다. 본질적으로 이 건축조합들은 투기적 성격의 단체다. 그리고 이것은 최초의 형태인 작은 조합들에나 또는 그것을 모방하여 만든 큰 것들에나 양쪽 모두에 타당하다. 어떤 음식점에서 (대개는 그 주인의 발기로 이 음식점에서 그 후 매주 집회가 열린다) 몇 사람의 단골손님들과 그 친지들, 소매상인들, 점원들, 판매원들, 소수 공업자들 및 기타 프티부르주아와 또 이곳저곳의 어떤 기계공 또는 노동 귀족에 속하는 다른 노동자 등이 건축조합을 조직한다. 가장 직접적인 동기는 대개는 음식점 주인이 근처 또는 다른 어떤 곳에서 비교적 싸게 살 수 있는 토지를 알아낸 데 있다. 조합원의 대다수는 그들의 작업상 어떤 특정 구역에만 얽매여 있지 않다. 그리고 소매상인들과 수공업자들 중 많은 사람들조차 시내에 영업소는 가지고 있지만 주택은 갖고 있지 않다. 할 수만 있다면 누구나 연기 자욱한 시내보다는 교외에 살기를 더 좋아한다. 건축 부지를 구입하여 거기에 가능한 수의 오막살이를 건축한다. 비교적 부유한 조합원들은 신용으로 구입이 가능하다. 매주의 납입금과 약간의 차입금으로 매주의 건축비를 지출한다. 자기 소유의 집을 가지려고 생각하는 조합원들은 이미 완성된 오막살이를 추첨을 통해 분양받으며, 또 이에 상응하게 증가된 집세로 구입가격을 꺼 나간다(상각한다). 나머지 오막살이들은 세를 주거나 팔아버린다. 그런데 건축조합은 그 사업이 잘 되는 경우에는 어느 정도 상당한 재산을 축적하는데, 이 재산은 조합원들이 자기의 납입금을 내는 동안 그들에게 속하며, 때때로 또는 조합이 해산할 때 그들에게 분배된다. 영국의 건축조합들 중 10분의 9의 역사는 이러하다. 그 나머지 것은 더 큰 조합들이다. 이 조합들은 흔히 정치적 또는 자선적 구실을 내걸고 설립되었지만 그 주목적은 언제나 토지 소유의 투기를 통해 **프티부르주아지**의 저금으로 이자가 많이 붙고 이익배당이 있음직하며 저당권으로 보장된 더 좋은 투자를 할 수 있게 하는 데 있다.

이 조합들이 어떤 종류의 고객에게 희망을 걸고 있는가는 가장 큰 조합은 아닐지라도 가장 큰 조합 중의 하나인 어떤 조합의 취지서를 보면 알 수 있다. 런던의 챈서리가(街), 사우샘프턴 빌딩, 29호 및 30호, 버크벡건축조합(Birkbeck Building Society, 29 and 30, Southampton Buildings, Chancery Lane)은 설립 이래 수익이 1,050만 파운드 스털링 (7,000만 탈러) 이상에 달했고, 은행예금 및 국채 투자는 41만 6,000 파운드 스털링을 초과하고 있으며, 조합원 및 예금자의 수는 현재 2만 1,441명이나 된다. 이 조합은 다음과 같이 광고하고 있다.

많은 분들이 피아노 제조업자의 소위 3년 연부제라는 것을 알고 있을 것이다. 이 제도에 따르면 3년간 피아노를 세낸 사람은 만기 때 누구나 피아노의 소유자가 된다. 이 제도가 실시되기 전까지는 수입이 제한된 사람이 고급 피아노를 마련한다는 것은 자기 집을 갖는 것만큼이나 어려운 일이었다. 그런 사람들은 매년 피아노의 세를 냄으로써 피아노 가격의 2~3배나 되는 돈을 허비했던 것이다. 그런데 피아노에 적용할 수 있는 것은 집에도 적용할 수 있다. …… 그러나 집은 피아노보다 비싸기 때문에 …… 집세로 집 구매가격을 상각하려면 시일이 오래 걸린다. 그래서 본 조합의 관리부는 런던 시내 및 교외 여러 곳의 집 소유자들과 협정을 맺었다. 이 협정에 따라 본 관리부는 버크벡건축조합 조합원들과 그 밖의 사람들에게 시의 각처에 널려 있는 집들을 골라서 갖게 할 수 있었다. 본 관리부가 실시하려는 제도는 다음과 같다. 즉 집을 12년 6개월간 세를 준다. 그리고 집세를 정확히 납입하는 경우 이 기간이 경과하면 그 집은 더 이상 지불 없이 세낸 사람의 절대적인 소유가 된다. …… 또 세낸 사람은 집세를 올림으로써 기한을 단축하거나 집세를 내림으로써 기한을 연장할 것을 약정할 수도 있다. …… **제한된 수입을 가진 사람들, 대소 상점에 근무하는 사람들**과 그 밖의 사람들은 버크벡 건축조합의 조합원이 됨으로써 즉시 집 주인들로부터 독립할 수 있다.

모든 것들은 충분히 명백하다. 노동자들은 전혀 문제가 아니며, 그 대신 제한된 수입이 있는 사람, 사무실 서기와 상점 점원 등이 문제가 되고 있다. 게다가 고객들은 대개 **피아노를 이미 가지고 있다**고 전제하고 있다. 사실상 여기서 문제가 되는 것은 결코 노동자가 아니라 프티부르주아 및 프티부르주아로 되기를 원하며 **또 될 수 있는** 사람들이다. 예컨대 상점점원 및 이와 비슷한 직업에 종사하는 사람들의 경우와 마찬가지로(비록 일정한 범위 내에서이지만) 그들의 수입이 일반적으로 조금씩 증가하는 사람들이다. 그런데 노동자의 수입은 최상의 경우 명목상으로는 변하지 않더라도 가족이 늘어나고 가족의 수요가 증대하기 때문에 실제로는 감소한다. 사실 소수의 노동자들만이 예외적으로 이러한 조합에 가입할 수 있다. 한편으로 노동자들의 수입은 너무나 형편없으며 다른 편으로 그나마 충분히 보장되어 있지 않기 때문에 그들은 앞으로 12년 6개월 동안 채무를 감당할 수 없는 것이다. 이에 속하지 않는 드문 예외는 최고급 노동자들이거나 또는 공장 감독들이다.[75]

그런데 뮐하우젠의 노동자 소도시의 보나파르트주의자들이 이 프티부르주아적 영국 건축조합의 가련한 모방자에 불과하다는 것은 누구에게나 명백하다. 다만 보나파르트주의자들에게는 국가 보조가 있음에도 불구하고, 이 건축조합보다도 훨씬 더 자기의 고객들을 기만하고 있다는 차이가 있다. 그들의 조건은 일반적으로 영국에서

----

[75] 특히 런던의 건축조합의 활동에 대해 좀 더 덧붙이려 한다. 아시다시피 런던의 토지 대부분은 대략 열두 명쯤 되는 귀족들의 소유인데, 이 귀족들 중에서 웨스트민스터, 베드포드, 포틀랜드 등의 공작들이 유명하다. 맨 처음에 그들은 개개의 건축 부지를 99년간 세준 다음 이 기간이 경과한 후에는 이 부지와 함께 그 위에 있는 모든 것들의 소유권을 획득한다. 이후 그들은 더 짧은 기간, 예컨대 39년을 기한으로 삼아 소위 '수리비 세입자 부담(repairing lease, repairing clause)'의 조건으로 이 집들을 세준다. 그 결과 세입자는 집을 쓸 만한 상태로 만들어 놓아야 하며 또 이 상태를 유지해야만 한다. 이러한 계약을 체결한 후 토지소유자는 집을 검사하고 필요한 수리를 확정하기 위해 자기가 고용한 건축 기사와 그 지방 건축검열관(Baupolizeibeamten, surveyor)을 파견한다. 이 수리는 흔히 대단히 큰 것으로서 전면 벽 전체, 지붕 등을 일신하는 데까지 이른다. 그런 때에는 세입자는 담보로써 임차 계약서를 건축조합에 제출하고 이 조합으로부터 자기 부담으로 건축 작업을 수행하기에 필요한 금액(연 집세 130~150파운드 스털링의 경우에는 1,000파운드 스털링 또는 그 이상에 달하는 금액)을 차용한다. 이와 같이 하여 이 건축조합들은 다음과 같은 목적을 가진 체계의 중요한 중간 고리가 되었다. 그 목적이란 대토지 귀족들이 런던에 있는 자기네 집들을 아무런 공도 들이지 않고 공중의 부담으로 수리하며, 또 집으로 쓸 만한 상태로 새롭게 고쳐 그 상태를 유지할 수 있도록 하는 것이다.
바로 이것을 노동자들을 위한 주택문제의 해결이라고 떠벌린다 – 1887년판에 대한 엥겔스의 주.

보통 시행되고 있는 것보다도 관대하지 않다. 영국에서는 매번 불입한 납입금에 대해 단리(單利)와 복리(複利)가 계산되며, 1개월 전에 예고하면 불입금을 내준다. 하지만 뮐하우젠의 공장주들은 단리나 복리나 할 것 없이 모두 제 주머니에 집어넣고 다만 5프랑 경화(硬貨)로 불입한 기본 납입금만 내준다. 그러나 이 모든 것들을 자기 저서에 써놓고서도 그것을 모르고 있는 작스 씨보다 더 이런 차이를 알고 놀랄 사람은 아무도 없을 것이다.

이처럼 노동자들의 자조로부터는 역시 아무런 결과도 나오지 않는다. 작스 씨는 이 점에 관해 우리에게 무엇을 제의할 수 있는가? 다음과 같은 세 가지가 있다.

첫째, 국가는 어떤 형태로나 노동계급의 주택난을 조장하는 모든 것들을 입법 및 행정을 통해 근절하든가 또는 적당히 개선하도록 배려해야만 한다(187쪽).

결국 이것은 더 염가로 건축할 수 있도록 건축 입법을 개정하고 건축업을 자유롭게 한다는 것을 의미한다. 그러나 영국에서는 이 입법이 최소한도에 국한되어 있고 건축업은 공중을 나는 새처럼 자유롭지만 주택난은 여전하다. 뿐만 아니라 지금 영국에서는 짐마차가 지나가도 집이 흔들리며, 또 날마다 집이 몇 채씩 쓰러질 만큼 위태롭게 집을 짓고 있다. 어제, 즉 1872년 10월 25일에도 맨체스터에서는 여섯 채의 집이 한꺼번에 무너져 6명의 노동자가 중상을 입었다.

따라서 이 제의도 아무런 도움이 못 된다.

둘째, 국가 권력은 개개인이 자기의 속 좁은 개인주의 하에서 이 해
악을 전파시키든가 새로 야기하는 것을 저지해야만 한다.

결국 이것은 1857년 이래 영국에서 실시하고 있는 것처럼 위생적
및 건축 기술적 면에서 노동자 주택에 대한 감독을 실시하며, 위생
상 불결하다든가 또는 낡았기 때문에 위험한 주택을 폐쇄할 권한을
당국에 준다는 것을 의미한다. 하지만 영국에서는 이것이 어떻게 실
행되었는가? 1855년에 제정된 첫 번째 법령인 오물제거법(Nuisance
Removal Act)은 작스 씨 자신도 인정하고 있는 것처럼 사문구(死文句,
ein toter Buchstabe, a dead letter)로 되었으며 1858년의 둘째 법령인 지
방자치법(Local Government Act)도 마찬가지라고(199쪽) 생각하고 있
다. 그런데 이 주장은 또다시 영국의 '사업'에 대한 작스 씨의 완전한
무지의 '유력한 증거'에 불과한 것이다. 영국이 일반적으로 '사회사
업'에서 대륙보다 훨씬 앞서고 있다는 것은 자명한 일이다. 영국은
현대 대공업의 조국이다. 이 나라에서는 자본주의적 생산양식이 가
장 자유롭고 광범하게 발전하였으며, 이 생산양식의 결과도 이 나라
에서 가장 선명하게 나타나고 있고, 그래서 그것은 일찍부터 입법에
반영되었다. 이에 대한 가장 훌륭한 증거는 공장법이다. 그러나 작
스 씨가 의회의 법령이 즉각 실시되기 위해서는 그것이 법령의 효력
을 가지기만 하면 충분하다고 생각한다면 크게 잘못 생각하고 있는

것이다. 그리고 이것은 어떠한 의회의 법령들(오직 작업장규제법[76]만을 예외로 하고)보다 바로 지방자치법에 더 타당한 것이다. 이 법령의 집행은 시 당국들에 일임되어 있었는데, 영국의 당국들은 거의 어디서나 온갖 매수, 친척 등용 및 이권개입(jobbery)[77]의 공인된 중심으로 되어 있다.

온갖 가족적 연고를 통해 그 지위를 얻고 있는 시 당국의 공무원들은 이러한 사회적 법령들을 집행할 능력이 없거나 또는 의사가 없다. 그런데 바로 이 영국에서야말로 사회 입법의 준비 및 실시를 위임받고 있는 정부 관리들은 대부분 자기 의무를 엄격히 이행하는 것으로 유명하다. 지금은 벌써 20~30년 전보다는 그 정도가 약해지기는 했지만 비위생적이거나 또는 무너질 위험이 있는 주택의 소유자들은 거의 어디서나 직접 또는 간접으로 사회 안에 유력한 대표를 가지고 있다. 소선거구로 실시되는 시의회 의원의 선거는 피선거자를 가장 협소한 지방적 이익과 세력에 좌우되도록 한다. 재선되기를 바라는 시의원은 누구도 감히 이 법령을 자기 선거구에 적용하는 데 찬성 투표하지 못할 것이다. 그러므로 이 법령이 거의 모든 지방 당국들의 반항을 얼마나 받았겠는가 하는 것은 명백하다. 이때까지 이 법령은 가장 한심한 경우에만, 그나마도 작년 맨체스터와 샐퍼드

---

76) Workshops' Act.

77) 이권개입(Jobbery)은 공적 지위를 관리 또는 그의 가족의 사적 이익에 전용하는 것을 의미한다. 예를 들면 어떤 나라의 국립 전신국장이 어떤 제지공장의 익명 사원으로 등록하여 이 공장에 자기의 산에 있는 목재를 공급하고, 그 후 전신국에 대한 종이 공급을 이 공장에 위탁하는 경우를 말한다. 그것이 비록 사소한 일(job; 돈벌이 일을 의미한다)이라도, 그것은 이권개입의 원칙을 충분히 설명해 줄 만큼 상당한 돈벌이다. 특히 이것은 비스마르크 시대에서는 공공연한 일이었으며, 또 아주 당연한 일이었다 – 엥겔스.(『인민국가』에는 "특히 이것은"이라는 말이 하가 없다.)

112

에서 천연두가 유행했을 때처럼 이미 전염병이 창궐한 경우에만 적용되었던 것이다. 지금까지 내무장관에게 보내는 탄원은 이러한 경우에만 효력이 발생했다. 실로 영국의 모든 **자유주의** 정부의 원칙은 극도의 필요성에 못 이겨서만 사회적 개혁 법안을 제출하며, 이미 존재하는 법령들은 될 수 있으면 이를 전혀 집행하지 않는 데 있기 때문이다. 이 법령은 영국의 다른 수많은 법령들과 마찬가지로, 노동자들이 지배하거나 또는 그들의 압력 하에 있는 정부이다. 그래서 결국 이 법령을 실시하게 될 그런 정부의 수중에서 이 법령은 현재의 사회제도에 돌파구를 내기 위한 강력한 무기라는 의의를 지니고 있을 뿐이다.

셋째, 작스 씨에 따르면 국가권력은 "현재의 주택난을 완화하기 위해 자기가 가지고 있는 모든 적극적인 수단을 가장 폭넓게 이용"하지 않으면 안 된다.

이것은 국가 권력이 자기의 '하급관리 및 공무원들'(그러나 이들은 결코 노동자가 아니다!)의 병영식 주택, 즉 '진정한 모범 건축물'을 건축해야 하며, 영국에서 공공사업대부법(Public Works Loan Act)에 따라 실시하고 있으며 또 루이 보나파르트가 파리와 밀하우젠에서 실시한 것처럼 "노동계급의 주택을 개선할 목적으로 지방자치체, 회사 그리고 또 개인들에게 대부하지" 않으면 안 된다는 것을 의미한다. 그러나 공공사업대부법 역시 종이 위의 사문구가 돼버렸다. 정부는 최고 5만 파운드 스털링, 즉 최대한 400개의 오막살이를 건축할 자금, 따라서 40년간에 1만 6,000개의 오막살이 또는 최고 8만 명을 수용할 주택의 건설자금을 위원들에게 내주고 있는데, 이는 바다 속의 물 한 방울과도 같다! 20년 후 위원회의 자금이 대부금의 반환 덕분에 2배가 되고, 그리하여 나머지 20년 동안에는 또 4만 명분의 주택이 건설된다고 가정하더라도 역시 바다 속의 물 한 방울에 불과할 것이다. 그리고 오막살이의 평균 수명은 40년이므로 40년 후에는 매년 5만~10만 파운드의 현금을 가장 오래되고 낡아버린 오막살이의 재건에 지출해야만 할 것이다. 작스 씨는 203쪽에서, 바로 이 것을 가리켜 원칙을 실천적으로 올바로 또 가장 폭넓게 적용하는 것이라고 말했다! 영국에서조차도 국가는 말하자면 아무것도 '가장 폭넓게' 수행하지 못했다는 것을 인정하면서 저술을 끝맺은 작스 씨는 그저 모든 관계자들에게 또 한 번 도덕적 설교를 했을 뿐이다.[78]

오늘날의 국가가 주택난을 제거할 수 없으며 또 하려고도 않는다는 것은 너무도 명백하다. 국가는 곧 피착취 계급들, 즉 농민과 노동자를 반대하는 유산계급들, 즉 지주와 자본가의 조직된 집단 권력일 뿐이다. 개개의 자본가들(여기서는 자본가들만이 문제가 된다. 이 문제에 관해 토지소유자는 우선 자본가로서 등장하기 때문이다)이 바라지 않

---

78) 최근에 런던 건축 당국에 새로운 거리를 건설하기 위한 수용권(收用權)을 부여한 영국 의회의 법령들에서는 이로 인하여 숙소를 잃게 되는 노동자들에게 약간 주의를 돌리기 시작했다. 신축되는 건물들은 종래 그 장소에 살고 있던 주민들의 거주에 적합해야 한다는 규정이 들어 있다. 그러므로 가장 값싼 건축부지에 노동자들을 위한 5층 내지 6층짜리 수익성 있는 병영식 가옥이 건축되고 있으며, 이리하여 법령의 문구가 집행되고 있다. 노동자들에게는 생소하며 옛 런던의 조건과는 전혀 다른 이 새 제도에서 무엇이 나올 것인가는 미래가 보여줄 것이다. 그러나 최상의 경우에도 시구(市區) 개정의 결과 실제로 숙소를 잃은 노동자들의 4분의 1도 채 수용할 수 없을 것이다 – 1887년판에 대한 엥겔스의 주.

는 것은 그들의 국가도 바라지 않는다. 따라서 **개개의** 자본가들은 비록 주택난을 유감으로 생각하고는 있지만 주택난의 가장 무서운 결과를 겉으로나마 호도하려고 거의 움직이고 있지 않다면, **총** 자본가인 국가도 그 이상의 일은 하지 않을 것이다. 최상의 경우에도 국가는 관례로 된 표면적 미봉책이 어디서나 균일하게 실행되도록 배려할 뿐일 것이다. 그리고 우리는 사실 또 그렇게 되고 있는 것을 보고 있다.

그러나 독일에서는 부르주아지가 아직도 지배하고 있지 못하고 있으며, 국가는 아직도 어느 정도 독립적이고 사회 위에 초연히 서 있는 권력이기 때문에 이 권력은 사회 전체의 이익을 대표하는 것이지 한 계급의 이익을 대표하는 것이 아니라고 우리를 반박할지도 모른다. **이러한** 국가는 부르주아 국가가 할 수 없는 것을 할 수 있으며, 이러한 국가로부터는 사회적 영역에서도 전혀 다른 것을 기대해야 한다는 것이다.

이것은 반동분자들의 말이다. 사실은 독일에서도 현재 존재하고 있는 형태의 국가는 이 국가가 성장해 나온 사회적 기초의 필연적 산물이다. 프로이센에는(그런데 프로이센은 지금 결정적 의의를 가지고 있다) 아직도 강력한 대 영지 소유 귀족과 아울러 상대적으로 젊고 극도로 비겁한 부르주아지가 있다. 이 부르주아지는 아직까지 프랑스처럼 직접적인 정치적 권력도 쟁취하지 못했으며, 영국처럼 많건 적건 간접적인 정치적 권력도 쟁취하지 못했다. 그러나 이 두 계급과 더불어 급격히 증가일로에 있고 지적으로 대단히 발전했으며 나날이 더욱더 조직적인 프롤레타리아트가 있다. 이리하여 우리는 여기서 낡은 절대군주제의 근본조건, 즉 토지 귀족과 부르주아지 간의 균형뿐만 아니라 현대 보나파르트주의의 근본조건, 즉 부르주아지와 프롤레타리아트 간의 균형을 본다. 그러나 낡은 절대군주제와 마찬가지로 현대 보나파르트적 군주제에서도 사실상의 정부 권력은 특수 장교층과 관료층의 손안에 있는데, 프로이센에서는 이 장교층과 관료층의 일부가 자신들 속에서, 일부는 장자 상속된 소 귀족으로부터, 한층 드물게는 대 귀족으로부터 그리고 가장 적게는 부르주아지로부터 보충되고 있다. 사회 밖에 그리고 말하자면 사회 위에 서 있는 것처럼 보이는 이 층들의 독립성이 사회로부터 독립해 있는 것처럼 보이는 외관을 국가에 부여하고 있다.

이처럼 극도로 모순된 사회적 조건들로부터의 필연적 결과로 인해 프로이센에서 (그리고 프로이센의 예를 따라 독일의 신제국 구성 내에서도) 발전한 국가 형태는 허구적 입헌주의다. 이 국가 형태는 낡은 절대군주제의 현대적 분해 형태인 동시에 보나파르트적 군주제의 존재 형태이다. 프로이센에서는 1848년부터 1866년까지 허구적 입헌주의가 다만 절대군주제의 점차적인 사멸을 은폐하고 또 매개했을 뿐이다. 그러나 1866년 이래, 특히 1870년 이후 사회적 조건의 변혁과 그리고 이와 함께 낡은 국가의 분해가 모든 사람의 눈앞에서 더욱 거대한 규모로 일어나고 있다. 공업의 급속한 발전과 특히 사기성 주식시장의 급속한 발전은 지배계급 전체를 투기의 와중으로 끌어넣었다. 1870년 프랑스에서 수입된 부패는 대대적이며 급속도

(왼쪽부터) 폴란드 태생의 독일 철도 청부업자 베텔 헨리 스트로우스베르그, 라이벌 로스차일드가의 에밀 페레르와 이삭 페레르 형제.

로 발전하고 있다.

스트로우스베르그[79]와 페레르[80]는 서로 손잡고 있다. 장관, 장군, 공작, 백작들은 가장 교활한 주식중개인인 유대인과 앞다투어 주식 투기를 하고 있으며, 국가는 주식중개인인 유대인에게 남작의 칭호를 남발함으로써 그들의 평등을 인정했다. 옛날부터 사탕공장주 및 양조업자로서 공업에 종사하고 있는 농촌 귀족들은 오래전에 벌써 세월 좋던 옛 시절을 잊어버리고 견실한 또는 불견실한 온갖 주식회사의 중역 명부를 자신들의 이름으로 장식하고 있다. 관료들은 수입을 증가시키는 유일한 수단으로서의 공금횡령을 더욱더 경시하고 있다. 그들은 국가적 직위를 내버리고 공업기업의 중역자리에서 훨씬 수입이 많은 자리를 구하고 있다. 그리고 아직도 관직에 남아 있

---

79) 스트로우스베르그(B. H. Strousberg, 1823~1884)는 독일의 대철도 청부업자였으며 1873년에 파산했다 – 옮긴이.

80) 이삭 페레르(I. Pereire; 1806~1880)는 유대인 출신 프랑스의 은행가, 보나파르트주의자. 1852년 형인 에밀 페레르(E. Pereire)와 함께 크레디트 모빌리에(Credit Mobilier) 주식회사·은행을 세웠다 – 옮긴이.

는 자들은 자기 상관의 예를 따라 주식투기를 하거나 철도 및 이와 비슷한 기업에 '참여'하고 있다. 중위(中尉)들도 약간의 투기에서 돈 버는 것을 싫어하지 않는다고 생각할 충분한 근거가 있다. 요컨대 낡은 국가의 모든 요소들의 분해, 절대군주제의 보나파르트적 군주제로의 이행은 급속도로 진행되고 있다. 그리고 임박한 상공업의 대공황 때에는 현대적 속임수뿐만 아니라 낡은 프로이센 국가도 역시 붕괴할 것이다.[81]

그리고 비(非)부르주아적 요소가 날이 갈수록 부르주아로 되어가는 바로 이 국가가 '사회문제' 또는 주택문제만이라도 해결할 사명을 지니고 있겠는가? 그 반대이다. 모든 경제적 문제에서 프로이센 국가는 한층 더 부르주아지의 손안으로 들어가고 있다. 그리고 만일 1866년 이래 경제적 영역에서의 입법이 실제로 나타난 것보다 더 많이 부르주아지의 이익에 적응하지 않았다면 이에 대한 책임은 누구에게 있는가? 주로 부르주아지 자신에게 책임이 있다. 부르주아지는 첫째로, 자기의 요구를 정력적으로 옹호하기에는 너무도 비겁했다. 둘째로, 어떤 양보이건 그것이 자기들을 위협하고 있는 프롤레타리아트의 수중에 새로운 무기를 제공하는 것이라면 완강히 거부했다. 그리고 국가권력, 즉 비스마르크가 자기 자신의 근위대적 프롤레타리아트를 조직하여 그 힘을 빌려 부르주아지의 정치적 활동을 억제하려고 시도하고 있더라도, 이것은 약간 호의적이고 공허한

---

81) 지금 1886년에는 1872년 이래 그 수효나 계급적 자각에서나 엄청나게 장성한 프롤레타리아트에 대한 공포만이 아직도 프로이센 국가와 그 기초(보호관세로 공고화된 대토지 소유와 산업자본 간의 동맹)를 유지 통일시키고 있다 – 1887년판에 대한 엥겔스의 주.

118

언사와 기껏해야 루이 보나파르트의 수법대로(à la) 건축조합들에게 주는 최소한의 국가보조 외에는 노동자들에게 아무것도 약속하지 않는(필요하고 또 잘 알려져 있는) 보나파르트식 술책이 아니고 무엇이겠는가.

'바그너법'으로 유명한 독일의 경제학자 아돌프 바그너(1835~1917).

노동자들이 프로이센 국가에 무엇을 기대할 수 있는가를 가장 잘 보여주는 것은 프랑스에서 받은 수십억의 돈[82](이 돈은 사회에 대한 프로이센 국가기관의 독립성을 또다시 단기간 연기시켰다)의 용도다. 과연 이 수십억 중 1탈러라도 거리로 쫓겨난 베를린 노동자 가족들의 숙소를 보장해주기 위해 사용되었는가? 결코 그런 적은 없었다. 가을에 들어서자 국가는 여름에 노동자들의 유일한 은신처였던 약간 초라한 임시건물조차도 헐어버리도록 명령했다. 이 50억의 돈은 요새, 대포 및 군대가 되어 급속히 사라지고 있다. 그리고 바그너의 어리석은 재담에도[83] 불구하고, 또 오스트리아의 슈티베르 회의[84]에도 불구하고, 이 수십억의 돈 중에서 독일 노동자들에게는 특히 루이 보나

---

82) 1871년 5월 10일에 체결된 '프랑크푸르트 강화조약' 제7조에 따라 프랑스가 독일에 지불한 50억 프랑의 배상금을 말한다.

83) 엥겔스는 독일 부르주아 경제학자 아돌프 바그너(Adolph Wagner)가 자기의 저서와 연설들에서, 프로이센·프랑스 전쟁 후의 독일의 호경기, 특히 50억 프랑의 배상금으로 인한 호경기는 근로 대중의 형편을 현저히 개선시킬 것이라고 말한 것을 염두에 두고 있다. 프로이센 상원의원이자 대학교수였던 그를 두고 엥겔스는 Dummerwitz(어리석은 재담; dim wit)라고 풍자했다.

84) 슈티베르 회의(Stieber's conferences)는 1871년 8월에 가슈타인과 1871년 9월에 잘츠부르크에서 열렸던 오스트리아 황제와 독일 황제 및 양국 총리대신들의 담판을 말한다. 이 회의에서는 인터내셔널과의 투쟁 문제도 토의되었다. 엥겔스는 이 회의를 프로이센의 정치경찰장관 슈티베르의 이름을 따서 '슈티베르 회의'라고 부름으로써 그 반동적인 경찰적 성격을 강조했다.

파르트가 프랑스로부터 빼돌린 수백만 프랑의 일부를 프랑스 노동자들에게 돌린 것만큼도 돌려지지 않을 것이다.

III

사실상 부르주아지는 **자기** 식으로 주택문제를 해결할 단 하나의 방법을 가지고 있을 뿐이다. 즉 그 해결이 매번 새로이 문제를 제기하면서 문제를 해결하는 것이다. 이 방법은 '오스망'이라 불린다.

내가 여기서 '오스망'이라고 부르는 것은 파리 시장 오스망의 특수한 보나파르트적 수법, 즉 건물이 빽빽이 들어서 있는 노동자 구역을 관통하여 길고 곧고 넓은 거리를 만들고 이 거리의 양쪽에 크고 화려한 건물이 늘어서게 하며, 게다가 바리케이드전을 힘들게 하는 전략적인 목적과 아울러 정부에 예속하는 특수한 보나파르트적 건축 프롤레타리아트를 형성하고, 또 파리를 아주 호화로운 도시로 만들 것을 염두에 둔 수법만을 의미하지는 않는다. 내가 '오스망'이라고 부르는 것은 특히 우리 대도시의 중앙에 존재하는 노동자 구역들에서 일반적으로 실시되고 있는 것, 즉 집을 헐어버리고 통행료를 내는 것을 가리킨다. 이 동기가 무엇인가는, 즉 그 동기가 공중위생이건 또는 도시미화건, 도시 중심의 대상업 거리에 대한 수요이건 또는 철도, 도로 등의 부설과 같은 교통상의 필요이건 묻지 않는다.

그 동기가 아무리 여러 가지라 할지라도 결과는 어디서나 동일하다. 가장 누추하고 후미진 골목들이 없어지는데 부르주아지는 이 거대한 성과에 대해 최고의 자화자찬을 한다. 하지만 …… 그것들은 곧 어떤 다른 곳에, 때로는 바로 근처에 또다시 생겨난다.

『영국 노동자계급의 상태』에서 나는 맨체스터가 1843~1844년에 어떠한 외관을 이루고 있었는가를 묘사한 바 있다. 그 이후 시내를 통과하는 철도, 새로운 도로의 부설, 커다란 공공건물과 개인 건물의 건축 등으로 말미암아 내가 이미 묘사한 가장 누추한 구역들 중 일부는 정돈되고 개선되었으며, 다른 구역들은 완전히 철거되고 말았다. 그러나 아직도 많은 구역들이(그 이후 위생경찰의 감독이 강화되었지만) 여전히 당시와 동일한, 또는 심지어 더 열악한 상태에 있다. 그 대신 이후 인구가 절반 이상이나 늘어난 이 도시의 대팽창으로 말미암아 당시 아직도 넓고 깨끗하던 구역들이 지금은 가장 더럽기로 이름났던 도시구역과 마찬가지로, 집들이 빽빽이 들어서고 불결하고 또 조밀한 주민지대로 변했다. 여기서 한 가지 예를 들어보기로 한다. 나는 나의 저서 80쪽 이하에서 메들록강 계곡에 있는 마을에 대해 서술했다. 소(小)아일랜드(Little Ireland)라고 불리는 이 마을은 오래전부터 맨체스터의 치부였다.[85] 소아일랜드는 오래전에 소멸되고 그 자리에 지금은 대지를 높여 정거장을 세웠다. 부르주아지는 소아일랜드를 손쉽게 쓸어버린 것을 일대 승리로 자랑삼아 지적했다. 그러나 바로 작년 여름에 대홍수가 있었다. 우리 대도시들에

---

85) 『전집』 제2권, 292쪽 이하 참조.

서는 보통 제방공사가 되어 있는 하천들이 매년 홍수를 더 크게 일
으키는 아주 명백한 원인이기 때문이다. 바로 그때 소아일랜드는 결
코 없어진 것이 아니라 다만 옥스퍼드 로드의 남쪽에서 북쪽으로 옮
겨졌을 뿐이고 여전히 번영하고 있다는 사실이 드러났다. 맨체스터
의 급진적 부르주아 기관지 『맨체스터주보*Manchester weekly Times*』의
1872년 7월 20일자는 이에 대해 다음과 같이 쓰고 있다.

　　지난 토요일 메들록강 계곡의 주민을 급습한 불행이 **하나의** 좋은 결
과를 가져왔으면 한다. 즉시 관리들과 시 위생위원회의 면전에서 그렇
듯 오랫동안, 모든 위생법령들을 명백히 우롱했던 사실에 사회의 주목
이 돌려지기를 바란다. 우리 신문 어제 호에 실린 신랄한 논설은 아직
도 충분하다고는 할 수 없지만, 홍수를 겪은 찰스가(Charles Street)와 브
루크가(Brook Street)에 있는 약간의 지하실 주택들의 비참한 상태를 폭로
했다. 이 논설에서 지적된 주택구 중의 하나를 상세히 조사한 결과 우
리는 거기에 인증된 모든 자료들을 확인하고 이 주택구에 있는 지하실
주택들을 오래전에 폐쇄했어야 한다는 것, 더 정확히 말하면 그것들은
결코 사람의 주택으로 허용하지 말았어야 할 것이라고 언명할 수 있다.
스콰이어스 코트(Squire's Court)는 찰스가와 브루크가의 모퉁이에 있는
7~8채의 주택들로 이루어져 있는데, 브루크가의 가장 낮은 곳, 철도 아
치 밑을 왕래하는 사람은 자기 발밑 깊은 곳에 있는 굴속에 인간들이 살
고 있으리라고는 생각조차 하지 못하고 매일매일 그 위를 오가곤 한다.
사람들의 눈에 뜨이지 않는 이 주택구는 가난에 못 이겨 이 무덤같이 궁

색한 곳에 은신처를 구하는 사람들만이 알게 된다.

　보통은 흐르지 않고 제방에 의해 막혀 있는 메들록 강물이 일상적 수위(水位)를 넘지 않는 때조차도 이 주택들의 마루는 겨우 수면과 몇 인치쯤밖에 떨어져 있지 않다. 장마가 지면 언제나 구역질나는 썩은 물이 오물 구덩이나 배수관을 통해 올라와, 홍수 때마다 남겨 놓고 가는 기념물인 유해가스가 주택들의 공기를 더럽히고 있는 실정이다. …… 스콰이어스 코트는 브루크가에 있는 가옥 중 사람이 살지 않는 지하실보다도 더 낮은 데 있으며 …… 길거리보다 20피트나 낮다. 그리고 토요일에는 오물 구덩이로부터 올라온 구정물이 지붕까지 이르렀다. 우리는 이것을 알고 있었으므로 이 주택구에는 아무도 살지 않으리라고, 즉 위생위원회의 직원들만이 악취 나는 벽들을 청소하고 소독하기 위해서 와 있으리라고 생각하고 있었다. 그런데 우리는 어느 한 이발사의 지하실 주택에서 …… 구석에 있는 부패한 오물더미를 삽으로 외바퀴수레에 담고 있는 사람을 보았다. 자기 지하실 주택을 이미 어느 정도 청소해놓은 이 이발사는 더 아래에 있는 몇 개의 주택으로 우리를 안내했다. 그는 이 주택들에 대해 말하기를, 자기가 글을 쓸 줄만 안다면 이것을 신문에 기고하여 이 주택들을 폐쇄하라고 했을 거라고 한다.

　이리하여 우리는 마침내 스콰이어스 코트에 도달했다. 거기서 우리는 한 아름의 속옷을 세탁하고 있는 예쁘고 건강하게 보이는 아일랜드 여자를 발견했다. 이 여자와 어떤 개인 저택의 경비로 근무하는 남편은 6년간 이 주택구에서 살아 왔으며, 그들에게는 많은 가족들이 있었다. …… 그들이 방금 버리고 나온 집은 물이 바로 지붕까지 차 있었으며 창들은 부서지고 가구들은 나뭇조각으로 변해버렸다. 이 거주자의 말에 따르면 그는 이 집에서 2개월에 한 번씩은 벽을 석회로 발라야만 악취를 견딜 수 있었다고 한다. …… 우리 탐방기자는 지금에야 겨우 들어갈 수 있었던 안뜰에서 위에서 말한 바와 같은 집들과 벽을 접하고 있는 세 채의 집을 발견했다. 그중의 두 채에는 사는 사람이 있었다. 악취가 너무 심해 건강한 사람이라도 몇 분 후면 구역질이 나지 않을 수 없을 지경이었다. …… 이 지긋지긋한 굴속에서 일곱 명의 가족이 살고 있었다. 그들은 목요일 밤(홍수가 시작된 날)에도 모두 집에서 자고 있었다. 더 정확히 말하면 그 부인이 덧붙인 바와 같이 그들은 자지 못했다. 그녀와 남편은 거의 매일 밤 악취로 구토를 일으켰기 때문이다. 토요일 그들은 가슴까지 차는 물 가운데를 걸어서 자기의 아이들을 업어 옮겨야만 했다. 그 여자도 이 굴은 돼지를 치기에도 부적당하다는 생각을 갖고 있었으나 일주 1실링 반이라는 싼 집세 때문에 이 집을 빌린 것이었다. 그것은 그의 남편이 병으로 말미암아 최근에는 임금을 받지 못하는 일이 빈번했기 때문이다. 이 주택구와 또 여기에 마치 산 채로 묻혀 있는 사람들처럼 파묻혀 살고 있는 거주자들은 가장 절망적인 빈궁에 처해 있다는 인상을 준다. 아무튼 우리의 관찰에 의하면 스콰이어스 코트는 이 구역의 수많은 다른 장소의(아마도 약간 과장된) 유사품에 불과하며, 우리 '위생위원회'는 이러한 주택의 존재를 어떤 이유로서도 정당화할 수 없으리라고 말하지 않을 수 없다. 그리고 이후에도 이 주택들에 사람이 사는 것을 허용한다면 '위원회'가 이에 대한 모든 책임을 져야 하며, 또 전염병의 위험이 그 지역 전체를 위협하고 있다는 데 대해

124

서는 말할 필요도 없을 것이다.

이것은 부르주아지가 주택문제를 실제로 어떻게 해결하는지 보여주는 명백한 한 사례이다. 자본주의적 생산양식이 우리 노동자들을 매일 밤 몰아넣는 전염병의 근원적인 가장 수치스러운 굴과 구멍은 제거되는 것이 아니라 다만 …… **다른 데로 옮겨질** 뿐이다! 이것을 어느 한 장소에서 발생시킨 바로 그 경제적 필연성이 또 다른 장소에서도 발생시키고 있다. 그리고 자본주의적 생산양식이 존속하는 한, 주택문제나 노동자의 운명과 관련되는 어떤 다른 사회문제를 별도로 해결하려는 것은 어리석은 짓이다. 해결은 오직 자본주의적 생산양식의 폐지, 즉 모든 생활수단과 노동수단을 노동계급 자신이 취득하는 데 있다.

— 제3편 —

다시 한 번 프루동과 주택문제에 관하여

I

A. 뮐베르거는『인민국가』제51호 및 그 이하에서 내가 비판한 논문의 필자가 자기라는 것을 이 신문 제86호에서 밝히고 있다. 그는 답변을 통해 나에게 많은 비난을 퍼붓고 있을 뿐 아니라, 또 문제가 되고 있는 모든 논점들을 심히 왜곡하고 있으므로 싫든 좋든 이에 대응하지 않을 수 없다. 대부분 뮐베르거가 나에게 미리 지정한 개인적 논쟁의 문제들에 대한 필연적인 반론뿐만 아니라 가장 중요한 명제들을 다시 한 번, 그리고 될 수 있는 대로 이전보다 더 명확하게 전개함으로써(비록 뮐베르거로부터 이 모든 것들은 "본질적으로 자기에게나『인민국가』의 다른 독자들에게 새로운 것은 아무것도 없다."는 비난을 또다시 받을 염려가 있을지라도) 일반적 흥미를 부여하려고 한다.

뮐베르거는 나의 비판의 형식과 내용에 대해 불평을 말하고 있다. 형식에 대해 말한다면 당시 내가 검토하던 논문들이 누구의 것인가를 전혀 알지 못했다고 대답하면 충분할 것이다. 따라서 이 필자에 대한 개인적 '선입견'은 문제가 될 수도 없었다. 그러나 나는 이 논문들에 발표된 주택문제 해결에 대해서는 물론(이러한 해결은 내가 오래

126

전에 프루동을 통해 알았으며, 또 이에 대한 나의 견해가 확고히 수립되어 있었던 만큼) '선입견'을 갖고 있었다.

내 비판의 '논조'에 관해서는 친애하는 뮐베르거와 논쟁하고 싶지 않다. 나처럼 오랫동안 운동에 참여하고 있는 사람은 공격에 대해 철면피를 깔고 있다. 따라서 다른 사람들도 그런 피부를 갖고 있으려니 하고 쉽게 생각한다. 뮐베르거를 만족시키기 위해 이번에는 나의 '논조'를 그의 표피(피부의 최상층)의 감수성에 부합시키려고 한다.

뮐베르거는 내가 자기를 프루동주의자라고 불렀다는 데에 특히 큰 불만을 표시하고 자기는 결코 프루동주의자가 아니라고 주장한다. 나는 물론 그의 말을 믿어야만 한다. 그럼에도 불구하고 나는 그 논문들에는(그리고 이 논문들만이 문제가 되었다) 순수한 프루동주의 이외에 아무것도 없다는 증거를 들려고 한다.

그런데 뮐베르거의 말에 따르면, 내가 프루동을 '경솔하고' 아주 부당하게 비판하고 있다고 한다.

> 프티부르주아 프루동에 관한 학설은 우리 독일에서 그의 저서를 한 줄도 읽은 적이 없는 많은 사람들도 신봉하는 확고부동한 교리가 되었다.

라틴어계의 노동자들은 20년 동안이나 프루동의 저작들 외에는 아무런 다른 정신적 양식도 갖지 못한 것을 유감으로 생각한다고 말한 데 대해 뮐베르거는 라틴어계의 노동자들에게는 "프루동이 정식화한 원칙이 거의 도처에서 운동을 추진하는 정신으로 자리잡고 있다."고 대답한다. 나는 이 말에 동의할 수 없다. 첫째, 노동운동을 '추동하는 정신'은 어디에도 '원칙'에 있는 것이 아니라, 대공업의 발전과 그 결과들, 즉 한편으로는 자본과 다른 한편으로는 프롤레타리아트의 축적과 집적에 있다. 둘째, 소위 프루동의 '원칙'이 라틴어계 노동자들 사이에서 뮐베르거가 말하는 것처럼 결정적 역할을 하고 있다는 것, "무정부성, 경제력의 조직, 사회적 청산86) 등등의 온갖 원칙이 거기서는 …… 혁명운동의 참다운 담당자가 되었다."는 것은 맞지 않다. 프루동의 만병통치약이 바쿠닌에 의해 더욱 개악된 형태로 눈곱만한 영향력을 지니고 있는 스페인과 이탈리아에 대해서는 말할 것도 없다. 프랑스에서는 프루동주의자들이 소수의 분파를 형성하고 있을 뿐이며, 한편 노동자 대중은 사회적 청산(liquidation sociale)과 경제력(forces économiques)의 조직이라는 제목으로 알려져 있는 프루동의 사회개혁안에 대해 아무것도 알려고도 하지 않는다는 사실은 국제 노동운동을 알고 있는 사람이라면 누구나 다 아는 사실이다. 이것은 특히 코뮌에서 명백해졌다. 프루동주의자들은 코뮌 내에 많은 대표를 확보하고 있었지만 프루동의 제안에 근거하여 낡은 사회를 청산하거나 경제력을 조직하려는 시도는 전혀 없었다.

---

86) 프루동의 "사회적 청산(Liquidation Sociable)"이란 국채 및 모든 채무의 이자의 인하(및 채무의 점차적 상환), 주택 임대료 및 지대의 연부 상각금으로의 전환 등의 정책을 말한다. '경제력'이란 분업, 경쟁, 집합력, 교환, 신용, 재산 등의 관계들을 말한다. "경제력의 조직(Organisation des forces économiques)"이란 사회계약에 의해 이러한 관계의 평형을 회복하고 공정가격에 의한 매매를 실현한다는 공상적 계획이다.

그와 반대다. 코뮌의 모든 경제적 시책을 '추동하는 정신'을 이룬 것은 어떤 원칙들이 아니라 단순한 실천적 요구였다는 것은 코뮌의 최대 명예이다. 바로 그렇기 때문에 이 경제적 시책(빵 굽는 사람들의 야간 노동 폐지, 공장에서 벌금의 금지, 휴업 중인 공장과 제작소의 몰수 및 노동조합으로 이양)은 결코 프루동의 정신에 합치하는 것이 아니라 독일의 과학적 사회주의 정신에 합치하는 것이다.

프루동주의자들이 실시한 유일한 사회 정책은 프랑스 은행의 몰수를 거부한 것이다. 이것은 코뮌이 패배한 원인 중 하나였다. 이와 꼭 마찬가지로 소위 블랑키주의자들이 순수한 정치적 혁명가로부터 일정한 강령을 가진 사회주의적 노동자 분파로 전화하려고 하자마자 (예컨대 망명 블랑키주의자들이 런던에서 발표한 선언『인터내셔널과 혁명』[87])에서 볼 수 있듯이) 그들도 프루동의 사회구제계획의 '원칙들'을 선언한 것이 아니라 실로 프롤레타리아트의 정치적 행동의 필연성, 계급의 그리고 이와 함께 국가의 폐지로의 이행으로서의 프롤레타리아 독재의 필연성에 관한 독일의 과학적 사회주의의 견해(이에 관해서는 이미『공산당 선언』에서 표명되었으며 그 후 무수히 반복되어 표명되었다)를, 그것도 거의 문자 그대로 선언한 것이다. 그리고 뮐베르거가 독일인들이 프루동을 경멸하기 때문에 '파리코뮌에 이르는' 라틴계의 운동을 충분히 이해하지 못한다는 결론을 내린다면, 이 오해를 풀기 위해 독일인 마르크스가 코뮌을 정확히 이해하고 서

---

87) 『인터내셔널과 혁명』, 런던, 1872년(*Interntionale et revolution. A propos du congres de la Haye par des refugies de la Commune, ex-membres du Conseil General de l'internationale*. London, 1872).

술한 라틴계의 저작 「프랑스의 내전에 관한 인터내셔널 평의회의 호소문」[88]이라도 읽어보라.

노동운동이 프루동의 '원칙'의 영향을 직접 받고 있는 유일한 나라는 벨기에이다. 바로 이 때문에 벨기에의 노동운동은 헤겔의 표현을 빌린다면 "무에서 무를 통하여 무로"[89] 가고 있다.

라틴어계의 노동자들이 직접 또는 간접으로 20년 동안 오직 프루동만을 정신적 양식으로 삼아왔다는 것을 내가 하나의 불행이라고 생각할 때 나는 이 불행이, 뮐베르거가 '원칙'이라고 부르는 프루동의 개혁처방이 아주 신화적으로 지배하고 있었다는 데 있는 것이 아니라, 현존 사회에 대한 그들의 정치적 활동이 프루동주의의 영향때문에 오염되었다는 데 있다고 생각한다. '한층 더 혁명 속에 있는'것이 '프루동화된 라틴어계 노동자들'이냐 또는 어떠한 경우에도 라틴어계 사람들이 자기의 프루동을 이해하고 있는 것보다 독일의 과학적 사회주의를 무한히 더 잘 이해하고 있는 독일 노동자들이냐 하는 문제에 대해서는 우리가 '혁명 속에 있다.'는 것이 무엇을 의미하는가를 알게 될 때 비로소 대답할 수 있을 것이다. 우리는 사람들에 대해 그들이 "기독교 속에, 참다운 신앙 속에, 신의 혜택 속에 있다." 느니 뭐니 하고 말하는 것을 들어 왔다. 그런데 혁명 속에, 가장 폭력적인 운동 속에 '있다!' 그러면 과연 '혁명'이란 믿지 않으면 안 되

---

88) 『전집』 제17권, 313~365쪽 참조. "Adresse des Generalrats der Internationalen über den Bürgerkrieg in Frankreich."

89) G. W. F. 헤겔. 『논리학』 : 제1부, 제2편, 전집, 제4권, 베를린, 1834년, 15, 75, 145쪽(G. W. F. Hegel. *Wissenschaft der Logik*, Th 1, Abt. 2 ; *Werke*, Bd. IV, Berlin, 1834, S. 15, 75, 145)을 보라. "von nichts durch nichts zu nichts(from nothing through nothing to nothing)."

는 교조적 종교란 말인가?

다음에 뮐베르거는 자기의 글에 정확히 표현되어 있음에도 불구하고 내가 마치 자기가 주택문제를 오로지 노동자들만의 문제라고 말하는 듯이 주장했다고 비난하고 있다.

이번은 뮐베르거가 참으로 정당하다. 나는 그 부분을 간과하고 있었다. 이것은 용서할 수 없는 간과였다. 왜냐하면 이 부분은 그의 주장의 경향 전체에서 가장 특징적인 부분의 하나였기 때문이다. 뮐베르거는 사실 문자 그대로 다음과 같이 말하고 있다.

마치 우리가 **계급정책**을 실시하고 있으며, **계급지배** 등을 위해 노력하고 있는 듯한 **가소로운** 비난을 우리에게 퍼붓는 일이 때때로 또 여러 번 있었기 때문에 우리는 먼저 주택문제는 프롤레타리아트에게만 관계되는 문제가 아니라, **반대로 그것은 본래의 중간계급**, 즉 수공업자, 프티부르주아지, 관료 전체가 가장 큰 이해관계를 가지는 문제라는 것을 단호히 강조하는 바이다. …… 주택문제야말로 한편으로는 **프롤레타리아트**와 다른 한편으로는 **본래의 중간적 사회계급의 이익의 완전한 내적 일치**를 다른 어떤 문제보다도 분명히 보여줄 수 있다고 생각되는 사회적 개혁의 요점이다. 중간계급들은 프롤레타리아트와 마찬가지로, **아마** 프롤레타리아트보다도 **더 심하게** 억압적인 임대주택의 질곡 밑에서 고통받고 있다. …… 본래의 중간적 사회계급은 오늘날 그들이 …… 젊은 힘과 정력에 가득 찬 노동자 당과 동맹하여 사회의 개조, 즉 그 **개조의 좋은 결과가 가장 먼저 그들에게 이익을 가져올** 개조의 과정에 참여하는데 …… 충분한 힘을 …… 가지고 있느냐 없느냐 하는 문제에 직면하고 있다.

그러므로 뮐베르거 친구는 여기서 다음과 같은 점들을 확인하고 있다. ……

1) '우리'는 '계급정책'을 실시하지 않으며 '계급지배'를 달성하려고 애쓰지도 않는다는 것이다. 그런데 독일 사회민주노동당은 그것이 **노동자 당**이라는 바로 **그 이유** 때문에 필연적으로 '계급정책', 즉 노동계급의 정책을 실시한다. 모든 정당은 국가에서 지배를 획득하려 하는 만큼 독일 사회민주노동당도 필연적으로 **자기의** 지배, 노동계급의 지배, 즉 '계급지배'를 획득하려고 노력한다. 그리고 영국 차티스트[90]를 비롯하여 모든 참다운 프롤레타리아 당은 항상 프롤레타리아트를 독립된 정당으로 조직하는 것과 계급정책을 첫 번째 조건으로 내세웠으며, 또 프롤레타리아트의 독재를 투쟁의 직접적 목적으로 내세웠다. 이것을 '가소롭다'고 말함으로써 뮐베르거는 자신을 프롤레타리아 운동 밖에, 즉 프티부르주아적 사회주의의 진영 내에 두고 있다.

2) 주택문제는 그것이 노동자에게만 고유한 문제가 아니라 '본래의 중간계급들'이 주택난 때문에 프롤레타리아트와 '마찬가지로, 아마' 프티부르주아지가 '가장 큰 이해관계를 갖는' 문제라는 이점을

---

90) 1830년대부터 50년대까지 영국 노동자의 정치운동인 차티즘운동의 지지자들. 차티즘운동은 국가질서의 민주화를 포함하는 인민헌장의 실현을 위해 투쟁했다. "정치권력은 우리의 수단, 사회적 행복은 우리의 목적"이 슬로건이었다.

갖고 있다는 것이다. 프티부르주아지가 단 하나의 점에서만이라도 '아마 프롤레타리아트보다도 더 심하게' 고통 받고 있다고 말하는 사람은 그를 프티부르주아 사회주의자로 간주해도 결코 불평할 수는 없을 것이다. 그러면 내가 다음과 같이 말할 때 뮐베르거가 불만을 가질 근거가 있을까.

"노동계급과 다른 계급들, 특히 프티부르주아지가 똑같이 당하고 있는 이 고통을 프티부르주아 사회주의가 주로 문제 삼기를 좋아하는데, 프루동도 이에 속한다. 그러므로 우리 독일의 프루동주의자가 무엇보다 먼저 주택문제(이것은 우리가 본 것처럼 결코 노동자에게만 관계되는 문제가 아니다)를 들고 나오는 것은 결코 우연이 아니다."[91]

3) '본래의 중간적 사회계급들'의 이익과 프롤레타리아트의 이익 사이에는 '완전한 내적 동일성'이 존재하며, 당면한 사회 개조과정의 '좋은 결과'는 프롤레타리아트에게가 아니라 바로 이 본래의 중간계급들에게 '가장 먼저 이익을 가져올 것'이라고 한다.

이리하여 노동자들은 당면한 사회혁명을 '먼저' 프티부르주아의 이익을 위해 수행한다. 그리고 또 프티부르주아의 이익과 프롤레타리아트의 이익 사이에는 '완전한 내적 동일성'이 존재한다. 프티부르주아의 이익이 노동자들의 이익과 내적으로 동일하다면 노동자들의 이익도 프티부르주아의 이익과 동일할 것이다. 따라서 운동에서 프티부르주아적 견해는 프롤레타리아적 견해와 마찬가지로 정당할

---

91) 『전집』 제18권, 215쪽 참조.

것이다. 그런데 이러한 동등한 권리를 주장하는 것을 바로 프티부르주아적 사회주의라고 부른다.

그러므로 뮐베르거가 자기의 소책자[92] 25쪽에서 '소생산'을 "그 본래의 성질상 노동(획득) 소유의 3요소를 자체 내에 결합시키고 있으며, 또 이 3요소의 결합에 의해 그것은 개인의 발전능력을 조금도 방해하지 않기 때문에" '사회의 참다운 **지주**(支柱)'라고 찬미하고 있는 것도, 그리고 현대 공업이 정상적 사람들의 이러한 온상(溫床)을 파괴하고 있으며, 또 "왕성한 생활력으로 끊임없이 자기를 재생산하는 **계급**을, 공포에 찬 시선을 어디로 돌려야 좋을지 모르는 무자각한 사람들의 **무리**로 만들어 놓았다."고 하여 현대 공업을 특히 비난하고 있는 것도 그로서는 아주 당연한 일이다. 결국 뮐베르거에게는 프티부르주아가 인간의 전형이며, 또 소공업은 생산의 전형적 방법이다. 그런데 과연 내가 그를 프티부르주아적 사회주의자로 간주한 것이 그를 비방한 것인가?

뮐베르거는 프루동에 대한 모든 책임을 회피하고 있기 때문에 여기서 더 나아가, 프루동의 개혁안이 사회의 전체 구성원을 프티부르주아 및 소농민으로 전화시킬 것을 목적으로 삼고 있다는 것을 증명하는 것은 백해무익이다. 프티부르주아의 이익과 노동자의 이익의 가상적 동일성을 언급하는 것도 마찬가지일 것이다. 필요한 모든 것들은 이미 『공산당 선언』에 언급되어 있다(1872년 라이프치히 판, 12

---

92) 1872년 2월과 3월 초에 『인민국가』에 발표된 뮐베르거의 논문은 후에 단행본으로 발간되었다. :『주택문제, 사회적 개관』,『인민국가』판, 단행본, 라이프치히, 1872년, 25쪽(A. Mülberger, *Die Wohnungsfrage. Eine sociale Skizze, Separat–Abdruck aus dem Volksstaat,* Leipzig, 1872, S. 25).

쪽 및 21쪽).[93)]

그러므로 우리의 연구 결과는 '프티부르주아 프루동에 관한 전설'과 함께 프티부르주아 뮐베르거에 관한 실화가 등장하고 있다는 점으로 귀착된다.

II

이제 주요한 논점으로 넘어가자. 나는 뮐베르거의 논문들은 프루동의 수법대로 경제적 관계가 법률적 표현으로 번역됨으로써 왜곡되었다는 점을 비난했다. 나는 뮐베르거의 다음과 같은 문구를 예로 들었다.

> 집은 한번 건축되면 그것은(비록 집의 실제적 가치가 오래전에 이미 집세 형태로 그 소유자에게 아주 충분히 지불되었더라도) 사회적 노동의 일정한 몫을 받는 **영원한 법률적 근거**가 된다. 그러므로 예컨대 50년 전에 지어진 집은 이 기간에 최초의 비용의 2배, 3배, 5배, 10배 또는 그 이상의 집세를 받음으로써 보상받는다.[94)]

뮐베르거는 이에 대해 다음과 같이 불평한다.

----
93) 『전집』제4권, 472쪽 및 484~485쪽 참조.
94) 『전집』제18권, 216~217쪽 참조.

사실에 대한 이 단순하고 냉정한 확인은 엥겔스가 나에게, **어떻게 해서** 집이 "법률적 근거"가 되는가를 설명해야 할 것이라고 깨우쳐주게 된 동기가 되었지만, 이것은 전혀 내 임무의 범위 밖에 있다. …… **서술**과 **설명**은 전혀 별개이다. 내가 프루동의 뒤를 따라 사회의 경제생활은 **법적 이념**으로 일관되어야만 한다고 말한 것은 현대사회가 온갖 법적 이념이 결여되어 있다는 것이 아니라 **혁명의 법적 이념**이 결여되어 있는 사회라는 뜻으로 **서술한** 것이다. 이 사실은 엥겔스 자신도 수긍할 것이다.

먼저 우리는 이미 지어진 집을 언급하기로 하자. 임대된 집은 그 건축자에게 임대료의 형태로 지대, 수선비, 건축할 때 투여된 자본과 이 자본에서 발생하는 이윤을 합한 것에 대한 이자를[95] 가져다준다. 그리고 사정에 따라서 계속 지불되는 임대료는 그 총액이 집을 짓는 데 투여된 최초 비용의 2배, 3배, 5배, 10배로 될 수가 있다. 뮐베르거 친구여, 이것은 경제적 성격을 띠고 있는 '사실'에 대한 '단순하고 냉정한 확인'이다. 그리고 만일 우리가 이러한 사실이 존재하는 것이 왜 '그렇게 되는'가를 알고 싶으면 경제적 영역에 대한 연구를 진행해야 한다. 어린애라도 이해할 수 있도록 이 사실을 좀 더 자세히 고찰해보자. 상품의 판매란 알다시피 상품 소유자가 상품의 사용가치를 양도하고 그 교환가치를 받는 것이다. 상품의 사용가치는 특히 상품의 소비기간이 각각 다르다는 점에서 서로 구별된다. 한

---

95) 『인민국가』에는 "…… 투하된 자본에 대한 이윤을 가져다준다."로 되어 있다.

덩어리의 빵은 하루에 먹어버리고 한 벌의 바지는 1년이 지나면 못 입을 수 있지만 한 채의 집은 이를테면 100년간 존속한다. 따라서 소모기간이 긴 상품에 대해서는 그 사용가치를 일부분씩 일정한 기간을 두고 매번 판매할 가능성, 즉 **사용가치를 임대할** 가능성이 생긴다. 따라서 부분적 판매는 교환가치를 오직 점차적으로만 실현한다. 이처럼 선대(先貸, vorgeschossenen, advanced)한 자본과 거기서 생기는 이윤의 즉각적 회수를 단념하는 대신에 판매자는 가격의 상승과 이자의 발생을 통해 보상받는다. 하지만 그 액수는 결코 자의적으로 결정되는 것이 아니라 정치경제학의 법칙에 따라 결정된다. 100년이 지나면 집은 낡고 닳아 살 수 없게 된다. 우리가 100년이 지난 후 지불한 임대료 전액으로부터 1) 이 기간에 다소 오른 부분을 포함하는 지대와, 2) 당면한 수리를 위한 지출을 공제한다면, 그 잔액은 평균적으로 1) 집 짓는 데 투여된 최초의 자본, 2) 이 자본으로부터 생기는 이윤 및, 3) 점차 상각되는 자본과 이윤에 대한 이자로 96) 이루어져 있다는 사실을 알 수 있을 것이다. 이 기간이 지난 후에는 임차인에게 집이 없는 것은 물론이고 소유자도 역시 집이 없어진다. 소유자에게는 다만 대지(그것이 바로 자신의 소유일 경우)와 그 위에 있는 건축 재료만 남아 있을 뿐이다. 하지만 이 건축 재료는 이미 집이 아니다. 그리고 집을 위해 이 기간에 '최초의 비용의 5배 또는 10배가 보상'된다면, 우리는 이것이 오로지 지대의 상승 때문에 발생한 것임을 발견할 것이다. 이것은 토지소유자와 집소유자가 대개

---

96) 『인민국가』에는 "…… 상각되는 자본에 대한 이윤으로 ……"라고 되어 있다.

서로 다른 두 사람으로 되어 있는 런던 같은 곳에서는 누구나 다 아는 사실이다. 이처럼 임차료의 엄청난 상승은 급격히 팽창하고 있는 도시들에서[97] 일어나고 있다. 그러나 건축 부지의 땅값이 거의 변하지 않는 농촌에서는 결코 그런 일이 일어나지 않는다. 땅값 상승을 제외한다면 집세는 평균적으로 매년 투하자본(이윤을 포함하여)의 7퍼센트 미만의 수입을 집주인에게 가져다주며, 게다가 이 금액 중에서 수리비 등을 지불해야 한다는 것은 다 아는 사실이다. 요컨대 임대차 계약은 가장 평범한 상품 거래이다. 이론적으로 그것은 노동자들에게 노동력의 매매가 문제로 될 경우를 제외한 다른 모든 상품거래보다 더하지도 덜하지도 않는 이해관계가 있는 상품 거래다. 그런데 실제로 임대차 계약은 수많은 부르주아적 기만의 한 형태로 노동자들 앞에 나타나고 있다. 이러한 기만형태들에 관해서 나는 단행본[98] 4쪽[99]에서 언급했는데, 내가 거기서 지적한 것처럼 그 형태 역시 일정한 경제적 법칙에 지배되고 있다.

이와 반대로 뮐베르거는 임대차 계약에서 순수한 '자의적인 것'(그의 저서 19쪽) 이외에 아무것도 보지 못하고 있지만, 내가 그에게 정반대의 것을 증명할 때면 "유감스럽게도 자신도 이미 알고 있는 사실만"을 말하고 있다고 불만을 터뜨린다.

하지만 집세에 관한 그 어떤 경제학적 연구도 우리가 주택임대의 폐지를 "혁명적 사상의 태내에서 발생한 가장 효과적이고 가장 고상

---

97) 『인민국가』에는 "급격히 팽창하고 있는 대도시들에서"라고 되어 있다.

98) 엥겔스, 『주택문제』, 라이프치히, 1872년.

99) 『전집』제18권, 214~215쪽 참조.

한 노력의 하나"로 전화시키도록 할 수는 없을 것이다. 그렇게 하려면 이 단순한 사실을 냉정한 정치경제학의 영역에서 훨씬 더 이데올로기적인 법률학의 영역으로 옮겨놓아야만 한다. '집'은 집세의 "영원한 법률적 근거가 된다." 그러므로 집의 가치는 집세에 의해 2배, 3배, 5배, 10배로 보상받을 수 **있다**. 어떻게 해서 '그렇게 되는가'를 연구하는 데 '법률적 근거'는 우리에게 아무런 도움도 주지 못할 것이다. 그렇기 때문에 나는 집이 어떻게 법률적 근거가 되는가를 연구해야만 뮐베르거는 **어떻게 해서** '그렇게 되는가'를 알 수 있을 거라고 말했던 것이다. 우리는 지배계급이 집세를 승인할 때 사용하는 법률적 표현에 분노하는 대신에, 내가 한 것처럼, 집세의 **경제적** 본질을 연구해야 비로소 이것을 알게 될 것이다. 집세를 폐지할 경제적 방책을 제안하는 사람은 적어도 집세가 "임차인이 자본의 영원한 권리에 대해 지불하는 공납"이라는 사실보다 좀 더 알아야만 한다. 이에 대해 뮐베르거는 "서술과 설명은 전혀 별개의 것이다."라고 대답한다.

이렇게 집은 결코 영원한 것이 아니지만 집세의 영원한 법률적 근거가 되어버렸다. 어떻게 해서 '그렇게 되는 것'인지와는 상관없이 우리는 이 법률적 기초의 힘에 의해 집이 집세의 형태로 그 가치의 여러 배 되는 수입을 가져온다는 것을 알게 된다. 법률적 언어로 옮겨놓음으로써 우리는 무사히 경제적 영역으로부터 아주 멀리 떠나버렸기 때문에 우리에게는 지불되는 집세의 총액이 점차 집의 가치의 여러 배에 달할 수 있다는 현상만이 눈에 띤다. 우리는 법률적으로 생각하며 말하고 있기 때문에 현상에도 법의 척도, 정의의 척도만을 적용한다. 그리고 이 현상은 **불공정**하다는 것, 이 현상은 '혁명의 법적 이념'(이 헛소리가 무엇을 의미하든 간에)에 적합하지 않다는 것, 따라서 법률적 기초는 아무런 소용도 없다는 것을 발견한다. 다음으로 우리는 동일한 것이 이자를 낳는 자본과 임대된 농지에도 해당된다는 사실을 알게 된다. 이것은 우리가 이러한 종류의 소유권을 다른 소유권과 별도로 특별히 고찰하도록 하는 이유가 된다. 이렇게 특별히 고찰한 결과 다음과 같은 요구가 나온다. 1) 소유자로부터 계약 해지권과 재산 반환 청구권을 박탈할 것, 2) 임차인, 채무자 또는 차지인에게 임대했지만 그의 소유가 아닌 물건의 이용권을 그에게 무상으로 양도할 것, 3) 소유자에게 무이자 장기 분할지불로써 그의 재산을 상환할 것 등이 바로 그것이다. 이로써 우리는 이 분야의 프루동적 '원칙'을 모두 말했다. 이것이야말로 프루동의 '사회적 청산'이다.

덧붙이자면, 이 모든 개혁안은 분명 프티부르주아와 소농민의 지위를 **공고히** 함으로써 거의 전적으로 그들의 이익이 된다. 그리하여 뮐베르거가 말하는 '프티부르주아 프루동'의 전설적인 면모는 여기서 갑자기 아주 명확한 역사적 실재가 된다.

이어서 뮐베르거는 다음과 같이 말한다.

내가 프루동과 같이, 사회의 경제생활은 **법이념**으로 일관되어 있어야만 한다고 말한 것은, 사실 현대사회가 모든 법이념이 결여되어 있는

140

것이 아니라 혁명의 법이념이 결여되어 있다는 것을 **서술한** 것이다. 이 사실은 엥겔스 자신도 수긍할 것이다.

유감스럽게도 나는 뮐베르거를 만족시켜줄 수가 없다. 뮐베르거는 사회가 **당연히** 법이념으로 일관되어 있어야만 한다는 요구를 내놓고 이것을 서술이라고 부르고 있다. 만일 재판소가 집달리를 통해 나에게 채무를 지불하라는 요구를 전달한다면, 뮐베르거에 의하면, 재판소는 나를 채무를 지불하지 않는 사람으로 **서술하고** 있을 따름이고 그 이상은 아무것도 하지 않는 것이 된다! 서술과 요구는 전혀 별개의 것이라고 한다. 바로 여기에 독일의 과학적 사회주의와 프루동의 주된 차이가 있다. 그런데 온갖 진정한 서술은 뮐베르거의 주장에도 불구하고 동시에 대상에 대한 설명이다. 우리는 경제적 관계가 어떻게 존재하며 또 어떻게 발전하는가에 대해 서술한다. 그리고 이러한 경제적 관계의 발전은 동시에 사회혁명의 요소들의 발전이라는 것을 경제적으로 엄밀히 증명한다. 이 발전이란, 한편으로는 그 생활조건으로 인해 불가피하게 사회혁명을 일으키는 계급, 즉 프롤레타리아트의 발전이며, 다른 한편으로는 자본주의 사회의 테두리를 벗어나리만큼 성장하여 불가피하게 이 틀을 타파하지 않을 수 없는 동시에 사회적 진보 자체를 위해 계급적 차별을 영원히 철폐할 수단을 제공하는 생산력의 발전이다. 이와 반대로 프루동은 현대사회 자체의 고유한 경제적 발전법칙에 의해서가 아니라 정의('법**이념**'이란 프루동 것이 아니라 뮐베르거 것이다)의 명령에 의해 스스로를 개조하라고 현대사회에 요구한다. 프루동과 그 뒤를 따르는 뮐베르거는 우리가 증명하는 곳에서 '설교하고' 한탄한다.

'혁명의 법이념'이 무엇인지를 나는 도무지 알 수가 없다. 사실 프루동은 '혁명'을 자신의 '정의'의 구현자이며 실행자인 일종의 여신으로 전화시키고 있다. 이 경우에 그는 1789~1794년의 부르주아 혁명과 다가오고 있는 프롤레타리아 혁명을 혼동하는 이상한 오류에 빠지고 있다. 이것은 특히 1848년 이후의 거의 모든 그의 저작들에서 볼 수 있다. 나는 다만 『혁명의 일반적 이념』 1868년판, 39~40쪽 100)만을 그 예로 들기로 한다. 그러나 뮐베르거는 프루동에 대한 어떤 책임도 회피하고 있기 때문에 나는 프루동에게 '혁명의 법이념'에 대한 설명 요구를 금지당하고 있으며 그래서 나는 계속 암흑 속에서 헤매고 있다.

뮐베르거는 또 다음과 같이 말한다.

그러나 프루동이나 나는 현존하는 불공정한 상태를 **설명**하기 위해 '영원한 정의'에 호소하는 것이 아니며 하물며 엥겔스가 말하는 것처럼 이 정의에 호소함으로써 이러한 상태가 개선되리라 기대하는 것도 아니다.

뮐베르거는 "프루동이 독일에서는 거의 전혀 알려져 있지 않다."고 믿고 있는 것 같다. 프루동은 그의 모든 저작에서 모든 사회적,

---

100) P. J. Proudhon, *Idée générale de la Révolution du XIX siecle*, Paris, 1868.

142

법률적, 정치적, 종교적 명제들[101]을 '정의'의 잣대로 재는 동시에, 이 명제들이 그가 '정의'라고 부르는 것과 일치하는지 여부에 따라서 이것들을 거부하거나 시인한다. '경제적 모순'[102]에서 이 정의는 아직도 '영원한 정의(Justice eternelle)'로 불리고 있다. 그 후 영원하라고는 말하지 않고 있지만 본질성 그것은 그대로 보존되어 있다. 예컨대 저서『혁명 및 교회에서의 정의에 대하여』(1858년판)[103]의 다음의 일절은 이 세 권으로 된 전체 설교의 내용을 보여준다(제1권, 42쪽).

근본원리(Grundprinzip, basic principle), 즉 다른 모든 원리들을 자기에게 종속시키면서 지배하고, 보호하고, 억압하고, 징벌하고, 필요한 경우에는 모든 반역적 요소를 진압까지 하는 사회의 유기적, 지배적, 최고의 원리는 어떤 것인가? 그것은 무엇인가? 종교, 이상, **이해관계인가?** …… 내 생각에 이 원리는 **정의**다. 정의란 무엇인가? 그것은 **인간 자체의 본질**이다. 천지창조 이래 정의는 무엇이었는가? 무(無)였다. 정의는 무엇이 되어야 할 것인가? 모든 것이 되어야 한다.

인간 자체의 본질을 이루고 있는 정의는 **영원한** 정의가 아니고 무엇이겠는가? 사회의 유기적이고 지배적인 최고의 근본원리인 정의, 그럼에도 불구하고 오늘에 이르기까지는 무였지만 장래는 모든 것

---

101)『인민국가』에는 "모든 사회적, 법률적, 정치적, 종교적 명제들"이라는 말 대신에 "모든 사회적, 법률적, 정치적 조건들, 모든 이론적, 철학적, 종교적 명제들"이라고 되어 있다.

102) 프루동의 저서『경제적 모순의 체계 또는 빈곤의 철학』제1~2권, 파리, 1846(Systéme des contradictions économiques, ou Philosophie de la misére, T. Ⅰ~Ⅱ, Paris, 1846).

103) P. J. Proudhon. De la justice dans la révolution et dans Péglise, T. Ⅰ~Ⅲ, Paris, 1858.

으로 되어야만 하는 정의는 세상만사를 재야 할 잣대, 모든 충돌 사건 때에 최고의 재판관으로서 호소해야 할 잣대가 아니고 무엇인가? 그리고 프루동은 경제적 관계들을 경제적 법칙에 의해서가 아니라 이 관계들이 영원한 정의에 관한 그의 관념과 일치하는지 여부에 따라 판단함으로써 정치경제학 분야에서의 자기의 무지와 무력을 은폐하고 있다고 말한 외에 내가 무엇을 또 주장했단 말인가? 그리고 뮐베르거가 "현대사회 생활에서 모든 변화는 …… **법이념**으로 일관되어 있을 것, 즉 가는 곳마다 **엄격한 정의의 요구**에 따라서 진행될 것"을 요구한다면 그는 프루동과 무엇이 다른가? 내가 읽을 줄 모르는가, 아니면 뮐베르거가 쓸 줄을 모르는가?

나아가 뮐베르거는 다음과 같이 말한다.

> 인간 사회의 진정한 동력은 경제적 관계이지 법률적 관계가 아니라는 것을 프루동은 마르크스와 엥겔스 못지않게 잘 알고 있다. 그는 또 각각의 시기에서 인민의 법이념은 다만 경제적 관계, 특히 생산관계의 표현이며 반영이고 산물에 불과하다는 것도 알고 있다. …… 한마디로 말하면, 프루동에게 법은 역사적으로 형성된 경제적 산물이다.

만일 프루동이 이 모든 것들을(나는 뮐베르거의 불명확한 표현 방법은 불문에 붙이고 그의 선의에 만족한다) "마르크스와 엥겔스에 못지않게 잘 알고 있다."면 우리는 무엇 때문에 그와 논쟁하겠는가? 그러나 프루동의 지식에 관해서는 문제가 좀 다르다는 바로 그 점에 문제가 있다. 모든 사회의 경제적 관계는 우선 이해관계로서 나타난다. 그런데 프루동은 방금 인용한 그의 주요 저작 가운데서 아주 명백히 "다른 모든 원칙들을 자기에게 종속시키고 있는 사회의 지배적, 유기적, 최고의 근본원리"는 **이해관계**가 아니라 **정의**라고 말하고 있다. 그리고 그는 동일한 것을 그의 모든 저작들의 결정적 부분에서 되풀이하고 있다. 그러나 이 모든 것들에도 불구하고 뮐베르거는 다음과 같이 이어나간다.

…… 프루동이 『전쟁과 평화』에서 가장 심오하게 발전시킨 경제적 권리의 이념은 『기득권의 체계 *System of Acquired Rights*』의 서문에서 아주 잘 설명되어 있는 라살레의 기본 이념과 완전히 일치한다.

『전쟁과 평화』[104]는 아마 프루동의 수많은 유치한 저작 중에서도 가장 유치할 것이다. 그러므로 나는 모든 역사적 사건 및 관념, 모든 정치, 철학, 종교를 주어진 역사적 시기의 물질적, 경제적 생활조건에 의해 설명하는 독일의 사적 유물론을 프루동이 이해하고 있다는 증거로서 이 저작을 인용하리라고는 꿈에도 생각할 수 없었다. 이 저서는 전혀 유물론적이 아니기 때문에 다음과 같이 **조물주**의 원조를 구하지 않고서는 자기의 전쟁관까지도 표현할 수 없을 것이다.

그런데 우리를 위해 이러한 생활양식을 선택한 조물주는 자신의 목

---

104) P. J. Proudhon, *La guerre et la paix*, T. Ⅰ~Ⅱ, Paris, 1869.

적을 가지고 있었다(제2권, 100쪽, 1869년판).

이 저서가 얼마나 역사적 지식에 의거하고 있는지는 황금시대가 역사상 존재했다고 믿고 있다는 것에서 알 수 있다.

인간이 아직 지구상에 드물게 퍼져 있던 초기에 자연은 별로 힘들이지 않고 인간의 수요를 충족시켜주었다. 이때는 황금시대, 풍부한 태평의 시대였다(같은 책, 102쪽).

프루동의 경제학적 입장은 가장 조잡한 맬서스주의의 입장이다.

생산이 두 배로 늘어나면 인구도 곧 두 배로 늘어날 것이다(106쪽).[105]

그러면 도대체 이 책의 어디에 유물론이 있는가? 그것은 이 책에서, 전쟁의 원인이 언제나 '극빈상태'였으며 현재도 그러하다고 주장하는 데 있다(예컨대 143쪽). 브래지히 아저씨[106]가 1848년 "큰 빈궁의 원인은 큰 빈곤(Pauvrete)이다."라는 위대한 연설을 토했을 때 그도 마찬가지로 훌륭한 유물론자였다.

라살레의 『기득권의 체계』[107]에는 법률가로서뿐만 아니라 또한

----

105) 『인민국가』에는 105쪽으로 되어 있다.

106) 브래지히 아저씨는 독일 유머리스트이며 소설가인 프리츠 로이터(Fritz Reuter; 1810~1874)의 저작에 나오는 희극적 인물이다 – 옮긴이.

107) 라살레, 『기득권의 체계, 실정법과 법철학의 조정』 제1권, 라이프치히, 1861년(F. Lassalle, *Das System der erworbenen Rechte. Eine Versöhnung des positiven Rechts und der Rechtsphilosophie*, Th. 1, Leipzig, 1861).

구(舊)헤겔파로서의 모든 환상의 흔적이 남아 있다. 라살레는 7쪽에서 "**경제**에서도 기득권의 개념은 그 이후의 모든 발전의 출발점이다."라고 명확히 언급하고 있다.

프리츠 로이터와 『브래지히 아저씨』.

그는 "법은 이성적인 그리고 **자신으로부터**(따라서 경제적 전제로부터가 아니고) 발전하는 유기체"라는 것을 증명하려고 한다(11쪽). 그의 임무는 법을 경제적 관계로부터가 아니라 "의지 개념(법철학은 그 발전 및 반영에 불과하다) 자체로부터"(12쪽) 이끌어내는 데 있다. 그러나 이 책이 여기에 도대체 무슨 관계가 있는가? 프루동과 라살레의 차이는 라살레가 진정한 법률가였고 헤겔파였지만, 프루동은 다른 모든 일에서와 마찬가지로 법학이나 철학에서도 순전히 호사가(好事家)였다는 사실뿐이다.

아시다시피 항상 자기모순에 빠져 있는 프루동이 때때로 이곳저곳에서 관념을 사실을 토대로 설명하는 듯한 발언을 하고 있는 것을 나는 잘 알고 있다. 그러나 이와 같은 발언의 의의는 그의 근본적 사상 경향과 대비해볼 때 전혀 보잘것없는 것이다. 더구나 이러한 발언은 특히 극도의 혼란과 모순에 차 있다.

아주 초기의 사회발전단계에서는 날마다 반복되는 생산물의 생산, 분배 및 교환 행위를 일반적 규칙 아래 포괄하며, 또 개인이 생산 및 교환의 일반적 조건에 복종하도록 배려할 필요가 생긴다. 처음에는 관습으로서 나타나는 이 규칙이 다음에는 법률이 된다. 법률의 발생과 더불어 법률의 유지를 위임받는 기관들, 즉 공적 권력인 국가가 필연적으로 발생한다. 사회가 한층 더 발전함에 따라 법률도 많건 적건 포괄적인 입법으로 발전한다. 이 입법이 복잡해질수록 법률의 표현방식은 사회생활의 일상적인 경제적 조건의 표현 방식과 더욱더 멀어진다. 입법은 마치 자기 존재의 정당성과 가일층의 발전의 근거를 경제적 관계에서가 아니라 그 자체의 내적 기초에서, 이를테면 '의지 개념(Willensbegriff, concept of will)'에서 유래된 자주적 요인(selbständiges Element, independent element)인 것처럼 나타난다. 사람들은 그들 자신이 동물계로부터 발생한 것을 망각한 것과 마찬가지로, 그들의 법이 그들의 생활의 경제적 조건으로부터 발생한다는 것을 망각하고 있다. 입법이 복잡하고도 포괄적인 전일체(全一體, Ganzen, whole)로 발전함에 따라 새로운 사회적 분업의 필요성이 나타난다. 즉 직업적 법률가라는 신분이 형성되며 이와 동시에 법학이 또한 발생한다. 법학이 더욱 발전하면 각각 다른 민족과 다른 시대의 법률체계를 각각의 경제적 관계의 반영으로서가 아니라 근거를 자체 내에 가지고 있는 체계로써 상호 비교한다. 비교는 공통적인 무엇을 전제로 한다. 이 공통적인 것은 모든 법률체계에 많건 적건 동일하게 고유한 모든 것들을 **자연법**이라는 명칭 아래 법학자들이 총괄하는 데서 나타난다. 그러나 무엇이 자연법에 속하며 무엇이 속하지 않는가를 결정하는 잣대는 법 그 자체의 가장 추상적인 표현인 **정의**이다. 그리하여 이때부터 법률가들과 또 그들의 말을 신봉하는 자들의 눈에는 법의 발전이 오로지 인간의 생활조건을 (그것이 법률적으로 표현되는 한) 정의의 이상과 **영원한** 정의에 더욱더 접근시키려는 노력에 있는 것처럼 보인다. 그런데 이 정의란 언제나 현존 경제관계를 보수적인 측면에서, 혹은 혁명적인 측면에서 관념화하고 신성화한 표현에 불과하다. 그리스인들과 로마인들의 정의는 노예제도를 공정한 것으로 보았다. 1789년 부르주아지가 부르짖은 정의는 불공정한 것으로 선포된 봉건주의의 폐지였다. 프로이센의 융커에게는 미미한 지방법[108]까지도 영원한 정의에 대한 침범으로 보인다. 이리하여 영원한 정의에 대한 관념은 그저 시간과 장소에 따라서만 다른 것이 아니다. 그것은 사람에 따라서도 다르며, 뮐베르거가 올바로 지적한 것처럼 "사람이 제각기 다르게 이해하는" 바로 그런 류에 속한다. 일상생활에서는, 논의되는 관계들이 간단한 경우에는 공정, 불공정, 정의, 정의감과 같은 표현들이 사회적 현상들에 대해서까지도 특별한 오해 없이 사용되고 있다. 하지만 경제적 관계에 대한 과학적 연구에서 이러한 표현은 이미 우리가 본 바와 같이, 예컨대 현대 화학에서 연소설(燃素說, phlogistischen Theorie, phlogiston theory)의 용어를 유지하려고 할 때 일어날 절망적인 혼란을 일으킬 것이다. 프루동과 같이 사회적 연소인 '정의'를 굳게 믿을 때, 또는 뮐베르거와 같이 연소설도 산소설(酸素說, Sauerstoff, oxygen theory)에 못지않게 옳다고 단언할 때 이 혼란은 더욱 심해질 것이다. [109]

----

108) 엥겔스는 프로이센에서의 1873년의 행정개혁을 염두에 두고 있다. 이 개혁은 종래에 지주들이 임명하던 장관을 선거할 권리를 공동체들에 부여했다.

109) 산소를 발견하기 이전에 화학자들은 대기 중에 있는 물체가 타는 것을 설명하기 위해, 물체가 탈 때에는 특수한 연소(燃燒)물질, 즉 연소(燃素, 플로기스톤)가 없어진다고 가정했다. 화학

III

그다음 뮐베르거는,

대도시에서는 주민의 90% 또는 그 이상이 자기의 것이라고 부를 수 있는 숙소를 가지고 있지 못하다는 사실보다 영예로운 현 세기의 모든 문화에 대한 더 무서운 조소는 없다.

고 하는 그의 '과장된' 표현을 내가 반동적 애가(哀歌)라고 불렀다고 불만을 토로하고 있다.

뮐베르거가, 자신이 말하듯이 '현대의 공포'를 서술하는 데 그쳤더라면 나는 물론 '그와 또 그의 겸손한 글들'에 대해 한마디의 언짢은 말도 하지 않았을 것이다. 하지만 그는 이와 전혀 다른 짓을 하고 있다. 그는 이 '공포'를 노동자들이 **자기의 것이라고 부를 수 있는 거처를 갖고 있지 못한 결과**로 묘사하고 있다. '현대의 공포'가 자기 주택에 대한 노동자들의 소유권이 폐지되었기 때문에 일어난 것이라고 하여 탄식하든, 또는 융커(Junker)처럼 봉건주의와 동업조합이 폐지되었기 때문에 일어난 것이라고 하여 탄식하든, 이 두 경우에서 반동적 애가, 즉 불가피한 것, 역사적으로 필연적인 것의 도래를 슬

자들은 타버린 원소들이란 후에는 그전보다도 중량이 증가하는 것을 발견했기 때문에 그들은 연소가 부수(負數) 중량을 가지고 있으며, 따라서 연소가 없는 물체는 연소가 있는 물체보다 무겁다고 주장했다. 이처럼 점차 산소의 모든 중요한 속성을 연소에 부여했으나 모든 것들은 반대였다. 연소는 가연물질(可燃物質)과 다른 물체, 즉 산소와의 화합에 의해 일어난다는 발견과 순수한 산소의 제조를 계기로 이 가설은 (그러나 구태의연한 화학자들의 장기간에 걸친 저항이 끝난 후) 의의를 완전히 상실했다 – 엥겔스의 주.

퍼하는 애가 이외에 나올 것이라고는 아무것도 없다. 역사가 이미 오래전에 없애버린 노동자의 개인 주택 소유를 부흥시키고자 한다는 점에 바로 뮐베르거의 반동성이 존재한다. 그리고 노동자의 해방을 모든 노동자를 다시 자기 주택의 소유자로 전화시키는 것으로밖에 생각하지 못하는 점에 반동성이 존재한다.

다음으로,

> 나는 단호히 주장하는데, 진정한 투쟁은 자본주의적 생산양식에 대항하여 진행되어야 한다. 오직 **생산양식의 변혁에서 출발**해야만 주거 조건의 개선을 기대할 수 있다. 엥겔스는 이것을 전혀 알지 못하고 있다. …… 나는 셋집의 폐지에 착수할 수 있기 위해서는 먼저 사회문제의 완전한 해결을 전제로 삼고 있다.

유감스럽게도 나는 지금도 이것을 전혀 알아차리지 못하고 있다. 나는 그 이름조차 몰랐던 어떤 사람이 자기 머릿속 한구석에서 무엇을 전제로 하고 있는가를 도대체 어떻게 알 수 있겠는가. 내가 참고할 수 있는 것은 뮐베르거의 인쇄된 논문뿐이다. 그런데 나는 지금도 그의 논문(소책자 15 및 16쪽)에서 뮐베르거가 셋집 폐지에 착수하기 위해 전제로 삼고 있는 것은 셋집 자체 이외에 …… 아무것도 없다는 것을 볼 수 있을 뿐이다. 17쪽에 가서야 비로소 그는 '자본의 생산성을 제어'하고 있는데 우리는 나중에 이 문제를 다시 언급할 것이다. 그리고 자기의 답변에서까지도 그는 이것을 확인하면서 다음

하인리히 레샤우어.

과 같이 말하고 있다.

　문제는 오히려 어떻게 하면 **현존 조건으로부터 출발하여** 주택문제 분야에서 완전한 변혁을 이룰 수 있는가를 보여주는 데 있었다.

'현존 조건으로부터 출발하여'와 '자본주의적 생산양식의 변혁(이것은 폐지라고 해야 할 것이다)으로부터 출발하여'는 정반대의 것이 아닌가.

　노동자들을 방조하여 자기 집을 갖게 하려는 돌퓌스 씨 및 기타 공장주들의 박애주의적 노력을 내가 뮐베르거의 프루동식 계획의 유일 가능한 실질적 실현이라고 본다고 해서 뮐베르거가 불평하는 것은 조금도 이상한 일이 아니다. 뮐베르거가 프루동의 사회 구제안이 전적으로 **부르주아** 사회의 기반 위에 서 있는 환상임을 이해한다면 그는 물론 이 계획을 믿지 않을 것이다. 또한 나는 그의 선의를 결코 의심한 적이 없다. 하지만 그는 레샤우어 박사[110]가 돌퓌스 씨의 계획을 모방하도록 빈 시 당국에 제안하는 데 대해 도대체 왜 박수를 보내는가?

　다음으로 뮐베르거는 이렇게 설명한다.

　특히 도시와 농촌의 대립에 관해 말한다면, 이 대립을 폐지하려는 것

----

110) 하인리히 레샤우어(Heinrich Reschauer; 1838~1888)는 오스트리아 정치인이자 언론인이다 – 옮긴이.

은 공상에 속한다. 이 대립은 자연적으로, 더 정확히 말한다면 역사적으로 발생한 것이다. …… 문제는 이 대립을 **폐지**하는 데 있는 것이 아니라 이 대립이 **무해**하게 되고 또 **유익해질** 정치적, 사회적 형태를 발견하는 데 있다. 이런 방법을 통해서 이해관계의 평화적 해결과 점진적인 균형을 달성할 수 있다.

그러므로 도시와 농촌의 대립을 폐지한다는 것은 공상이다. **왜냐하면** 이 대립은 자연적인, 더 정확히 말한다면 역사적으로 발생한 것이기 때문이라는 것이다. 이 논리를 현대사회의 다른 대립에 적용해보자. 그리고 이것이 우리를 어디로 이끌어 가는지 보기로 하자. 예컨대,

　특히 자본가와 임금노동자의 대립에 관해 말한다면, 이 대립을 폐지하려는 것은 공상에 지나지 않는다. 이 대립은 자연적인, 더 정확히 말한다면 역사적으로 발생된 것이다. 문제는 이 대립을 **폐지**하는 데 있는 것이 아니라 이 대립이 **무해**하게 되고 또 **유익**하게까지 될 그러한 정치적 및 사회적 형태를 발견하는 데 있다. 이러한 방법에 의해 이해관계의 평화적 일치, 점차적 균형을 달성할 수가 있다.

이리하여 우리는 또다시 슐체델리치에 도달했다.

도시와 농촌의 대립을 폐지하는 것은 자본가와 노동자의 대립을 폐지하는 것과 마찬가지로 공상적이 아니다. 이 대립의 폐지는 날이

독일의 화학자 유스투스 폰 리비히.

갈수록 공업 생산에서나 농업 생산에서나 모두 실질적인 요구로 변하고 있다.

리비히[111]는 농업화학에 관한 저서들에서 누구보다도 완강하게 이를 요구했다. 그는 이 저서들에서 말하기를, 인간은 항상 땅에서 받은 것을 땅으로 돌려보내야 한다는 것을 첫째 요구로 내세웠으며, 특히 대도시의 존재야말로 이것을 방해한다는 것을 증명하고 있다. 이곳 런던만 보더라도 작센 왕국 전체보다 더 많은 분량의 분뇨를 거액을 들여 날마다 바다에 내버린다는 사실을 안다면, 그리고 또 이 분뇨가 런던 전역에 끼치는 해독을 방지하기 위해 얼마나 거대한 시설이 필요한지를 안다면, 도농 대립의 폐지라는 공상도 아주 실질적인 기초를 획득할 것이다. 그리 크지 않은 베를린조차 이미 30년가량이나 자기 자체의 오물 속에서 질식하고 있다. 다른 한편 프루동과 같이 농민을 그대로 두면서 현대 부르주아 사회를 전복하려는 것은 가장 순수한 공상일 것이다. 인구를 되도록 균등히 전국에 분배하는 것만이, 또 공업 생산과 농업 생산의 밀접한 내적 연계와 이에 필요한 교통기관의 확장만이(물론 자본주의적 생산양식을 폐지하는 조건 하에서) 농촌 주민들이 수천 년 동안 거의 변함없이 허송세월해온 고독과 몽매에서 벗어나도록 할 수 있다. 대

---

111) 유스투스 폰 리비히(Justus von Liebig; 1803~1873)는 독일의 화학자이다. 1838년부터 응용화학을 연구하여, 칼리·인산·암모니아의 화합물로 이루어지는 인공 비료를 만들어냄으로써 농예 화학의 기초를 마련했다 - 옮긴이.

립이 폐지될 때 비로소 그 역사적 과거에 의해 단조(鍛造)된 사슬로부터 인간의 해방이 완성된다는 주장은 결코 공상이 아니다. '현존 관계로부터 출발하여' 현존 사회에 고유한 이런저런 대립이 해결되어야만 하는 **형태**를 규정하려고 할 때 공상이 발생한다. 그런데 뮐베르거는 주택문제 해결에서 프루동식 방법을 채택함으로써 바로 그렇게 하고 있다.

그리고 내가 '자본과 이자에 관한 프루동의 괴이한 견해'에 뮐베르거도 어느 정도 공동책임이 있다고 하자, 이를 불만스럽게 여긴 그는 다음과 같이 설명한다.

> 나는 생산관계의 변경을 **미리부터 이미 주어진 것으로** 전제하고 있다. 그리고 이자들을 규정하는 과도적 법령은 생산관계와 관련이 있는 게 아니라 사회적 거래, 유통관계와 관련이 있다. …… 생산관계의 변경 또는 독일 학파가 더 엄밀히 규정하고 있는 것처럼 자본주의적 생산양식의 폐지는 물론(엥겔스가 나의 주장이라고 **날조**하고 있는데) 이자를 폐지하는 과도적 법령에 의해 수행되는 것이 아니라 근로 인민에 의한 **노동도구 전반의 사실상의 점유**, 즉 전 공업의 점유에 의해 수행된다. 이 경우에 근로 인민이 (임대주택의) 점차적인 상환의 지지자(!)가 될 것인가 아니면 즉각적인 수탈의 지지자(!)가 될 것인가. (이것은 엥겔스와 나 모두 결정할 수 있는 문제가 아니다.)

나는 놀라서 눈을 비빈다. 나는 뮐베르거의 저서를 처음부터 끝까지 다시 뒤지면서 셋집을 사서 자기 것으로 만드는 것은 "근로 인민에 의한 노동도구 전체의 사실상의 점유, 즉 전 공업의 점유"를 미리부터 전제로 하고 있다고 말한 곳을 발견하려고 했다. 나는 이런 곳을 발견할 수 없었다. 그런 말이 없기 때문이다. '사실상의 점유'니 뭐니 하는 말은 아무데도 없다. 그 대신 17쪽에서 다음과 같이 말하고 있다.

자본의 생산성이(조만간 그렇게 되기 마련인데) 예컨대 **모든 자본의 이자율을 1퍼센트로 확정하는 과도기적 법률에 의해 실제로 제어**된다고 가정해보자. 그리고 이 이자들도 점차 영에 접근하는 경향이 있다고 가정해보자. …… 물론 다른 모든 생산물들과 마찬가지로 가옥과 주택도 이 법률의 적용을 받는다. …… 그러므로 우리는 이 점에서도 임대주택의 상환은 **자본 일반의 생산성의 폐지라는 필연적 결과로서 나타난다**는 것을 보게 된다.

따라서 뮐베르거의 최근의 태도 변경과는 정반대로 여기서는 자본의 생산성(이 혼란된 용어로 그는 분명히 자본주의적 생산양식을 암시하고 있다)이 사실상 이자폐지법에 의해 '제어되리라'는 것, 그리고 바로 이 법률에 의해 "임대주택의 상환은 자본 일반의 생산성의 폐지라는 필연적 결과로서 나타난다."는 것이 솔직히 서술되어 있다. 그런데 지금 뮐베르거는 전혀 그렇지 않다고 말한다. 이 과도기적 법령은 "**생산**관계와 관련이 없고 **유통**관계와 관련이 있다."고 한다.

괴테의 표현을 빌리자면 "총명한 사람에게도 머저리에게도 다 같이 신비로운"112) 이러한 완전한 모순에 부딪쳐 나는 다만 내가 서로 다른 두 사람이 뮐베르거를 상대로 하고 있다고 가정하는 수밖에 다른 도리가 없다. 그중 한 사람은 내가 다른 한 사람이 인쇄한 것을 그 사람 것이라고 '날조'하고 있다면서 정정당당하게 불만을 토로하고 있다.

근로 인민이 실질적으로 점유하는 데 "점차적인 상환의 지지자가 될 것인가 아니면 즉각적인 수탈의 지지자가 될 것인가."를 나나 뮐베르거에게 묻지 않으리라는 것은 지극히 당연하다. 가장 확실한 것은 근로 인민이 일반적으로 '지지자'가 되려고 하지 않으리라는 점이다. 그러나 근로 인민에 의한 노동도구 전반의 사실상의 점유는 전혀 문제가 되지 않았으며, 문제가 된 것은 단지 "주택문제 해결의 내용 전체는 점진적인 **상환**(Ablösung, redemption)이라는 한마디 속에 다 들어 있다."는 뮐베르거의 주장(17쪽)뿐이었다. 만일 지금 그가 이 상환을 극히 의심스러운 것으로 인정하고 있다면, 도대체 무엇 때문에 우리 두 사람과 독자들은 헛수고를 해야 한단 말인가?

그러나 근로 인민에 의한 노동도구 전반, 공업 전반의 '사실상의 점유'라는 것은 프루동주의자의 '상환'과는 정반대라는 것을 확인해 두어야만 한다. 후자의 경우에는 **개개의 노동자**가 주택, 농지, 노동도구의 소유자가 된다. 전자의 경우에는 '근로 인민'이 집, 공장 및 노동도구의 총체적 소유자로 남는다. 적어도 과도기에는 이러한 집,

---

112) 엥겔스는 여기서 괴테의 비극『파우스트』제1장, 제6막(마녀의 요술) 중의 메피스토펠레스의 말을 알기 쉽게 바꾸어 말하고 있다.

공장 등의 이용권은 비용의 보상 없이는 개인이나 또는 조합에 제공되지 않을 것이다. 이와 마찬가지로 토지 소유의 폐지는 지대의 폐지를 예상하는 것이 아니라, 물론 변형된 형태이기는 하지만 지대를 사회에 양도할 것을 예상하는 것과 꼭 마찬가지다. 따라서 근로 인민에 의한 노동도구 전반의 사실상의 점유는 임대차 관계의 유지를 결코 배제하는 것은 아니다.

일반적으로 문제는 프롤레타리아트가 권력을 장악한 후 생산도구, 원자재 및 생활수단을 순전히 폭력으로써 탈취할 것인가 또는 이에 대해 즉시 보상할 것인가 또는 이 재산을 조금씩 분할 지불하여 점차로 상환할 것인가 하는 데 있는 것은 결코 아니다. 이 문제에 대해 미리, 또 있을 수 있는 모든 경우에 적합하게 답하려는 것은 공상을 꾸며낸다는 것을 의미할 것이다. 그러므로 나는 이러한 일은 다른 사람들에게 맡기려 한다.

IV

밀베르거의 각종 유보 조건과 간계를 뚫고 마침내 그가 자기 답변에서 애써 회피하고 있는 문제의 핵심에 도달하기 위해서는 이상과 같이 장황하게 쓰지 않을 수 없었다.

밀베르거는 자기 논문에서 어떤 것들을 적극 주장했는가?

첫째, "가옥, 건축 부지 등등에 대한 본래의 비용과 현재의 가치 사이의 차액"은 법에 따라 사회에 속한다는 것. 이 차액은 경제학적 용어로는 지대(地代)라고 부른다. 프루동도 또한 이 차액을, 『혁명의 일반적 이념』(1868년판, 219쪽)에서 볼 수 있듯이 사회로 넘겨주려 한다.

둘째, 주택문제의 해결은 모든 임차인이 자기 집의 소유자가 되는 데 있다는 것.

셋째, 이 해결은 임차료 지불을 주택의 구매가격을 갚는 것으로 만드는 법률에 의해 실현된다는 것. 이 둘째와 셋째 논점은 누구나 『혁명의 일반적 이념』 199쪽 이하에서 알 수 있듯이 프루동에게서 빌려온 것이다. 그리고 같은 책 203쪽에는 해당 법률 초안까지도 작성되어 있다.

넷째, 자본의 생산성은 이자율을 우선 1퍼센트(나중에는 한층 더 인하할 것을 고려하면서)로 인하하는 과도기적 법령에 의해 제어된다는 것. 이것도 프루동으로부터 빌려온 것인데, 『일반적 이념』 182~186쪽을 보면 상세히 알 수 있다.

이러한 각각의 논점에 대해 나는 뮐베르거가 복사한 원문이 있는 곳을 프루동의 저서에서 인용했다. 여기서 나는 묻고 싶다. 프루동주의적 견해 이외에 아무것도 포함하고 있지 않은 철두철미 프루동주의적 논문의 필자를 프루동주의자라고 부르는 것이 정당한가, 정당하지 않은가? 그런데 내가 뮐베르거를 프루동주의자라고 부른 데대해 그는 노골적으로 불만을 표하고 있는데, 마치 내가 "프루동에게 특유한 약간의 **말투**에 부딪쳤기” 때문에 그렇게 부르고 있는 것처럼 말한다. 그 반대다. 모든 **'말투'**는 뮐베르거의 것이고, 내용은 프루동의 것이다. 내가 프루동주의적 논문을 프루동의 것으로 보충할 때, 뮐베르거는 내가 프루동의 '괴이한 견해'를 그에게 전가시킨다면서 불평을 하고 있다.

그러면 나는 이 프루동주의적 계획에 대해 뭐라고 반박했던가?

첫째, 지대를 국가로 이양하는 것은 개인적 토지 소유의 폐지와 같은 것을 의미한다는 것.

둘째, 임대주택의 상환과 주택 소유권을 이전 임차인에게 양도하는 것은 자본주의적 생산양식을 조금도 해치지 않는다는 것.

셋째, 대공업과 도시가 오늘과 같이 발전한 조건 하에서 이런 제안은 어리석은 것이며 반동적이기도 하다는 것. 그리고 각 개인의 자기 주택에 대한 개인적 소유를 회복하는 것은 일보후퇴라는 것.

넷째, 자본에 대한 이자의 강제적 인하는 결코 자본주의적 생산양식[113]을 침해하지 않으며, 오히려 이미 고리대금 단속법이 증명하는 바와 같이 그것은 아주 낡은 것이며 동시에 실행 불가능하다는 것.

다섯째, 자본에 대한 이자의 폐지로 집세는 결코 폐지되지 않는다는 것.

둘째와 넷째 논점에 대해서는 뮐베르거도 지금 동의했다. 하지만

---

113) 『인민국가』에는 '양식'이라는 말이 없다.

나머지 논점에 대해서는 한마디도 반박하지 않는다. 그런데 바로 이 논점들을 둘러싸고 논쟁이 벌어지고 있는 것이다. 그러나 뮐베르거의 답변은 아무런 반박도 아니다. 이 답변에서 그는 모든 경제학적 논점들을 애써 회피하고 있는데, 이 논점들이야말로 사실상 결정적인 것들이다. 이 답변은 개인적 불평이지 그 이상의 아무것도 아니다. 그래서 그는 내가 다른 문제들, 예컨대 국채, 사채(社債), 신용 등의 문제에 대해 그가 약속한 해답을 미리 예측하고, 그 해결은 모든 경우에 주택문제와 마찬가지로 이자를 폐지하고 이자 지불을 자본상각의 지불로 전화시키며 신용을 무료로 만드는 것이라고 말한 데 대해 불만을 표하고 있다. 그러나 나는 다음과 같은 점에서 내기를 해도 좋다. 즉 뮐베르거의 이 논문들이 세상에 나오면 내용이 본질상 프루동의『일반적 이념』(신용은 182쪽, 국채는 186쪽, 사채는 196쪽)과 일치할 것이다. 그것은 주택문제에 관한 논문들이 같은 책의 인용된 곳들과 일치하는 것과 마찬가지다.

뮐베르거는 이 기회에 이러한 문제들, 즉 조세, 국채, 사채, 신용 문제들, 지방자치 문제 등은 농민에게 그리고 농촌에서 벌일 선전을 위해 극히 중요하다는 것을 나에게 가르쳐주고 있다. 나는 대체로 동감이지만 그러나 1) 농민에 관해서는 이때까지 전혀 문제가 되지 않았으며, 2) 이 모든 문제들에 대한 프루동적 '해결'은 그의 주택문제 해결과 마찬가지로 경제학적으로는 황당무계하며 본질적으로는 부르주아적이다. 그리고 내가 농민들을 운동에 끌어넣는 것을 필요하다고 인정하지 않는다는 듯이 뮐베르거가 암시하고 있는 데 대해서도 변명할 필요를 느끼지 않는다. 그러나 이 목적을 위해 농민들에게 프루동의 엉터리 치료법을 권하는 것은 우둔한 짓이라고 생각한다. 독일에는 아직도 대규모 영지가 많이 있다. 프루동의 이론에 따르면, 이것은 모두 소농 농지로 세분되어야만 할 것이다. 그러나 농업의 현 상태에서는, 그리고 프랑스와 서부 독일에서의 분할 토지 소유의 경험이 있는 만큼 이것은 분명 반동적인 조치일 것이다. 이와 반대로 아직도 존재하고 있는 대토지 소유는 대규모 농업(이러한 대규모 농업에서만 모든 현대적 보조수단, 기계 등을 사용할 수 있다)을 협동화된 노동자들이 경영하며, 또 이렇게 함으로써 조합의 원칙에 따른 대규모 경영의 우월성을 소농민들에게 명백히 보여주기 위한 좋은 기초를 우리에게 제공해준다. 이 점에서 다른 모든 나라 사회주의자들보다 앞서 있는 덴마크의 사회주의자들은 이미 오래전부터 이것을 이해하고 있었다.[114]

이와 마찬가지로, 노동자들의 현존하는 비참한 주택상태를 마치 내가 '중요치 않은 사소한 일'로 치부한다는 듯이 비난하는 것도 나는 변명할 필요를 느끼지 않는다. 내가 아는 한, 내가 영국에 존재하는 것과 같은 전형적인 형태를 들어 주택상태를 서술한 것은 독일 문헌에서 최초였다. 그리고 내가 이러한 주택상태를 서술한 것은 밀

---

114) 덴마크에 대한 통신비서의 임무를 수행하고 있던 엥겔스는 덴마크 사회주의자 루이 피오(Louis Pio)와의 편지에서 덴마크 사회주의자들이 토지 문제에 대한 인터내셔널의 결정을 선전하는 데 커다란 성과를 거두었다는 것을 알고 있었다. 엥겔스는 1872년 4월 말 루이 피오에게 보내는 편지에서, 협동조합에 의한 농촌 경리의 사회주의적 개조 방식에 관한 논문을 높이 평가했다. 이 논문은 코펜하겐에서 발간된 『사회주의자Socialisten』에 발표되었으며, '인터내셔널'의 거의 모든 출판물에 실렸다. 엥겔스는 이렇게 강조하고 있다. "소농민과 토지 없는 농민들을 프롤레타리아 운동에 끌어들이는 아주 중요한 문제에서 덴마크 인들은 자기 지역의 조건과 자기의 위대한 정치적 능력 덕분에 지금 모든 민족들보다 앞장서 있다."

베르거가 생각하는 바와 같이 '나의 **정의감**을 손상'시키기 때문이 아니다. 자기의 정의감을 손상시키는 모든 사실을 책에 쓰려고 생각하는 사람은 대단히 바쁠 것이다. 하지만 내 저서[115]의 서문에서 지적한 것처럼, 현대적 대규모 공업에 의해 조성된 사회조건을 서술함으로써, 당시 발생하여 공허한 언사만 팽배해 있던 독일 사회주의에 실질적 기초를 부여하기 위해 서술한 것이다. 그러나 사실 나는 소위 주택**문제**를 해결하려고 생각조차 하지 않는다. 그것은 내가 보다 중요한 **식량문제**의 해결을 상세히 연구하지 않으려는 것과 마찬가지다. 나는 우리 현대사회의 생산이 모든 사회구성원을 먹여 살리기에 충분하다는 것, 그리고 근로대중에게 넓고 쾌적한 숙소를 제공하기에 충분한 집이 이미 있다는 것을 말할 수 있다면 만족한다. 그런데 장래의 사회가 식량과 주택의 분배를 어떻게 조절할 것인가에 대해 생각하는 것은 직접 공상의 영역으로 들어가는 것이다. 지금까지의 모든 생산양식의 근본조건들에 대한 연구에서 출발하여 우리가 확언할 수 있는 최상의 것은 자본주의적 생산의 몰락과 동시에 구 사회에 특징적인 일정한 점유 형태가 불가능하게 되리라는 것이다. 과도기적 방책들까지도 어느 곳에서나 그 시기에 존재하는 관계들에 순응해야만 할 것이다. 소규모 토지 소유의 나라들에서는 이 방책들도 대규모 토지 소유의 나라들과 본질적으로 다를 것이다 등. 주택문제와 같은 소위 실제적 문제들을 고립적으로 해결하려는 시도가 어떤 결과를 가져올 것인가 하는 것은 믈베르거 자신의 예가

---

115) 『영국 노동자계급의 상태』 서문, 『전집』 제2권, 232~234쪽 참조.

무엇보다도 잘 보여주고 있다. 그는 처음에는 28쪽에 걸쳐서[116] "주택문제 해결의 전 내용은 **상환**이라는 한마디 가운데 다 들어 있다."는 것을 상세히 설명하고 있지만 그 후 궁지에 몰리자 집을 실제로 점유할 때 "근로 인민이 점진적 상환의 지지자가 될 것인가." 또는 어떤 다른 수탈 형태의 지지자가 될 것인가는 사실상 매우 의문이라고 당황하여 중얼거리기 시작한다.

뮐베르거는 우리가 실제적으로 되어야만 하는 '현실적인 실천적 관계들에 단지 죽은 추상적인 공식만을 대치"하지 말고 "추상적 사회주의에서 벗어나 **특정한 구체적 사회관계에 접근**"할 것을 요구하고 있다. 만일 뮐베르거가 그렇게 했더라면 그는 아마 운동에 큰 공헌을 했을 것이다. 특정한 구체적 사회관계에 접근하는 제1보는 실제로 이 관계를, 즉 현실적이고 경제적 연관을 연구하는 것이다. 그러면 우리는 뮐베르거의 논문에서 무엇을 찾아볼 수 있는가? 다음과 같은 완전한 두 개의 문장이다.

　　1) 임차인과 집주인의 관계는 임금노동자와 자본가의 관계와 동일하다.

나는 이미 단행본[117] 6쪽에서 이것이 전적으로 잘못되었다는 것을 논증했으며[118] 뮐베르거는 이에 대해 아무런 반박도 못하고

----

116) 뮐베르거, 『주택문제, 사회적 소론』, 라이프치히, 1872년.
117) 엥겔스 『주택문제』, 라이프치히, 1872년.
118) 『전집』 제18권, 215~216쪽 참조.

있다. ……

　　2) (어느 사회개혁에서도) 뿔을 잡아 제어해야만 하는 황소는 자유주의
정치경제학파의 소위 **자본의 생산성**인데, 그것은 **실제로는 존재하지
않지만 그 가상적 존재**로 인해 현재 사회에 중압을 가하는 모든 불평등
의 은폐물 노릇을 한다.

　그리하여 뿔을 잡아 제어해야만 하는 황소는 **실제로는** 존재하지
않으며, 따라서 그것은 뿔을 갖고 있지 않다. 온갖 악은 황소에게 있
는 것이 아니라 그것의 **가상적 존재**에 있다. 그럼에도 불구하고 "소
위 생산성(자본의)은 마술로 집과 도시를 지상에 건설할 수 있"는데,
집과 도시의 존재는 이미 결코 '가상적'이 아니다(12쪽). 그런데 마르
크스의 『자본론』에 '정통'하고 있는데도 이렇듯 절망적인 혼란 상태
에 빠져 자본과 노동의 관계에 관해 뭔지 알 수 없는 말을 지껄이는
그 사람이 독일 노동자들에게 용감하게도 새롭고 더 나은 길을 제
시하려고 하며, 또 "장래 사회의 건축 구조를 적어도 대강은 알고 있
는" '건축사'라고 자칭하고 있다!
　어느 누구도 마르크스가 『**자본론**』에서 특정한 구체적 사회관계
에 접근한 것보다도 더 접근하지는 못했다. 그것을 전면적으로 연
구하기 위해 그는 25년을 소비했으며, 또 그의 비판의 결과는 소위
해결의 맹아들(오늘날 이 해결이 일반적으로 가능한 한)을 또한 도처
에 포함하고 있다. 그러나 친애하는 뮐베르거에게 이것으로는 부

족했다. 이 모든 것들은 추상적 사회주의며 죽은 추상적 공식이라는 것이다. 친애하는 뮐베르거 씨는 '특정한 구체적 사회관계'를 연구하는 대신 프루동의 몇 권의 저서를 읽는 것으로 만족하고 있다. 이 저서들은 특정한 구체적 사회관계에 관해서는 그에게 아무것도 말해주지 않고, 그 대신 모든 사회적 악에 대한 아주 특정한 구체적이고 기적적인 치료법을 그에게 제공하고 있다. 그리고 그는 다음과 같은 구실 아래 이미 만들어진 사회구제계획, 즉 이 프루동적 체계를 독일 노동자들 앞에 내놓고 있다. 그 구실이란 **그가** '**체계**들과 작별'하려고 하지만, 반면에 나는 "반대의 길을 선택하고 있다."는 것이다! 이것을 이해하기 위해서 나는 소경이고 뮐베르거는 귀머거리이므로 우리는 도저히 서로 의사소통이 불가능하다고 가정하지 않으면 안 된다.

이것으로 충분하다. 이 논쟁이 별로 쓸모없더라도 '실천적'이라고 자칭하는 이런 사회주의자들의 실천이 어떤 것인가를 증명한 것은 그나마 유익했다. 모든 사회적 악을 제거하기 위한 이런 실천적 제안들, 이런 사회적 만병통치약은 언제나 또 어디서나, 프롤레타리아 운동이 아직 유년 시절에 있을 때 나타나는 종파의 창시자들이 만들어내곤 했다. 프루동도 그들 중 한 사람이다. 프롤레타리아트의 발전은 이런 어린애 기저귀를 집어 던져버리고, 노동계급 자체가 이렇듯 미리 꾸며낸 그리고 어느 경우에나 작용되는 '실천적 해결'보다 더 비실천적인 것은 없으며, 또 반대로 실천적 사회주의는 다양한 측면에서 자본주의적 생산양식을 올바로 인식하는 데 있다는 것을 이해할 수 있도록 해준다. 이러한 것들을 이해하고 있는 노동계급에게는 어떤 경우라도 사회제도가 주공격 대상이라는 것을 의심하지 않을 것이며, 어떤 식으로 이 공격을 실행해야 할 것인가도 **결코** 힘든 일이 아닐 것이다.

2

토지국유화에 대하여

Über die Nationalisierung des Grund und Bodens /
The Nationalization of the Land

KARL
MARX
FREDERICK
ENGELS

Collected
Works

Volume 23
Marx and Engels
1871-74

◆

1872년 3월부터
4월까지 집필.
『인터내셔널 헤럴드』
제11호(1872. 6. 15.)에 발표.

토지국유화에 대하여

    토지 소유……,[119] 즉 모든 부(富)의 본원적 원천은 그 해결에 노동자계급의 미래가 달려 있는 커다란 문제이다.

    여기서 토지의 사유재산제도(das Privateigentum an Grund und Bodem, private property in land)를 옹호하는 자들, 즉 법률가들·철학자들·정치경제학자들이 주장하는 모든 논거들을 전부 검토하지 않더라도 곧바로 그들이 '**자연권**(Naturrechts, Natural Right)'이라는 외투 속에 약탈이라는 **근원적 사실**(das ursprungliche Faktum, the primitive fact)을 은폐시켰음을 확인하게 된다. 만일 소수를 위한 자연권이 약탈을 창출해냈다면, 다수는 그들에게 빼앗긴 것을 재탈환하기 위해 자연권을 획득할 만큼 충분한 힘을 축적할 필요가 있다.

    역사가 흐르면서 약탈자들은 스스로 공포한 법률을 등에 업고 본래 폭력으로부터 생성된 자기의 소유권에 일종의 사회적 인준(Bestätigkeit, social standing)[120]을 부여하고자 했다. 마지막으로 철학자

---

119) 『인터내셔널 헤럴드』에는 "……"이 생략되어 있다.
120) 『인터내셔널 헤럴드』에는 지속성(Beständigkeit)으로 되어 있다.

들은 결론으로 이러한 법률이 사회[121])의 보편적 승인을 받았다고 설명한다. 토지의 사유재산제도가 실제로 그러한 보편적 승인에 근거한 것이라면, 사회의 다수가 더 이상 승인을 거부하는 순간 분명히 사라지고 말 것이다.

하지만 그 와중에서 소위 소유'권'('Rechte' des Eigentum, 'rights' of property)을 폐기한다면, 사회의 경제적 발전, 인구의 증가와 집중, 집단노동과 조직노동의 필연성 및 농업용 기계와 발명품들이 토지국유화를 **사회적 필연성**으로 만들었음을 확인하게 될 것이며, 이에 대해서는 소유권에 대한 어떤 수다스런 언사도 제기될 수 없다. [122])

사회적 필연성에 의해 부여된 변화들은 조만간 그 장애를 극복해 나갔다. 만일 그러한 변화들이 사회의 절실한 요구에서 비롯되었다면 그 요구는 마땅히 충족되어야 하고, 입법은 항상 변화에 순응하지 않으면 안 된다.

우리에게 요구되는 것은 생산의 지속적인 증가이다. 몇몇 소수의 개인들이 자기의 기분이나 사적 이해에 따라 그러한 요구를 규정하거나, 무지 때문에 토지의 에너지를 고갈시켜 버린다면 생산의 지속적인 증가라는 요구는 충족될 수 없다. 관개, 배수, 증기(蒸氣) 농기구, 화학적 처리 등등의 근대적인 모든 방법들은 마침내[123]) 농업에까지 응용되지 않으면 안 된다. 그러나 우리가 갖고 있는 과학지식

----

121) 『인터내셔널 헤럴드』에는 인류(Menschheit, mankind)로 되어 있다.
122) 『인터내셔널 헤럴드』에는 다음과 같이 되어 있다. "자본주의적 농민을 집단노동과 조직노동으로 이행하게 하고, 기계나 다른 발명품들에서 도피처를 찾도록 강요하는 상황이 토지국유화를 '사회적 필연성'으로 만들었으며, 이에 대해서는 어떤 수다스런 언사도 제기할 수 없다."
123) 『인터내셔널 헤럴드』에는 "대규모로(im großen)"로 되어 있다.

과 우리가 운용하고 있는 농업노동을 위한 기술적 도구와 같은 기계 등은 토지의 일부를 대규모로 경작하지 않는 한 결코 성공적으로 이용될 수 없다.

대규모 토지경작(생산자 자신을 단순작업에 몰두하는 가축으로 격하시킨 현재의 자본주의적 형태에서조차도)이[124] 소규모로 분할된 면적을 경작하는 것보다 훨씬 많은 수확량을 올린다면, 경제적 관점에서 볼 때 이것을 국가적인 차원에서 적용하여 생산량 증대에 엄청난 자극을 주어야 할 것 아닌가? 한편으로는 꾸준히 증대되는 주민들의 욕구와, 다른 한편으로는 농산물 가격의 지속적인 상승이야말로 토지국유화가 '사회적 필연성'이 되었다는 것을 반박할 여지없이 증명해주고 있다.

토지경작을 국가의 통제 하에 국가의 비용으로[125], 그리고 국가의 이익을 위해 실행하자마자 개인의 잘못된 사용으로 인한 농업생산량의 감소는 물론 불가능해진다.[126]

흔히 프랑스를 예로 들기도 한다. 그러나 프랑스의 **농민적 소유관계**(bauerliche Eigentums-verhältnisse, peasant proprietorship)는 대토지 소유경제(Großgrundbesitzwirtschaft, landlordism; 지주제도 – 옮긴이)를 취하는 영국보다도 토지국유화로부터 멀리 떨어져 있다. 프랑스에서는 토지를 구입할 능력이 있는 자는 누구나 이를 살 수 있다. 그러나 이

---

124) 『인터내셔널 헤럴드』에는 "경제적 입장에서 보면"이 삽입되어 있다.
125) 『인터내셔널 헤럴드』에는 "국가의 비용으로"가 빠져 있다.
126) 『인터내셔널 헤럴드』에는 다음 글이 삽입되어 있다. "내가 여기서 논쟁기간 중에 이 문제에 대해 들었던 모든 시민들은 토지국유화를 옹호했다. 하지만 그들은 서로 전혀 다른 견해를 가지고 있었다." (이 문장은 뒤퐁이 쓴 것이라고 생각된다.)

러한 가능성은 곧바로 소규모 경작지로의 토지분할만을 초래하여, 적은 재산(Mittel, means)만을 가지고 주로 자신과 가족의 육체노동에 의존하고 있는 사람들이 이를 경작하게 된다. 아주 소규모로 분할된 면적의 경작에 따른 이러한 토지 소유 형태는 농업상의 모든 근대적 개선책들을 무용지물로 만들었을 뿐만 아니라, 동시에 농민 자체를 모든 사회적 발전의, 특히 토지국유화의 가장 강고한 적으로 만들었던 것이다.

상대적으로 적은 수확량을 얻기 위해 농민들은 토지에 예속되어 자기의 생명력을 쏟아넣어야 했고, 생산물의 대부분을 세금의 형태로 국가에, 재판비용의 형태로 법률가 일당에게, 그리고 이자 형태로 고리대금업자들에게 넘겨주도록 강요당했다. 그럼에도 불구하고 농민은 활동영역의 편협성뿐만 아니라 사회적 운동에 대한 무지 때문에 한 조각의 땅과 단지 허울뿐인 소유권에 맹목적인 애정을 갖고 매달렸다. 이 때문에 프랑스 농민들은 숙명적으로 공업 노동자계급과 대립하게 되었다. 바로 이같이 농민적 소유관계가 **토지국유화**에서 가장 큰 걸림돌이기 때문에, 현 상태의 프랑스는 분명히 우리가 이렇듯 커다란 문제들에 대한 해결책을 찾을 만한 나라는 못 된다.

부르주아 정부 하에서 이루어진 토지의 국유화, 그리고 각 개인 또는 노동자 단체에 대한 소규모 분할 토지 임대는 단지 무분별한 경쟁을 불러일으키고, 분명히 '지대(Rente, Rent)'의 상승을 가져올 것이며, 이를 통해서 토지소유자들에게는 생산자들을 희생시켜 살아갈 새로운 가능성을 마련해줄 것이다.

1868년 브뤼셀에서 열린 인터내셔널 대회에서 나의 친구 중 한 사람은 다음과 같이 말했다.

과학의 판결은 소규모 사유재산에 대해 '파멸'을 선고했고, 대규모 사유재산에는 정당성을 부여했다. 따라서 단지 양자택일만이 남아 있다. 토지는 농업협동조합의 소유가 되든지, 전 국민

세자르 패페(1842~1890)는 벨기에 출신의
의사이자 생디칼리스트.

의 소유가 되어야 한다. 미래는 이 문제를 결정하게 될 것이다.[127]

나는 이에 반대하여 다음과 같이 말하겠다. 미래[128]는 토지가 오직 국가의 소유일 수밖에 없다고 결정하게 될 것이다. 토지를 협동조합으로 결합된 농업노동자에게 넘겨주는 것은 사회 전체를 생산자들 중 일부 계급에게 인도하는 것을 의미하게 될 것이다. 토지국유화는 노동과 자본의 관계에서 완전한 변화를 가져올 것이며, 마침내 공업은 물론 농업에서도 자본주의적 생산을 완전히 폐지할 것이다. 그런 후에 비로소 계급적 차이와 특권은 그것을 생성시켰던[129] 경제적 토대와 함께 사라지게 될 것이다. 또한 사회는 자유롭고 구

---

127) 세자르 드 패페(César De Paepe)의 '토지 소유에 대하여(on land property)' : meeting of the Brussels Congress of the International Working Men's Association of Sept. 11 1868.

128) 『인터내셔널 헤럴드』에는 "사회운동"으로 되어 있다.

129) 『인터내셔널 헤럴드』에는 "그것을 지지했던"으로 되어 있다.

속받지 않는 '생산자들'의 협동조합으로 변화할 것이다.[130] 다른 사람의 노동을 통해 살아가는 것은 과거의 일이 될 것이다. 그러고 나면 사회와 대립하여 존재하는 정부나 국가도 존재하지 않을 것이다!

농업·광업·공업, 한마디로 말해 모든 생산부문은 점차 가장 효율적인 형태로 조직될 것이다. **생산수단의 국가적 집중**은 자유롭고 평등한, 보편적이고 합리적인 계획에 따라 의식적으로 활동하는 생산 협동조합들로 조직된 한 사회의 자연적[131] 토대가 된다. 이것이야말로 19세기의 대규모 경제 운동이 추구하는[132] 목표이다.

---

130) 『인터내셔널 헤럴드』에는 "또한" 이하의 문구가 없다.

131) 『인터내셔널 헤럴드』에는 "민족적(national)"으로 되어 있다.

132) 『인터내셔널 헤럴드』에는 "인간의 이익에 합치하는"이 삽입되어 있다.

③

영국 노동자계급의 상태

Die Lage der arbeitenden Klasse in England /
The Condition of the Working Class in England

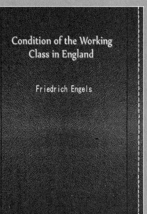

Condition of the Working
Class in England

Friedrich Engels

1844년 11월부터 1845년 3월까지 집필.
1845년 3월 15일 바르멘에서 처음 발행.
Marx-Engels Werke Bd. 2.

대도시[133]

······ 사실 굶는 것은 단지 한 개인일 뿐이다. 그러나 노동자들이 내일 당장 자기가 그 신세가 되지 않는다는 보장이 있는가? 누가 노동자에게 고용을 확실히 보장해줄 것이며, 고용주가 어떤 이유로 혹은 아무 이유 없이 그를 쫓아낸다면 '그에게 빵을 줄' 다른 고용주를 다시 찾을 때까지 노동자와 그의 가족이 살 수 있게 누가 보장해주겠는가? 일할 의사가 있다면 언제나 일자리를 잡을 수 있고 정직, 근면, 절약 등 부르주아지가 추천한 덕목들이 현실적으로 행복에 이르는 길이라는 점을 누가 보장할 것인가? 아무도 없다. 노동자들은 오늘은 무언가를 갖고 또 내일은 무언가를 갖게 될 것인지가 자신에게 달려 있지 않다는 사실을 알고 있다. 불어오는 어떤 산들바람도, 고용주의 어떤 변덕도, 무역의 어떠한 변화도 자기를 가혹한 소용돌이 속으로 빠뜨릴 것이며, 잠시 나올 수는 있더라도 물 위로 고개를 내

---

133) Marx Engels, *Werke*, Bd 2, 256~305쪽에서 발췌. 본서에서는 W. O. Henderson & Chaloner의 영역본, 1958년판을 토대로 했다 – 옮긴이.

미는 것이 어렵고, 때로는 거의 불가능하다는 사실을 알고 있다. 오늘은 살아갈 수단을 갖고 있어도 내일은 어떻게 될지 불확실하다는 사실을 알고 있다.

…… 모든 대도시는 하나 이상의 슬럼가로 이루어져 있으며 거기에는 노동자계급이 모여 산다. 사실 빈민은 부자들의 궁전 가까이에 있는 감추어진 뒷골목에 살고 있다. 그러나 일반적으로 분리된 특정 지역이 가난한 자들에게 배정되고, 거기서 그들은 행복한 계급들의 시야에서 벗어나 허우적대며 살아간다. 이러한 슬럼가는 영국의 모든 대도시에서 상당히 비슷한 형태로 배열되어 있는데, 도시의 가장 열악한 지역에 가장 허름한 집들이 들어서 있다. 대개 일층이나 이층의 작은 집들이 길게 줄지어 있으며, 주거지로 이용되는 지하실이 붙어 있고, 대부분이 들쭉날쭉 지어져 있다. 서너 개의 방과 하나의 부엌이 있는 이런 집들이 런던의 몇 곳을 제외하고 영국 전역에 걸쳐 노동자계급의 일반적인 주거 형태이다. 도로는 대부분 포장되어 있지 않아 험하고 더러우며 웅덩이는 방치되어 있다. 게다가 부실하고 혼란스런 건축 방법 때문에 환기마저 잘 이루어지지 않는다. 많은 사람들이 좁은 지역에 밀집해 살기 때문에 이러한 노동자들의 거주지에서 풍기는 분위기는 쉽게 상상할 수 있다. 집과 집 사이에 줄이 매여 있고 빨래가 널려 있다.

몇몇 슬럼가를 형성된 순서에 따라 연구해보자. 런던의 경우가 처음이라고 할 수 있는데[134] 런던에는 유명한 세인트 질레(St. Giles) 빈

----

134) 이하의 묘사를 한 뒤 나는 『일루미네이티드 매거진*The Illuminated Magazine*』의 1844년 10월호에서 런던의 노동자 지역을 다룬 논문 한 편을 보았다. 이 논문은 나의 것과 거의 글자

민촌이 있다. 지금 한 쌍의 널따란 도로가 빈민굴을 관통하여 건설되고 있다. 세인트 질레는 도시에서 가장 많이 붐비는 곳 한가운데에 있으며, 런던의 명랑한 사람들이 빈둥거리는 넓고 화려한 거리들로 둘러싸여 있다. 또한 옥스퍼드가, 리젠트(Regent) 거리, 트라팔가르(Trafalgar) 광장, 스트랜드(Strand) 거리 등이 아주 가까운 곳에 있다. 세인트 질레는 좁고 구부러졌으며 더러운 거리를 끼고 3~4층 집들이 무질서하게 모여 있는 곳이다. 여기에서는 도시의 번화가에서처럼 많은 사람들을 볼 수 있다. 다만 노동자들만이 보인다는 사실이 한 가지 다른 점이다. 거리에는 야채시장이 열리며 야채와 과일을 담은 바구니는 품질이 좋지 않으며 적합한 것도 아니고 사람들의 통행을 한층 더 방해한다. 게다가 생선가게에서뿐만 아니라 야채시장에서도 불쾌한 냄새를 풍긴다. 집들은 지하실이나 다락방까지도 사람이 살고 있으며 안팎 모두 더럽다. 또한 집들의 겉모습은 누구라도 선뜻 살고 싶지 않은 형태다. 그러나 이 모든 것들도 도로 사이의 뒷골목에 있는 집들과 비교하면 아무것도 아니다. 집과 집 사이의 복도를 통해 들어가는 이러한 거주형태는 말로 표현하기 어려울 정도로 불결하고 진동이 심하다. 창유리는 거의 하나도 보이지 않고 벽들은 부스러져가고 있다. 문기둥과 창틀은 헐거워지거나 깨져 있으며 낡은 판자로 된 문들이 못으로 박혀 있다. 또한 도둑들이 많이 사는 이런 지역에서는 모든 것들이 부족하여 훔쳐갈 물건도 없기 때

한 자 틀림없이 묘사되어 있다. 이 논문의 제목은 '가난한 자의 주거—한 내과의사의 노트에서 (The Dwellings of the Poor, from the notebook of an M.D.)'라고 되어 있다. 이러한 전경은 이 노트의 336~340쪽에 걸쳐 묘사되어 있다. 이 노트에는 저자의 머리글자 'J. H'만 표기되어 있다. 이 잡지의 복사본은 대영박물관 도서관에 있다 — 엥겔스의 주.

문에 문이 필요 없다. 쓰레기더미가 여기저기 널려 있으며 문 앞에서 흘려보내는 하수가 악취를 풍기며 웅덩이에 고여 있다. 여기는 가난한 사람들 중에서도 가장 가난한 사람들이 살며 가장 낮은 보수를 받는 노동자들이 절도범이나 매춘의 희생자들과 함께 무차별하게 모여 산다. 대다수의 아일랜드[135] 사람 또는 아일랜

세인트 질레의 빈민촌.

드 혈통을 가진 사람 그리고 주변의 도덕적 파멸의 늪에 아직 빠져들지 않은 사람들도 결핍과 부패, 사악한 환경 등 퇴폐화에 저항하는 힘을 나날이 상실하고 만다.

　세인트 질레가 런던의 유일한 슬럼가는 아니다. 뒤죽박죽으로 얽힌 거리 안에는 수백수천의 뒷골목과 좁은 길이 있으며, 거기에는 사람들이 살기에는 전혀 부적합한 집들이 줄지어 있다. 거기에 사는 사람들은 인간이 살기에 적합한 주거를 위해 지불할 능력이 전혀 없다. 부자들의 호화스런 주택 가까이에서 이러한 쓰라린 빈곤의 잠복처를 쉽게 찾아 볼 수 있다. 그래서 얼마 전 검시원의 조사에서 매우 훌륭한 광장의 하나인 포트만 광장(Fortman Square) 가까이에 있는 지역은 빈곤과 부패로 타락한 수많은 아일랜드인들의 거주지라는 사실이 밝혀졌다. 고급스럽지는 못하지만 아직도 '홀

---

135) 게일어로는 에이레(Eire)라고 한다 – 옮긴이.

룡한' 롱 에이커(Long-Acre)나 기타의 거리에서도 수많은 지하 쪽 방들을 찾아볼 수 있으며, 왜소한 꼬마들과 반 기아 상태의 헐벗은 여인네들이 거기서 나와 햇볕을 쬐고 있는 모습을 볼 수 있다. 런던에서 두 번째 큰 드루리 레인 극장(Drury Lane Theatre)에서 아주 가까운 곳에 도시 전체에서 가장 열악한 거리에 속하는 찰스가(Charles Street), 파크가(Park Street) 등이 있다. 여기에서는 집의 지하실부터 고미 다락방까지 가난한 가구들만이 살고 있다. 『통계사회저널Journal of the Statistical Society』에 따르면, 1840년에 세인트 존(St. John)과 세인트 마거릿(St. Margaret) 빈민구역에서는 5,294개의 '주택'(이런 명칭을 받을 만한 집들이라면!)에 5,366세대에 달하는 노동자 가구가 살고 있으며, 연령과 성의 구분 없이 남자, 여자와 어린이들을 모두 합해 26,830명이 살고 있다. 여기에 있는 노동자 가구의 3/4은 방이 하나밖에 없다. 귀족적인 세인트 조지(St. George)의 하노버 광장(Hanover Square)에서도 같은 자료에 따르면, 1,465세대의 노동자 가구와 6,000명이 비슷한 조건에서 살고 있으며, 그중 2/3가 한 방에 한 가구의 비율로 밀집해서 살고 있다. 도둑조차도 훔칠 것을 못 찾는 이러한 불행한 빈민들이 합법적인 방법으로 자산 소유 계급에 의해 얼마나 착취당하고 있는가! 방금 이야기한 드루리 레인가의 혐오스러운 '주택'에서는 다음과 같이 집세를 낸다. 일주일에 지하실 2개 3실링, 1층 방 하나 4실링, 2층 4실링 6페니, 3층 4실링, 다락방 3실링, 따라서 찰스가의 기아선상을 헤매는 주민들은 집주인에게 1년에 2,000파운드를 지출해야 하며, 위에서 말한 웨스트민스터(Westminster)의 5,366가구들은 1년에 40,000파운드의 집세를 지불한다.

가장 광범한 노동자 거주 지역은 런던탑 동쪽에 있는 화이트채플(Whitechapel)과 베스널 그린(Bethnal Green)에 있다. 여기에는 아주 많은 런던 노동자들이 살고 있다. 세인트 필립 교회(베스널 그린 교구)의

베스널 그린의 세인트 필립(St. Philip) 교회.

성직자 앨스턴(G. Alston) 씨가 자기 교구의 상태에 대해서 말하는 것을 들어보자. 그는 다음과 같이 말하고 있다.

우리 교구에는 1,400개의 주택이 있으며 2,795세대의 가구와 12,000명이 살고 있습니다. 이렇게 많은 사람들이 사는 면적은 400제곱야드(1,200피트)에 불과합니다. 이런 과밀지역에서는 10/12제곱피트의 단칸방에서 한 남자와 그의 부인, 4~5명의 어린이 그리고 때때로 조부모들까지 먹고 자고 일하는 모습은 결코 예외적이지 않습니다. 런던의 주교가 이 가난에 찌든 베스널 그린 교구에 관심을 갖기 이전에 웨스트엔드(부자 동네)에 사는 사람들은 오스트레일리아나 남해의 섬들에 사는 야만인에 대해서보다 이곳에 대해 아는 것이 없었다고 나는 믿습니다. 그리고 우리가 스스로 인간적인 접촉을 통해 이런 불행한 자들과 친근해져보면, 그들의 보잘것없는 빈약한 식사를 보면, 질병과 일거리의 부족

으로 허리가 구부러져 있는 그들을 보면, 우리는 엄청난 비참함과 속수무책을 발견하고 이런 곳이 있을 수 있다는 사실에 우리와 같은 국민들은 얼굴을 붉혀야만 할 것입니다. 나는 허더스필드에서 3년간을 성직자로 보냈습니다. 그러나 나는 베스널 그린에서 생활하면서부터 가난한 자들이 이렇게 완전히 무력해져 있는 모습을 보지 못했습니다. 가장조차 10명 중 1명도 자기의 작업복 이외의 옷을 가지고 있는 사람이 드물고, 그 작업복조차 오래되어 낡아빠진 것입니다. 정말로 많은 사람들이 이런 누더기 이외에 밤에 덮을 것이 없으며, 짚과 대팻밥으로 만든 부대 말고는 침상이 없습니다.

위에 묘사된 글에서 우리는 주택 내부의 모습들을 상상할 수 있다. 그러나 이러한 노동자 가구를 한두 집씩 방문하고 다니는 영국 관리를 따라가보자.

1843년 11월 16일 45세의 앤 골웨이(Ann Galway)의 시신 검사가 서리(Surrey)주의 검시관 카터(Carter) 씨의 주재로 이루어지고 있을 때 신문들은 죽은 자에 관해 다음과 같은 상세한 내용을 보도했다. 그녀(앤 골웨이)는 런던 버몬지가(Bermondsey Street)의 화이트 리온(White-Lion) 골목 3번지에서 그녀의 남편과 19세 난 아들과 함께 침대뿐만 아니라 가구라곤 찾아볼 수 없는 조그마한 방에서 살고 있었다. 주변에 흩뿌려져 있는 한 더미의 깃털 위에서 그녀는 시트나 홑이불조차 없이 거의 헐벗은 채 아들이 지켜보는 가운데 죽어 누워 있었다. 깃털들은 전신에 착 달라붙어 있어서 의사는 그것들을 제거

184

하고 나서야 시신을 검사할 수 있었다. 사인(死因)은 굶어 죽은 것이며 해충들이 물어서 손상되어 있다는 사실을 발견했다. 방 마루의 일부분은 찌그러져 있었으며 구멍은 가족들이 변소로 이용하고 있었다.

　…… 그러나 이러한 사실에도 불구하고 어떤 형태의 보금자리라도 가지고 있는 사람은 행복하다. 아무런 보금자리도 갖지 못한 사람들에 비해서 행복하다. 런던에서는 저녁에 어디서 누워야 할지를 모르면서 아침에 일어나는 사람들이 5만 명이나 된다. 이들 중에서 가장 행복한 사람은 저녁이 올 때까지 1~2페니를 얻어 어느 대도시에나 널려 있는 여인숙에 들어가 침대를 확보하는 데 성공한 사람들이다. 그러나 과연 어떤 침대인가! 이런 여인숙에는 끼워 넣을 수 있는 데까지 끼워 넣어 4~6개의 침대로 가득 차 있다. 침대 하나에는 4명, 5명 또는 6명이 쌓아 올리는데 병든 자나 건강한 자나, 젊은이나 노인네나, 술 취한 자나 제정신인 자나, 남자나 여자나 오는 순서대로 무차별하게 수용된다. 따라서 싸움질, 주먹질, 부상자들이 속출하고 침대 동료들이 허락만 한다면 분위기는 더욱 험악해진다. 절도가 성행하며 행동보다는 인간적이라고 할 수 있는 글로도 기록할 수 없는 일들이 자행된다. 그러면 이러한 숙박료도 지불할 수 없는 사람들은? 그들은 길거리나 아케이드나 후미진 골목에서, 경찰과 소유주가 방해만 하지 않는다면 자리를 잡은 어느 곳에서나 잔다. 몇몇 사람은 사설 자선단체가 운영하는 숙소로 가기도 하고 어떤 사람들은 빅토리아 여왕의 창문 아래 가까이 있는 공원의 벤치에서도 잔

무슬림을 물리치는 세인트 제임스
(성서의 야고보).

다. 『런던 타임스』를 한번 보자.

어제 우리 신문의 칼럼에서 소개하였던 말보루가의 경찰 법정에서 진행된 소송에 관한 보고서를 보면 평균 50명을 넘는 모든 연배의 사람들이 매일 밤 공원에서 떼 지어 모여 나무와 몇몇 구덩이가 제공하는 은신처에서 밤을 보낸다. 이들 중에서 대다수는 젊은 여인들인데 이들은 부랑배의 유혹으로 시골에서 올라와 이 세상에서 의지가지없는 궁핍한 생활에 전혀 개의치 않고 타락행위에 빠져버린다.

정말 끔찍하다! 빈곤은 어디에나 있음이 틀림없다. 거대하고 호사스런 도시의 심장부에서 궁핍이 똬리를 틀고 앉아 소름 끼치는 상황을 연출하고 있다. 거대 도시의 수천의 뒷골목에는 걱정스럽게도 항상 엄청난 재난, 우리의 눈에 거슬릴 만큼 많은 재난, 우리의 눈에 보이지 않는 많은 재난이 틀림없이 있다.

부, 환락, 유행의 영역 내에 있는 것, 세인트 제임스(St. James)[136]의 제왕다운 장엄함 가까이에 있는 것, 베이스워터(Bayswater)[137]의

---

136) 예수의 12제자 중 한 사람인 제베대오의 아들이다. 844년 이베리아반도에 세력을 뻗친 이슬람교 세력과 로마 가톨릭 세력이 충돌한 클라비호 전투(Battle of Clavijo)에서 제임스(야고보)가 스페인군 앞에 나타나는 기적을 일으켜 이슬람군을 무찔렀다는 전설이 있다. 그에 대한 신심이 스페인을 중심으로 퍼져나가 '산티아고데콤포스텔라'는 금세 세계적인 순례지가 되었다. 산티아고는 야고보의 스페인어식 표기이다 ― 옮긴이.
137) 런던 중심부인 시티 오브 웨스트민스터 지구 ― 옮긴이.

궁궐 같은 화려함 가까이에 있는 것, 구 귀족이나 신 귀족 영역 내에 있는 것, 현대 디자인의 사려 깊은 우아함이 가난한 자에게는 단 한 치의 자리도 마련해주기를 거부하는 지역에 있는 것, 이러한 것들은 말하자면 부자들의 배타적인 향유물이지 않은가! 결핍, 기아, 질병 그리고 해악은 소름 끼치는 형태로 돌아다니면서 몸으로 몸을 소비하고 정신으로 정신을 소비하는구나!

정말로 악마의 소굴 같은 상태다! 향락은 가장 절대적인 것이 되었다. 육체적 편안함, 정신적 흥분 또는 이들보다는 순진한 감각적 쾌락이 인간의 욕망을 충족시켜준다. 하지만 이것들이 가장 지독한 비참함과 밀접한 관련이 있다! 부자는 화려한 살롱에서 알려지지 않은 궁핍의 상처에 대해 비웃고 있다. 주위를 의식하지도 않고 오만하게 비웃고 있다. 쾌락은 잔인하게도 그러나 무의식적으로 밑바닥에서 흐느끼고 고통받는 사람들을 비웃고 있다. 서로 모순되는 것들 모두가 서로를 비웃고 있다. 유혹하는 악과 유혹당하는 악만을 제외하고 모든 모순되는 것들이 말이다!

그러나 모든 사람은 다음과 같은 사실을 기억해야 한다. 신이 만든 세상에서 가장 부유한 도시의 가장 품위 있는 구역 내에서도 밤마다, 겨울이 올 때마다 나이는 어리지만 범죄와 재난에 익숙해져 있는, 사회에서 버림받아 '기아, 부패와 질병'으로 썩어가고 있는 여인들을 볼 수 있다. 모두에게 이를 알리고 이론으로 설명하기보다는 행동하도록 만들자. 오늘날 행동의 여지가 아주 많다는 사실은 신도

이탈리아 나폴리만(Gulf of Naples)과 비슷하다고 해서 붙여진 네이플만(Bay of Naples). 더블린 남쪽 킬니만(Killiney Bay)의 별칭이다.

알고 있다.[138]

…… 런던 다음으로 세 개의 왕국[139]의 다른 대도 시들에 대해 차례로 고찰 해보자. 런던의 바다가 인 상적인 만큼 바다로부터 접근하는 것이 매력적인 도시 더블린(Dublin)부터 살펴보자. 더블린만(The Bay of Dublin)은 영국(British Island Kingdom) 에서 가장 아름다우며 아일랜드의 네이플만(The Bay of Naples)과 비 교된다. 이 도시 역시 많은 매력적인 것들을 가지고 있으며 그 안에 귀족적인 지역은 여타 영국 도시의 지역들보다 한층 세련되어 있다. 그 대신 더블린의 빈민구역은 이 세계에서 가장 추악하고 혐오스 런 지역 중 하나이다. 사실, 어떠한 상황에서는 오히려 더러운 곳에 서 편안함을 느끼는 아일랜드 사람들이 이곳에서도 일정한 비율을 차지하며 살고 있다. 그러나 잉글랜드와 스코틀랜드의 대도시에서 는 어디에서나 수천의 아일랜드 사람들을 볼 수 있고, 가난한 사람 들은 모두 점차 똑같은 불결함에 빠져들기 때문에 더블린의 아주 방 대한 빈민구역의 불결하고 불편한 가옥들과 방치된 거리들은 도저 히 묘사할 수 없을 정도이다. 여기서 가난한 사람들이 모여 사는 방 식에 대해 생각해보려면 다음과 같은 사실을 보면 된다. 1817년에

---

138) *Times*, 1834년 10월 12일.
139) 잉글랜드, 스코틀랜드, 아일랜드 – 옮긴이.

구빈원(Workhouses) 감독관의 보고에 따르면,[140] 배럭(Barrack)가에서는 1,318명이 390개의 방이 딸린 52개의 집에서 살고 있으며 처치(Church)가에서는 393개의 방이 딸린 71개의 집에서 1,997명이 살고 있다.

이 구역과 이에 인접한 구역에는 상당수의 불결한 뒷골목이 있다. 많은 지하 쪽방들은 방문을 통해 햇볕을 받고 있으며 대다수의 주민들이 적어도 침대 하나는 가지고 있다. 하지만 상당수 주민들이 맨 마룻바닥에서 잠을 잔다. 예를 들어 니콜슨(Nicholson) 골목에도 28개의 낡고 조그만 방에서 151명이 절대적 궁핍 속에서 살고 있는데, 그 골목을 통틀어 두 개의 침대와 두 장의 담요밖에 없다.

더블린에서는 가난한 사람이 하도 많아서 유일한 자선단체인 멘디서티협회(Mendicity Association)도 하루에 인구의 1퍼센트인 2,500명을 받아들여 낮에 구호해주고 밤에는 쫓아버린다.

앨리슨(Alison) 박사는 에든버러에서의 비슷한 상황을 묘사하고 있다. 에든버러의 훌륭한 환경은 현대의 아테네라는 명칭을 얻게 했으며, 신도시의 화려한 귀족 지구는 구 도시의 가난한 자들이 사는 불결하고 비참한 지역과 크게 대조된다. 이 광범한 지역은 더블린의 가장 나쁜 지역처럼 불결하고 혐오스러운 곳이며, 멘디서티협회는 더

---

140) 왕립의과대학(The Royal College of Physicians)의 교수였던 앨리슨(W. P. Alison) 박사가 1840년 에든버러에서 쓴 논문 「스코틀랜드의 빈민통제에 관한 관찰과 그것이 대도시의 위생에 미치는 영향」에서 인용했다. 저자는 신앙심 깊은 토리당 당원이며, 역사가 앨리슨(A. Alison)의 형이다.

블린과 마찬가지로 에든버러도 엄청나게 많은 구호대상자가 있다고 앨리슨 씨는 주장한다. 또한 스코틀랜드의 가난한 사람들은 에든버러와 글래스고의 가난한 사람들보다도 상태가 훨씬 더 열악하며 가장 가난한 사람은 아일랜드인이 아니라 스코틀랜드인이라고 앨리슨 씨는 주장한다. 에든버러의 오래된 교회의 목사인 리(Lee) 씨는 1836년 종교교육위원회(Commission of Religious Instruction)에서 다음과 같이 증언했다.

나는 사람들이 가재도구도 없이, 아무것도 없이 살아가며 결혼한 두 쌍이 종종 같은 방을 사용하는 우리 교구에서와 같은 비참한 경우를 이전에는 결코 보지 못했다. 하루는 내가 일곱 집을 방문했는데, 침대를 가진 집은 하나도 없었으며 그중 몇몇 집은 짚더미조차 갖고 있지 못했다. 여든 살 노인들이 마룻바닥에서 자고 있었으며 대부분 낮에 입던 옷차림 그대로 자고 있었다. 한 지하 쪽방에서 같이 사는 스코틀랜드인 두 가족의 경우를 말해야겠다. 그들은 시골을 떠나 이곳에 온 지 몇 달 만에 두 아이가 죽었으며 내가 방문했을 때 셋째 아이가 죽어가고 있었다. 가족 모두 한구석에 더러운 짚더미를 안고 누워 있었다. 그 지하 쪽방에는 두 가족 이외에 당나귀가 한 마리 살고 있었으며 게다가 지하실은 너무 어두워 낮에도 사람을 분간하기가 어려웠다. 스코틀랜드와 같은 나라에서 이와 같은 비참한 경우를 보는 것은 매우 가슴 아픈 일이다.

에든버러의 한 의학 잡지 『내과 및 외과 저널*Medical and Surgical Journal*』에서 헤난(Hennan) 박사는 비슷한 상황을 보고했다. 의회보고서[141]에서 보아도 에든버러의 가난한 자들의 주거지에서는 이러한 조건 아래서 틀림없이 예상되는 불결함이 만연한다는 사실은 명백하다. 어린이들이 밤에 잠자는 장소에서 개와 말들이 인간의 거주지를 함께 사용하며 그 자연스런 귀결은 놀라운 악취와 불결 그리고 기생충의 무리이다. 현재 에든버러의 건축은 이러한 몹쓸 조건을 가능한 한 이용한다. 구 도시는 언덕 마루에 형성되어 있으며 언덕 꼭대기에는 큰길이 나 있다. 큰길 넘어 아래편으로 좁고 구부러진 많은 골목길들이 있는데, 하도 모퉁이가 많다고 해서 '와인드(Wynds)'[142]라고 불린다. 이런 '와인드'가 도시의 프롤레타리아 지역을 형성한다. 스코틀랜드 도시에서 집들은 일반적으로 5~6층짜리 건물인데, 이는 잉글랜드의 집들과는 대조적인 것으로 파리의 집들과 비슷한 형태이다. 여기에서 각각의 가족은 가능한 한 자기의 집을 갖는다. (따라서) 제한된 구역에서 사람들이 아주 촘촘하게 살고 있다.

…… 이러한 지역에서 건강, 도덕 그리고 가장 일반적인 예의범절도 생각하지 않고 살아간다는 것이 이상스러울 수 있을까? 오히려 여기 주민들의 상태에 보다 직접적으로 접해본 사람은 누구나 질병

---

141) 「대영제국의 노동자계급의 위생 상태에 관한 연구」라는 제목의 보고서. 이 보고서는 구빈법위원들이 내무장관에게 제출한 보고서로서, 1842년 7월 상하 양원에 보내는 부록이 포함되어 있다. 이 보고서는 구빈법위원회 의장 에드윈 채드윅(Edwin Chadwick)이 의사들의 보고서에서 수집하고 정리한 것이다.
142) 스코틀랜드에서 소로(小路), 골목길이라는 뜻으로 사용된다 – 옮긴이.

과 부패, 타락이 여기서는 최고 한도에까지 이르렀다는 사실을 증언할 수 있다. 이러한 지역의 사회는 아주 저급하고 희망이 전혀 없는 수준으로 전락해버린다. 가난한 자의 집은 일반적으로 불결하고 결코 청결해지지 않는다. 대부분의 경우 그 집은 방 하나로 이루어졌으며, 환기는 거의 불가능하고, 유리창이 깨지거나 잘 맞지 않아 항상 차가운 기운이 감돈다. 그리고 때때로 눅눅하고 부분적으로는 지면보다 낮은 경우도 있으며, 가재도구는 최악의 상태에 있어 매우 불편하다. 짚더미가 온 가족에게 침대로 사용되는데, 그것도 남자와 여자, 젊은이와 노인네가 지긋지긋할 정도로 빽빽이 섞여서 잠을 잔다. 물은 공공펌프에서만 얻을 수 있는데 물을 얻기 어렵기 때문에 당연히 불결함도 한층 더 심각해진다.

…… 공업도시에서도 상태는 매우 비슷하다. 노팅엄(Nottingham)에서는 모두 11,000채의 집들이 뒤 칸막이로 서로 등을 맞대고 있어 환기는 전혀 불가능하고 일반적으로 옥외 화장실 하나를 여러 집이 공동으로 사용한다. 짧은 시간의 조사만으로도 많은 집들이 판자로만 덮여 있는 얕은 하수도 위에 세워져 있다는 사실을 알 수 있었다. 레스터, 더비 그리고 셰필드에서도 더 나을 것이 없다. 버밍엄(Birmingham)에 관해서 위에서 인용한 논문은 다음과 같이 말하고 있다.

도시의 오래된 지역에는 더럽고 방치된 그리고 고인 물웅덩이와 오물더미로 가득 차 있는 구역을 발견할 수 있다. 버밍엄에서는 뒷골목이 매

192

우 많아 2,000개나 되는데 도시 노동자의 대다수가 여기에 살고 있다. 이러한 뒷골목은 대개 좁고 진흙투성이이며 환기가 잘 안 되고 하수시설이 부족하며 8~20개의 집들이 일렬로 배열되어 있는데, 모두 뒤 칸막이벽을 설치했기 때문에 환기가 일방적으로 될 수밖에 없다. 뒷골목 안의 뒤쪽으로는 대개 잿더미나 그 더러움을 말로 표현하기 어려운 것들이 쌓여 있다. 그러나 새로운 뒷골목은 보다 합리적으로 지었으며 보다 깨끗이 유지되었고 오래된 골목길에도 맨체스터나 리버풀보다 훨씬 덜 밀집되어 있다는 점도 지적되어야 한다. 따라서 전염병이 만연하고 있을 때조차 버밍엄은 가까이에 있는 울버햄프턴(Wolverhampton)이나 더들리(Dudley), 빌스턴(Bilston)보다도 사망자 수가 훨씬 적었다. 또한 지하실 주거형태가 버밍엄에서도 거의 알려져 있지 않고 단지 소수의 지하실이 작업실로 전용되고 있을 뿐이다. 프롤레타리아트를 대상으로 하는 여관은 주로 도시 중심부의 뒷골목에서 많이 볼 수 있는데 400개가 넘는다. 여관들은 거의 항상 혐오스러울 정도로 더러우며 악취를 풍기는데, 거지, 도둑, 뜨내기 그리고 창녀들은 타락한 자들만이 견딜 수 있는 환경에서 품위와 안락함 따위는 전혀 신경 쓰지 않은 채, 먹고 마시고 담배 피고 잠자는 은신처라 할 수 있다.

글래스고는 여러 가지 면에서 에든버러와 비슷한데, 똑같이 좁은 골목들이 있고 똑같이 높은 집들이 있다. 이 도시에 관해서 『아티즌 the Artisan』은 다음과 같이 관찰하고 있다.

여기서 노동자계급은 전체 인구(약 30,000명)의 78% 정도를 차지하고 있으며, 그들이 살고 있는 지역은 그 비참함과 비열함이 세인트 질레와 화이트채플의 가장 열악한 후미진 지역, 더블린의 특별구역[143], 에든버러의 뒷골목보다도 한층 심하다. 도시의 심장부에 그런 지역(아이언게이트[Irongate]의 남쪽, 소금시장[The Saltmarket]의 서쪽, 하이 스트리트[High Street] 건너에 있는 캘튼[Calton])이 많이 있으며, 끝없는 미로 같은 골목길과 어두컴컴한 빈민굴이 있는데, 출입구가 낡고 환기가 잘 안 되며 수도시설도 없는 황량한 높은 집들이 있다. 이런 집에는 문자 그대로 주민들이 벌떼처럼 살고 있다. 보통 한 층에 3~4가구가 있는데, 아마 20명 정도가 살고 있을 것이다. 어떤 경우에는 각 층 복도도 잠자는 곳으로 임대되곤 하는데, 15~20명이 방 하나에 차곡차곡 채워진다(숙박한다고 말하기가 무섭다). 이런 지역에는 사회에서 가장 가난한 자, 가장 타락한 자, 가장 쓸모없는 자들이 살고 있으며, 또한 무시무시한 전염병의 근원지이기도 하다. 여기서 전염병이 시작하여 글래스고 전역을 황폐화시키면서 퍼져나간다는 생각이 든다.

여기서 수직공(手織工)의 상태를 조사하는 정부감독관 시먼스(J. C. Symons)가 도시의 이러한 지역을 어떻게 묘사하고 있는지를 한번 보자.[144]

---

143) Liberties. 죄수들의 출입이 허용된 지역 – 옮긴이.
144) 1839년 에든버러에서 J. C. Symons가 쓴 논문 「국내와 국외에서의 기술과 장인Arts and Artisans at Home and Abroad」의 저자 자신이 스코틀랜드인이며 자유당 당원이었다. 따라서 노동자계급의 모든 자율적인 운동에 광적으로 반대했다. 여기에 인용된 구절은 이 논문 116쪽 이하이다.

대륙과 여기서 나는 열악한 지역의 비참함을 본 적이 있었다. 그러나 글래스고의 뒷골목을 방문할 때까지는 문명국가에 그렇게 많은 범죄, 빈곤, 질병이 존재할 수 있다는 사실을 믿을 수가 없었다. 열악한 숙박소에서는 10명, 12명의 사람이 때로는 헐벗은 정도를 불문하고 마룻바닥에서 함께 잠을 잔다. 이러한 집들은 대개 너무 눅눅하고 더럽고 황폐하여 일반 사람은 누구나 자기의 말조차 그곳에 묵게 하려고 하지 않는다.

그리고 다른 곳에서는 다음과 같이 말한다.

글래스고의 골목들에는 많을 때 30,000명, 적을 때 15,000명이 살고 있다. 이 구역은 좁은 골목과 둥그런 후미진 지역을 가지고 있으며 그 한가운데에는 분뇨더미가 있다. 이 지역의 외관이 혐오스럽기도 했지만 나는 아직 불결함과 불행함에 대한 준비를 미처 하지 못하였다. 우리가(경찰국장, 밀러[Miller] 반장, 시먼스) 밤중에 방문한 어떤 숙박소에서 마루 위에 사람들이 겹쳐서 누워 있는 것을 보았는데 그 수는 15~20명이었으며 일부는 옷을 입고 있었지만 여타 사람들은 옷도 입지 않고 있었으며 남자와 여자가 서로 뒤섞여 자고 있었다. 그들의 침대는 곰팡이가 난 짚과 누더기를 섞어 만든 것이었다. 거기에는 아무런 가재도구도 없었으며 이러한 동굴 같은 곳에 사람이 산다는 느낌을 주는 유일한 것은 난롯불이었다. 절도와 매음이 여기 사는 사람들의 주요한 생존수단이다. 스코틀랜드 왕국 제2의 도시 한 중심부에서, 이러한 더러운 외양

간, 이러한 복마전, 이러한 범죄, 부패 그리고 역병의 뒤얽힘을 깨끗이 하려는 사람은 아무도 없다. 다른 도시의 가장 열악한 지역을 더 조사해보아도 도덕적, 신체적 감염에 있어서나 인구의 조밀도에 있어서나 여기의 절반만큼이라도 나쁜 어떠한 곳도 찾을 수 없다. 이 지역 대부분의 집들이 길드조합에 의해서 거주하기에 지극히 부적당한 곳이라고 공포되었음에도 이곳에서 가장 조밀하게 사람들이 밀집해 살고 있는 것은 법률에 따라 이 집들에 대해서는 집세를 부과하지 않기 때문이다.

…… 스톡포트에서 북동쪽으로 몇 마일 떨어진 곳에 이 지역에서 가장 새로운 공업도시의 하나인 애슈턴이 있다. 이 도시는 아래로 테임(Tame)강과 운하가 지나가는 언덕의 비탈에 자리잡고 있으며 전반적으로 보다 새롭고 보다 정규적인 계획에 따라 지어졌다. 언덕을 따라 평행으로 놓여 있는 5~6개의 거리들이 계곡 방향으로 아래를 향한 다른 거리와 직각으로 교차하고 있다. 비록 강과 운하가 가까이 있어 공장이 검은 연기를 내뿜으면서 밀집해 있는 계곡으로 공장들을 모두 끌어내지 못하였지만, 위에서 말한 방법으로 본래의 도시 안에서는 공장들이 사라지게 되었다. 이러한 정리과정을 통해 애슈턴은 다른 여러 도시들보다도 훨씬 아름다운 모습을 갖게 되었다. 거리는 넓고 보다 깨끗하며 집들도 새롭고 연붉은색으로 편안하게 보인다. 그러나 노동자 주택을 현대적으로 짓는 방법에는 불리한 점이 있다. 모든 거리에는 숨겨진 뒷골목이 있고 그것은 모두 매우 더럽다. 그리고 내가 생각하는 몇몇 건축물을 제외하고는 50년 이상 갈 수 있

는 건축물을 본 적이 없었지만 애슈턴의 거리에서는 집들이 점점 나빠지고 집구석의 벽돌이 더 이상 튼튼하지 못하여 부스러져 어긋나 있으며 벽들도 갈라진 틈이 있지만 수성 석회도료로 메우려고 하지도 않는다. 거리가 불결하고 매연으로 더럽혀졌다는 측면은 결코 이 지역의 다른 도시들과 차이가 나는 것은 아니며 단지 애슈턴에서는 그것이 일반적인 것이 아니라 예외적인 것일 뿐이다.

…… 이러한 소도시들만 보아도 충분하다. 각자는 자신의 특수성을 가지고 있지만 노동자들은 맨체스터에서와 사는 방식이 거의 비슷하다. 따라서 나는 특히 이들 소도시의 특별한 측면만을 그려보았고, 맨체스터 노동인구의 상태에 관한 보다 일반적인 고찰은 이러한 주변 도시들에도 마찬가지로 적용될 수 있음을 확인할 수 있다.

…… 도시 자체는 독특하게 지어져 있기 때문에 어떤 사람이 자신의 일과 즐거운 산책에만 신경 쓴다면 그는 노동자 거주 지역이나 노동자들을 접촉하지 않고도 매일 왔다 갔다 하며 여러 해를 살 수 있다. 이는 주로 공공연한 의식적인 결정에 의해서뿐만 아니라 무의식적이고 암묵적인 합의에 의해서 노동자 거주 지역은 중간계급을 위해 남겨둔 도시의 다른 부분과 철저히 분리되어 있다는 사실 때문이다. 또는 그렇게 되어 있지 않은 경우 자선이라는 구실 아래 노동자 거주 지역은 감추어지기 때문이다. 맨체스터는 그 심장부에 반 마일 정도의 길이와 폭을 가지는 상당히 넓은 상업지역을 보유하고 있으며, 대부분은 사무실과 상점으로 가득 차 있다. 거의 전 지역이 밤에는 사람이 거주하지 않고 버려져 외롭고 인적이 없는 거리로 변

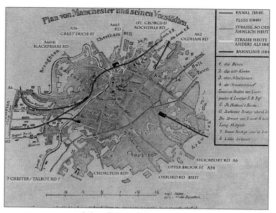

맨체스터와 그 외곽도시 계획도.

한다. 단지 야경꾼과 경찰만이 어두침침한 등불을 들고 골목길을 순
찰한다. 이 지역은 교통이 매우 집중되어 있고 화려한 상점들이 줄
지어 있는 간선도로에 의해 갈라진다. 이러한 거리의 고층건물에서
는 밤늦게까지 많은 사람들이 업무를 보고 있다. 이 상업 지역을 제
외하고 맨체스터 본래의 지역 전체, 샐퍼드와 흄의 전 지역, 펜들턴
과 콜튼의 대부분의 지역, 아드윅의 2/3 그리고 치덤 힐과 브로턴의
한 지역 등은 모두 순전히 노동자만 거주하는 지역인데, 상업 지역
의 주변을 마치 허리띠처럼 평균 1과 1/2마일의 폭으로 둘러싸고 있
는 지역이다. 이러한 지역을 넘어서면 상층 및 중층 부르주아지들이
살고 있으며 중층 부르주아지들은 대개 노동자 거주 지역 가까이에
있는 거리에 터를 잡고 있는데 특히 콜튼과 치덤 힐의 낮은 지대에
서 더욱 그러하다. 콜튼과 아드윅에서, 또는 치덤 힐의 시원한 바람
이 부는 고지에서, 브로턴과 펜들턴에서는 상층 부르주아지들이 멀

리 떨어져 있는 정원을 갖춘 별장에서, 자유롭고 건강에 좋은 시골 공기 속에서, 편안하고 안락한 가정에서 생활하면서, 전용마차를 이용해 시내에 들어와 반나절 또는 하루의 1/4을 보내곤 한다. 그리고 가장 훌륭한 장치는 금융 귀족들이 지름길로 노동자 거주 지역을 통과하여 자신의 사업 지역에 도달한다. 그럼으로써 그들은 자신의 사업 지역이 왼편과 오른편에 숨어 있는 냉혹한 비참함의 한가운데 있다는 사실을 몰라도 된다.

상업 지역으로부터 시내 밖으로 나가는 모든 간선도로의 양쪽에는 중층 또는 하층 부르주아지에 의해 운영되는 상점들이 줄지어 있다. 이들은 자기 이익 때문에 고상하고 깨끗한 외모를 좋아하고, 또 좋아할 수 있다. 사실 이러한 상점들은 그 뒤에 있는 지역과 밀접한 관련을 맺고 있으며, 상업 지구와 거주 지역에서는 비참한 노동자 거주 지역을 배후로 하고 있을 때보다 상점들이 더욱 우아해 보인다. 그러나 이 상점들은 강한 위와 약한 신경을 가진 부자들의 눈으로부터 그들 부의 보완물을 형성하는 비참함과 냉혹함을 감추기에 충분하다. 그래서 예를 들어 구 교회(the old church)로부터 곧바로 남쪽으로 이어지는 딘스게이트(Deansgate) 거리에는 먼저 방앗간과 백화점이 줄지어 있고, 다음에 이류 상점과 맥줏집이 있다. 더 남쪽으로 가면 상업 지역이 사라져 덜 좋아 보이는 상점들이 있고, 그것들은 맥줏집과 선술집으로 더욱 더러워지고 방해를 많이 받는다. 더 남쪽으로 내려가 마침내 남쪽 끝에 이르면 상점들의 겉모습이 노동자만이 고객이라는 사실을 확실히 해준다. 상업 지역에서 남동쪽으로 뻗어 있는 시장 거리에는 처음에 사무실, 백화점 등 최상의 화려한 상점들이 있고, 다음으로 피커딜리[145], 거대한 호텔 그리고 백화점 등이 서있으며, 더 가면 런던 로드(London Road)가 나오고 메들록 주변에 공장과 술집, 노동자와 비천한 부르주아들을 위한 상점들이 있으며, 여기서 더 나아가면 보다 부유한 상인들과 기업들의 별장과 큰 정원이 있다. 이런 식으로 해서 맨체스터를 알고 있는 사람은 누구나 간선도로의 외형만을 보고도 그 주변 지역을 유추할 수 있다. 나는 이러한 위선적인 도면이 모든 대도시에 일반적이고 공통적이라는 사실을 알고 있다. 나는 소매상들이 자기 사업의 성질상 큰길가를 차지하지 않을 수 없다는 사실도 알고 있다. 그러나 동시에 나는 맨체스터처럼 노동자계급이 간선도로로부터 그토록 체계적으로 배제되고, 부르주아지의 신경과 눈에 거슬리는 모든 것들이 그토록 유연하게 잘 감춰진 곳을 본 적이 없다. 그러나 다른 측면에서 맨체스터는 여타 도시들과 비교할 때, 관청의 통제와 계획에 따라 체계적으로 건설된 도시라기보다는 자연발생적으로 성장한 도시이다. 그리고 이러한 연관에서 노동자계급이 훌륭하게 잘 살고 있다는 중간 계급의 열렬한 확신을 생각해볼 때, 나는 자유주의적 기업주들, 즉 맨체스터의 '중요 인물들(Big Wigs)'이 결국 이런 미묘한 건축방식에 관한 일에 그렇게 무지하지는 않다는 느낌을 떨쳐버릴 수가 없다.

---

145) 피커딜리(Piccadilly)는 런던의 하이드파크 코너(Hyde Park Corner)와 헤이마켓(Haymarket) 사이의 번화가 – 옮긴이.

주요 직물 산업의 공장 노동자

······ 공장주가 노동자를 강제적으로 지배하는 제도적 방법은 두 가지가 있다. 물품 임금제(Trucksystem)와 오막살이 제도(Cottagesystem)이다. ······ 오막살이 제도는 물품 임금제보다 훨씬 나은 것 같지만 똑같이 노동자를 노예로 만든다. 변두리에 있는 공장 주위에서 노동자들의 숙박시설은 대체로 매우 빈약하다. 공장주들은 흔히 노동자 숙박시설을 짓고 있으며, 또 기꺼이 그렇게 한다. 이를 통해 공장주들은 투하자본보다 훨씬 많은 이익을 올리고 있기 때문이다. 노동자 주택의 소유자가 자기가 투자한 자본에 대해 평균 6퍼센트의 이익을 얻는다면, 공장주가 노동자에게 빌려준 오막살이집은 이것보다 두 배 많은 이익을 가져다준다. 공장주는 자기의 공장이 완전히 문을 닫지 않는 한 항상 이 오막살이집으로부터 가장 정확하게 집세를 지불하는 세입자를 확보할 수 있기 때문이다. 그러므로 그는 다른 주택 소유주가 걱정하는 두 가지 중요한 불이익을

당하지 않는다. 즉 공장주의 오막살이집은 결코 비어 있는 법이 없고 집세를 받지 못할 위험도 전혀 없다. 오막살이집의 집세는 정상적인 주택 소유자와 동일한 수준을 받아도 이러한 장점이 충분히 발휘될 수 있을 만큼 높다. 따라서 공장주는 이러한 투자로부터 12~14퍼센트의 이익을 얻는다. 공장주가 자기와의 경쟁에서 배제된 주택 소유주에 비해 두 배의 이익을 얻는다는 것은 명백히 불공정한 것이다. 더욱이 무산계급은 자기 주머니에서 자기가 벌어들인 소득을 매일 지출해야 하는데, 공장주가 이로부터 초과 이윤을 얻는다면 이는 엄청나게 잘못된 것이다.

그러나 공장주의 부(富) 전체는 그에게 고용된 노동자로부터 나온 것이기 때문에 이것은 이상한 일이 아니다. 그러나 (흔히 일어나는 일이지만) 공장주가 정상적인 집세보다 더 높은 집세를 받기 위해 노동자를 해고로 위협하여 자신의 오두막에 입주할 것을 요구할 때는 파렴치한 행위가 된다! 자유주의적 일간지 『선』은 『핼리팩스 가디언』에 실린 글을 인용하여 올드햄, 로치데일 등에서 수백 명의 노동자들이 고용주의 오막살이집을 사용하건 안 하건 관계없이 집세를 지불할 것을 강요받고 있다고 폭로했다. 시골에서 오막살이 제도는 보편적으로 나타난다. 그것은 하나의 마을을 이루고 있다. 오막살이집을 둘러싼 공장주 사이의 경쟁은 거의 없기 때문에 공장주는 시장법칙과 무관하게 사실상 마음대로 주택 가격을 정할수 있다. 공장주가 노동자와 분쟁상태에 있을 경우, 이 오막살이 제도는 공장주에게 어떤 힘을 부여하는가? 노동자들이 파업할 경우,

공장주는 그의 오막살이를 폐쇄하기 위해 일주일 전에 통보하기만 하면 된다. 그 후 노동자들은 빵뿐 아니라 잠자리까지 잃게 되는데, 방랑자는 법의 아량에 따라 감옥에 들어갈 수밖에 없다.

…… 농노는 토지에 얽매여 있으며(glebae adscriptus, bound to the soil), 자유로운 노동자는 오막살이 제도에 속박되어 있다. 농노는 영주에게 신부에 대한 초야권(jus primae noctis, the right of the first night)을 넘겨주어야 하는 반면, 자유로운 노동자는 요구만 있으면 항상 자신의 매일 밤의 권리를 고용주에게 넘겨주어야 한다. …… 자유로운 노동자도 재산을 소유하고 있지 않다. 노동자는 경쟁의 압력 때문에 아무런 재산도 축적할 수가 없다. 근대의 공장주는 노르만의 귀족보다 더 심하게 착취한다. …… 그러나 자유로운 노동자는 그 무엇에 의해서도 생계수단을 보장받지 못한다. 노동자는 부르주아지가 그의 노동을 필요로 하는 곳에서만 일거리를 얻을 수 있기 때문이다. 그렇지 않을 경우 노동자는 무시되며 존재하지 않는 것처럼 취급된다. …… 그러나 기만적으로 은폐된 노예들은 적어도 외형상으로는 자유를 누리고 있다. 대중의 여론은 자유의 이념에 대해 애정을 표하고 있다. 자유의 원리가 확인되고 있다는 점에서 이것은 농노의 노예상태와 비교해볼 때 역사적인 진보이다. 그리고 억압된 노동자들은 언젠가 이 원리가 실제로 성취되는 것을 보게 될 것이다. ……

4

1905~1907년 제1차 러시아 혁명기의
사회민주주의 농업강령
The Agrarian Programme of Social-Democracy
in the First Russian Revolution, 1905-1907

1907년 11월부터 12월까지 집필.
1908년 처음 발표.
『레닌전집』(제4판) 제13권.

제3장 국유화와 자치체 소유화의
이론적 기초

  일반적으로 농업강령의 문제에 관해 사회 민주주의적 출판물의 거의 대부분이 갖는 결점, 그리고 특히 스톡홀름 대회의 토론의 결점은 실천적인 고려가 이론적인 고려보다 강하고, 정치적인 고려가 경제적인 고려보다도 강하다는 점이다.[146] 물론 우리 대부분에게는 나름대로의 변명이, 즉 우리가 혁명 속에서 농업문제를 심의해야 하는 긴장된 당 임무가 있다. 그것은 우선 1905년 1월 9일 이후 폭발까지의 수개월 사이이며(1905년 봄 런던에서 볼셰비키파 러시아 사회민주노동당[R.S.D.L.P.] 제3차 대회와 동시에 제네바에서 개최된 소수파 협의

---

146) 「노동자당의 농업강령」의 수정 팸플릿에서 나는 마르크스주의 농업강령의 이론적 전제를 아주 확고히(팸플릿 자체가 간략하지만) 언급한 스톡홀름 대회를 옹호했다. 그 팸플릿에서 나는 "국유화의 노골적인 부정"은 "마르크스주의의 이론적 왜곡이다."라고 했다. 또한 '스톡홀름 회의'에 제출한 내 보고서의 구판(舊版) p. 27~28을 보라. "엄밀하게 과학적인 관점에서, 일반적인 자본주의 발전 조건의 관점에서 우리는 확실히 말한다. (우리가 『자본론』 제3권과 다르기 원치 않는다면) 토지국유화는 부르주아 사회에서 가능하다. 그것은 경제발전을 촉진시키며, 경쟁과 농업으로의 자본 유입을 수월하게 하고 곡물 가격을 낮춰준다." 같은 보고서 p. 52를 보라 : "그들(우익인 사회민주당)은 약속을 했음에도 불구하고 농업에서의 부르주아 혁명을 '논리적' 결론으로 정하지 못하고 있다. 자본주의 하에서 유일한 '논리적' (그리고 경제적) 결론은 토지국유화이며, 그것은 절대지대의 폐지이다." – 레닌의 주.

회), 또한 12월 봉기[147] 직후이고 제1차 두마(Duma) 직전의 스톡홀름 대회의 시기이다. 그러나 어쨌든 이러한 결점은 이제 시정되어야 하며, 국유화(nationalisation)와 자치체 소유화(municipalisation) 문제의 이론적 측면의 분석이 특히 필요하다.

토지국유화란 무엇인가?

우리는 앞서 현재 일반적으로 승인되고 있는 명제에 관해 널리 통용되고 있는 정식을 인용했다.

"모든 나로드니키(Narodnik) 그룹[148]은 토지국유화에 찬성하고 있다."

그러나 이렇게 널리 통용되고 있는 정식은 사실 매우 부정확한 것이며, 다양한 정치적 경향의 대변자들 사이에서 이러한 '국유화'에 관해 가지고 있는 생각이 실제와 어느 정도 일치하는가를 고려한다면 이 정식에서 '일반적으로 승인된 사실'은 매우 적다. 농민 대중은 자연발생적으로 토지를 요구한다. 왜냐하면 그들은 농노제적 대토지 소유에 압박받고 있으며, 또한 인민에게로의 토지의 이전이란 문제에 정확한 경제학적 관념을 전혀 결부시키지 못하고 있기 때문이

---

147) 레닌은 1905년 12월 12~17일(구력)까지 탐폐레(Tampere, Tammerfors; 핀란드 남서부 피르 칸마주에 있는 도시)에서 열린 R.S.D.L.P 제1차 협의회의 농업문제에 대한 토론을 언급하고 있다. 이 문제에 대한 보고서는 레닌이 작성했다. 제3차 당 회의의 결정을 추진하면서, 협의 회는 모든 국가, 교회, 수도원, 황실, 사유지의 몰수 등을 포함하여 농민에 대한 혁명적 조치를 지원하는 데 요구되는 사항들을 강령에 포함시키는 게 필요하다는 것을 알았다. 협의회는 농촌 프롤레타리아의 독립적 조직의 필요성에, 또 그들의 이해는 농촌 부르주아지의 그것과 화해할 수 없다는 것을 보여주는 데 각별히 주의를 기울였다.

148) 19세기 후반 러시아에서 서구식 자본주의를 비판하고 농촌 공동체에서 공산주의 사회의 모태를 찾았던 그룹. 청년 귀족과 급진적 지식인들을 중심으로 일어난 농업 중심의 사회주의를 내세웠다 – 옮긴이.

다. 말하자면 농민들에게는 고통 속에서 생겨나 오랜 압박을 통해 강해진 매우 절박한 요구만이 있다. 즉 소규모 농업을 혁신하고 강화하며 공고히 하고 확대하여 그것을 지배적인 것으로 하자고 요구하고 있다. 농민들이 바라는 것은 지주의 대토지 소유가 자신들의 손에 이전되는 것이다. 농민들은 이 투쟁에서 집단으로서의 모든 농민의 통일이라는 막연한 관념을 토지의 인민적 소유라는 단어로 포장한다. 농민은 토지소유자로서의 본능에 이끌리지만, 이렇듯 뒤죽박죽된 모든 중세적 토지소유제도가 지속되는 한, 농민은 현재의 중세적 토지 소유 형태의 끊임없는 파편화에 의해서, 또 토지를 소유하는 데 필요한 요건들에 완전히 부합하게 토지경작 방식을 재편하는 것이 불가능하기 때문에 토지 소유에 방해를 받는다.

지주제를 폐지하고 분여지적 토지 소유(allotment landownership)라는 **족쇄**를 폐지하는 것은 경제적 필연인데, 이 두 제도야야말로 농민의 국유화 사상을 말살하는 부정적 개념이다. 소위 지주적 대토지 소유를 소화할 혁신된 소경영에 필요한 토지 소유 형태는 결국엔 어떤 것인가에 대해 농민은 생각하지 않는다.

농민의 요구와 희망을 나타내고 있는 나로드니키 이데올로기에서도 국유화 개념(애매모호한 사상)의 부정적 측면들이 의심할 여지도 없이 팽배해 있다. 낡은 장애요소들의 제거, 지주의 정리, 토지의 '경계폐지(unfencing)', 분여지적 토지 소유라는 족쇄의 제거, 소농의 강화, '불평등'(즉 지주의 대토지 소유)의 "평등, 박애, 자유"로의 대체 등이 나로드니키 이데올로기 내용의 거의 전부를 설명하고 있다. 토지에 대한 평등한 권리, 균등한 토지 보유, 사회화 같은 것들이 모두 같은 사상의 다른 표현 형태에 지나지 않는다. 이들은 대부분 부정적 개념이다. 나로드니키는 새로운 질서를 사회경제적 관계의 일정한 제도로서 이해하지 않기 때문이다. 나로드니키는 현재의 토지 혁명을 농노제, 불평등, 억압 일반으로부터 평등과 자유로의 이행으로 간주한다. 그것이 바로 스스로 건설하고자 하는 새로운 사회의 자본주의적 성질을 보지 못하는 부르주아 혁명가의 전형적인 인식의 협소함이다.

나로드니키주의의 천진난만한 견해와는 대조적으로 마르크스주의는 발흥하고 있는 새로운 체제를 연구한다. 농민 경영이 가장 자유스런 경우조차, 인민의 토지나 어느 누구의 것도 아닌 토지 또는 '신의' 토지를 점유하고 있는 소자작농이 가장 완전한 평등을 누리는 경우조차, 우리 앞에는 상품 생산의 체제가 있다. 소생산자는 시장에 얽매여 종속되어 있다. 생산물의 교환으로부터 화폐의 위력이 발생하고, 농산물이 화폐로 전화함에 따라서 노동력은 화폐로 전화한다. 상품 생산은 자본주의적 생산으로 된다. 그리고 이 이론은 도그마가 아니라 러시아 농민경영에서도 발생하고 있는 것을 단순히 묘사하고 일반화하는 것이다. 농민경영이 토지 부족과 지주의 억압, 토지 소유의 중세적 관계와 제도의 강제, 굴레와 전횡으로부터 자유로울수록 농민경영 속에서 자본주의적 관계는 훨씬 강력하게 발전한다. 이는 개혁 후의 러시아 역사 전체가 밝힌 조금도 의심할 여지가 없는 사실이다.

결국 **경제적 현실**의 관점에서 볼 때, 토지국유화 개념은 상품 생산과 자본주의 사회의 범주이다. 이러한 개념에서 현실적이라는 것은 농민이 생각하는 것도 아니고 나로드니키가 말하는 것도 아니며, 현재 사회의 경제적 관계로부터 발생하는 것을 말한다. 자본주의적 관계 하에서 토지국유화는 지대를 국가에 귀속시키는 일이며 그 이상도 그 이하도 아니다. 그렇다면 자본주의 사회에서 지대란 무엇인가? 그것은 토지로부터 나오는 수입 일반은 아니다. 그것은 자본의 평균이윤을 공제하고 남은 잉여가치의 일부이다. 따라서 지대는 농업에서의 임노동과 경작자의 자본주의적 농업경영자 또는 기업가로의 전화를 전제로 한다. (순수한 형태의) 국유화는 임금노동자에게 임금을 지불하고 자기자본의 평균이윤을 수취하는 농업기업가로부터 국가가 지대를 수취하는 것이라 할 수 있다. 여기에서 평균이윤이란 어느 한 국가 또는 여러 국가군(群)의 농업기업과 비농업기업 모두에게 평균적으로 보장되는 것을 의미한다.

이와 같이 국유화의 이론적 개념은 지대론, 즉 자본주의적 사회에서 특수한 계급(토지 소유 계급)의 특수한 소득 형태인 자본주의적 지대와 불가분하게 연결되어 있다.

마르크스의 이론은 지대를 두 가지 형태로 구분한다. 즉 차액지대와 절대지대이다. 차액지대는 토지의 한계성으로부터 발생하며 토지가 자본주의 경제에 의해 점유되어 있는 사실의 결과인데, 이 경우 토지의 사유가 존재하는지 그렇지 않은지, 또는 토지 소유의 형태가 어떠한지는 전혀 별개이다. 개개의 농장들 사이에는 토지의 비옥도, 시장에 대한 거리, 토지에 대한 추가 투하자본의 생산성 면에서 불가피한 차이가 발생한다. 간단히 말하자면 그러한 차이는 우등지와 열등지의 차이로 총괄할 수 있다(하지만 이러한 차이가 다양한 원인에 의해서 발생한다는 사실을 잊어서는 안 된다). 나아가 농산물의 생산가격은 중위토지의 생산조건이 아니라 열등지의 생산조건이 결정한다. 이는 우등지의 생산만으로는 수요를 충당할 수 없기 때문이다. 개개의 생산가격과 최고 생산가격의 차이가 차액지대를 형성한다(마르크스가 말하는 생산가격은 생산물을 생산하기 위해 지출된 자본에 자본의 평균이윤을 더한 것임을 기억하라).

차액지대는 자본주의적 농업에서는 비록 토지의 사유가 완전히 폐지된다 해도 불가피하게 형성된다. 토지의 사유 아래서 이 지대는 토지소유자가 수취(收取, appropriate)한다. 왜냐하면 자본 간의 경쟁에 의해서 소작농은 자본의 평균이윤에 만족하도록 강요받기 때문이다. 토지의 사유가 폐지되는 경우에 그 지대는 국가로 귀속될 것이다. 자본주의적 생산양식이 존재하는 한 그 지대는 폐지할 수 없다.

절대지대는 토지의 사유로부터 발생한다. 이 지대에는 독점의 요소와 독점가격의 요소를 포함하고 있다.[149] 토지의 사유는 자유경쟁과 이윤의 평균화를 방해하며, 농업기업과 비농업기업에서 평균이윤이 형성되는 것을 방해한다. 그리고 농업은 공업보다 기술수준

---

149) In Part 2 of Volume II of Theories of Surplus Value. 마르크스는 여기서 차액지대론의 본질을 밝히고 있다. 농산물의 독점가격론과 차액지대론을 밝히고 있다. 마르크스는 여기서 차액지대론의 본질을 밝히고 있다. 농산물의 독점가격론과 차액지대론. 그는 절대지대가 독점의 요소를 가지고 있는 한 이 두 이론은 옳다는 것을 보여주고 있다. 애덤 스미스의 이론에 관한 것은 p. 125를 보라. "사적 토지 소유가 평균보다 높은 수준의 고정이윤에 의해 이윤의 평균을 방해하는 한 지대가 독점가격이라는 것은 명백한 사실이다." – 레닌의 주.

이 낮으며, 자본의 구성도 불변자본에 대한 가변자본의 비율이 더 높은 특성을 지니고 있어서 농산물의 **개별적 가치**는 평균보다 높다. 그래서 토지의 사유는 농업기업의 이윤이 비농업기업의 이윤과 같게 되도록 자유로이 평균화되는 것을 방해하고, 농산물이 최고의 생산가격이 아니라 그것보다도 훨씬 높은 생산물의 개별적 가치로 판매될 가능성을 부여한다(생산가격은 자본의 평균이윤에 의해서 결정되는 반면에, 절대지대는 평균보다 높은 수준에서 개별적 가치를 독점적으로 고정시킴으로써 이러한 '평균'의 형성을 방해하기 때문이다).

이처럼 차액지대는 모든 자본주의적 농업 형태에 불가피하게 존재하는 고유한 특징이다. 절대지대는 모든 자본주의적 농업 형태에 고유한 것이 아니라, 토지의 사유가 있는 경우에만, 역사적으로[150] 형성된 농업의 후진성과 독점에 의해 고정화된 후진성이 있는 경우에만 생겨난다.

카우츠키는 다음의 문장에서 이러한 두 종류의 지대를 특히 토지 국유화에 대한 그들의 관계라는 점에서 비교하고 있다.

지대가 차액지대인 한 그것은 경쟁에 의해 발생한다. 지대가 절대지대인 한 그것은 독점에 의해 발생한다. …… 지대 그 자체는 실제로 아무런 구별없이 나타난다. 우리는 어느 부분이 차액지대이고 어느 부분이 절대지대인지 말할 수 없다. 게다가 지대는 보통 토지소유자가 행한

---

150) 『잉여가치론*Theories of Surplus Value*』(Vol. II, Part I 독일어판) p. 259를 보라. "농업에서 는 아직도 손노동이 지배적이다. 반면에 자본주의적 생산양식은 농업보다 더 빨리 공업을 발전시킨다. 하지만 그것은 곧 사라질 역사적 특징이다." (또한 p. 275, and Vol. II, Part 2, p. 15도 보라.) – 레닌의 주.

자본투자에 대한 이자와 혼동된다. 또한 토지소유자가 농업경영자인 경우에 지대는 농업이윤의 일부로서 나타난다.

그렇지만 이 두 가지 지대의 구별은 매우 중요한 의의를 지닌다.

차액지대는 생산의 자본주의적 성격으로부터 발생하는 것이지 토지의 사유로부터 발생하는 것은 아니다.

차액지대는 (독일에서) 토지 개혁론자가 요구하는 것처럼 토지가 국유화되어도 농업의 자본주의적 경영이 그대로 유지된다면 계속 존속할 것이다. 하지만 그 경우 지대는 개인에게 유입되는 것이 국가로 유입된다.

절대지대는 토지의 사유로부터 발생하는 토지소유자의 이익과 나머지 사회구성원 간 이익의 대립에서 발생한다. **토지의 국유화는 절대지대를 폐지하고 그 액수만큼 농산물의 가격을 인하시킬 가능성이 있다** (강조는 인용자).

차액지대와 절대지대 사이의 두 번째 차이점은, 전자는 농산물 가격에 영향을 미치는 요소가 되지 않지만, 후자는 그 요소가 된다는 점이다. 차액지대는 생산가격에서 발생하고, 절대지대는 생산가격을 초과하는 시장가격에서 발생한다. 차액지대는 잉여, 즉 우등지 또는 보다 우량한 위치에 있는 토지에서 더 큰 노동생산성을 통해 특별이윤이 발생한다. 절대지대는 농업노동의 일정 부분의 잉여수익에서 발생하는 것이 아니다. 따라서 절대지대는 토지소유자의 수익으로 취득 가능한 가치량의 **공제**(deduction), 즉 다량의 잉여가치의 공제, 따라서 이윤의 저하 또는 임금으로부터의 공제에 의해서만 가능하다. 식량의 가격이 상승하고 또 임금이 상승하면 자본의 이윤은 저하한다. 임금의 상승 없이

위쪽부터 시계 방향으로 카메네프,
마슬로프, 슈타엔베르크, 슈라프니코프.

식량의 가격이 상승한다면 노동자가 손해를 본다. 결론적으로 노동자와 자본가 모두 절대지대에 의해 발생하는 손실을 함께 입게 되며 이러한 사실은 통상적으로 받아들여지고 있다.[151]

이와 같이 자본주의 사회에서 토지국유화의 문제는 본질적으로 다른 두 가지 부분으로 나타난다. 즉 차액지대의 문제와 절대지대의 문제가 그것이다. 국유화는 전자의 소유자를 변화시키지만 후자의 존재 그 자체를 없애지는 못한다. 그래서 국유화는 한편으로 자본주의 한계 내에서의 부분적 개량(잉여가치 일부에서 소유자의 변동)이며, 다른 한편으로는 자본주의 전반의 발전을 방해하는 독점을 폐지하는 것이다.

이러한 두 가지 측면, 즉 차액지대의 국유화와 절대지대의 국유화를 구별하지 않는다면 러시아에서 국유화 문제의 경제적 의의를 충분히 이해할 수 없다. 그렇지만 이것은 우리가 여기서 절대지대론에 대한 마슬로프(P. Maslov)의 부정을 검토하도록 해준다.

------

151) K. Kautsky, *The Agrarian Question*, German original, pp. 79~80-레닌의 주.

국유화는 어떤 조건으로 실현될 수 있는가?

마르크스주의자들의 경우에 국유화는 자본주의가 고도로 발전한 단계에 이르러 '농경자와 토지소유자를 분리하는'(차지[借地]와 부동산 저당[mortgage]에 의해서) 조건을 충분히 갖춘 다음에야 비로소 실현가능하다는 견해를 자주 보인다. 그들은 경제구조에 아무런 영향을 미치지 않고 토지국유화 이전에 자본주의적 대규모 농업이 이미 형성되어 있어야 한다는 것을 전제하고 있다.[152]

이 견해가 과연 올바른가? 이론적으로는 논증할 수 없다. 마르크스를 직접 인용한다고 해서 지지될 수 있는 것도 아니다. 경험은 오히려 그 반대의 사실을 이야기한다.

이론적으로 국유화는 농업에서 '이상적(理想的)으로' 순수한 자본주의의 발전을 나타내는 것이다. 자본주의 사회에서 국유화를 허용하는 여러 조건들의 결합과 그러한 역관계가 역사상 흔히 생길 수 있는가 하는 것은 별개 문제이다. 그러나 국유화는 자본주의의 급속한 발전의 결과일 뿐만 아니라 그 조건이기도 하다. 국유화는 농업에서 자본주의가 아주 고도로 발전할 때만 가능하다고 여기는 것은 **부르주아적** 진보의 수단으로서 국유화를 부정하는 것이다. 농업 자본주의의 고도의 발전은 어디서든지 '농업생산의 사회화', 즉 사회주의 혁명을 이미 일정 속에 넣고 있기 때문이다(다른 나라들에서도 때가 되면 불가피하게 일정에 넣을 것이기 때문이다). 부르주아적 방법, 즉

---

152) 이는 토지분할의 옹호자 보리소프 동지가 주장한 견해의 가장 정확한 표현 중 하나이다 …… 결국 그것(토지국유화에 대한 요구)은 역사에 의해 제기될 것이며, 프티부르주아적 농업이 사라지고 자본주의가 농업에서 강력한 지위를 획득했을 때 제기될 것이다. 그때 러시아는 더 이상 농업국가가 아닐 것이다.(『스톡홀름 회의의 회의록』, p. 127) – 레닌의 주.

부르주아적 진보의 방법은 프롤레타리아트와 부르주아지 사이의 계급투쟁이 매우 첨예화되는 경우에는 고려되지 않는다.

이러한 방법은 오히려 아직 강력하지 못하며 모순이 절정에 달하지 않고 직접적으로 사회주의 혁명을 노릴 정도의 힘센 프롤레타리아트가 아직 출현하지 않은 '초기' 부르주아 사회에서나 가능하다. 그래서 마르크스는 1848년 독일 부르주아 혁명의 시대만이 아니라 1846년의 미국에서도 국유화가 가능하다고 생각하고 때로는 그것을 분명히 옹호하기도 했다. 미국에 관해서 그는 당시 매우 정확하게 '공업적' 발전을 **막 시작했을 뿐**이라고 서술하고 있다. 다양한 자본주의 국가들의 경험은 순수한 형태로서 토지국유화의 예를 우리에게 전혀 보여주지 않고 있다. 그것과 어느 정도 비슷한 것을 뉴질랜드에서 볼 수 있다. 뉴질랜드는 초기 자본주의의 민주주의 국가이며, 거기에서는 농업 자본주의가 고도로 발전한 흔적이 보이지 않는다. 또한 국가가 홈스테드법(the Homestead Act)[153]을 통과시켜 명목적인 지대로 땅을 소경영주에게 분배했을 때의 미국에서도 어느 정도 비슷한 것이 존재한다.

아니다. 국유화를 고도로 발전된 자본주의 시대와 연관시키는 것은 부르주아적 진보의 수단이 되는 국유화를 부정하는 것이다. 그리고 이 부정은 경제이론과 완전히 모순된다. 나는『잉여가치학설사』의 다음과 같은 고찰에서 마르크스는 보통 가정하는 **것과는 다른** 국유화 실현의 조건을 시사하고 있다고 생각한다.

---

153) 1862년 미국에서 제정된 법률로, 서부의 미개발 토지를 한 구역당 160에이커(약 20만 평)씩 무상으로 제공한다는 내용의 '자영 농지법'이다 – 옮긴이.

토지소유자는 자본주의적 생산에서 완전히 불필요한 것이란 점, 그리고 토지가 국가에 속한다면 자본주의적 생산의 목적은 '완전히 합치된다는' 점을 지적한 후 마르크스는 다음과 같이 말하고 있다.

"그러므로 급진 부르주아지는 이론적으로는 토지 사유를 부정하기에 이른다. …… 하지만 실제로 그는 용기가 부족하다. 하나의 소유형태, 즉 노동조건과 관련된 사적 소유에 대한 공격이 다른 형태에는 아주 위험한 것이 될 것이기 때문이다. 더욱이 부르주아지 자신이 토지소유자가 된다."(『잉여가치학설사』 제2권, 제1부, p. 208)

마르크스는 여기서 국유화 실현에 대한 걸림돌로 농업 자본주의 국가의 미발달을 언급하지는 않는다. 그는 다른 두 개의 걸림돌을 언급하고 있는데, 그들은 국유화가 **부르주아 혁명의** 시대에 실현 가능하다는 사상에 아주 열렬히 찬성하고 있음을 표현하고 있다.

첫 번째 걸림돌 : 급진적 부르주아지는 모든 사적 소유(사유재산)에 대한 사회주의적 공격의 위험, 즉 사회주의 혁명의 위험 때문에 사적 토지 소유(사유지)를 공격할 **용기가 결여되어 있다.**

두 번째 걸림돌 : "부르주아지 자신이 토지소유자가 된다." 마르크스는 분명히 부르주아 생산양식은 이미 자신을 사적 토지 소유 안에 고정시키고, 즉 이 사적 소유가 봉건적이기보다는 오히려 훨씬 부르주아적인 것으로 되었다는 점을 염두에 두고 있다. 계급으로서 부르주아지가 광범하고 상당히 큰 규모로 자기 자신을 **이미** 토지 소유에 연관시켰을 때, 또 **이미** "스스로 토지소유자가 되고", "토지에 정착하여" 토지 소유를 자신에게 완전히 종속시켰을 때, 국유화를 위

한 부르주아지의 진정한 **사회운동은 불가능하다**. 어떤 계급도 자기 자신에 반대되는 것을 하지 않는다는 간단한 이유 때문에 그것은 불가능하다.

이러한 두 가지 걸림돌은 일반적으로 자본주의의 말기가 아니라 그 초기에만, 사회주의 혁명의 전야가 아니라 부르주아 혁명의 시기에만 제거할 수 있다. 국유화가 고도로 발전한 자본주의 하에서만 실현 가능하다는 견해는 마르크스주의적이라고 부를 수 없다. 그것은 마르크스 이론의 일반적 전제와도 모순되고 앞서 인용한 그의 말과도 모순된다. 그것은 이러저러한 세력들과 계급들에 의해서 수행되는 국유화의 역사적이고 구체적인 조건들의 문제를 **지나치게 단순화하고**, 그것을 도식적이고 아주 추상적인 것으로 만든다.

'급진적 부르주아지'도 자본주의가 크게 발전한 시기에는 **용감할 수 없다**. 그러한 시기에 이 부르주아지는 전체가 불가피하게 반혁명적이 된다. 그러한 시기에 부르주아지의 거의 완전한 '토지소유자화(territorialisation)'는 이미 불가피하다. 이와 반대로 부르주아 혁명 시기의 **객관적** 조건은 '급진적 부르주아지'를 용감하게 만든다. 그들은 그 시기의 역사적 문제를 해결하고 있으며, 계급으로서 부르주아지는 아직 **프롤레타리아** 혁명을 두려워하지 않기 때문이다. 부르주아 혁명 시기에 부르주아지는 **아직 토지소유자가 되지 않았다**. 그 시대에는 여전히 봉건제가 너무 깊이 스며 있다. 거기에서 부르주아 농민 **대중**이 토지 소유의 **주요한** 형태들에 맞서 싸우고, 그를 위해 **완전한** 부르주아적 '토지해방(liberation of the land)', 즉 **국유화**를 실제로 실현하려는 현상이 가능해진다.

이들 모든 점에서 러시아 부르주아
혁명은 특히 좋은 조건에 있다. 순전히
경제적인 관점에서 비판한다면, 우리는
러시아의 토지 소유제에는 지주 토지
소유와 농민 분여지 소유 모두에 봉건
제의 잔재들이 최대로 존재한다는 점을
분명히 인정해야만 한다. 이러한 상황   스톨리핀.

아래서는 자본주의적인 공업이 비교적 발전한 것과 농촌의 극심한
후진성 사이의 모순이 놀랄 정도로 나타나고, 그것은 객관적인 원인
들 때문에 부르주아 혁명을 매우 힘들게 만들며, 가장 급속한 농업
진보의 조건들을 창출한다. 토지국유화는 확실히 우리나라의 농업
에서 가장 급속한 자본주의적 진보를 위한 조건이다. 우리 러시아에
는 아직 '토지소유자'가 되지 못하고 현재 프롤레타리아트의 '공격'을
두려워하지 않는 '급진 부르주아지'가 있다. 이 급진 부르주아지는
러시아의 농민이다.

이러한 관점에서 보면 토지국유화에 대한 러시아의 자유주의적 부
르주아 대중과 러시아 농민 대중 사이의 태도의 차이는 확실히 명료
해진다. 자유주의적인 지주, 변호사, 대공업가, 상인 이들 모두는 충
분히 '토지소유자화'되어 있다. 그들은 프롤레타리아트의 공격을 두
려워하지 않을 수 없다. 그들은 스톨리핀의 카데트(Stolypin-Cadet)[154]

---
154) 표트르 아르카디예비치 스톨리핀(Pyotr Arkadyevich Stolypin; 1862~1911)은 1906년 7월 21
  일부터 1911년 9월 18일에 암살될 때까지 차르 니콜라이 2세 치하에서 대신회의의장(총리)

의 길을 선호하지 않을 수 없다. '농민'은행이 겁에 질린 지주에게 대출해주는 거액의 자금이 지금 황금의 강물이 되어 지주, 정부관료, 법률가, 상인들에게 흘러들어가고 있다는 것을 생각해보라! 카데트 제도 아래서 '지불상환(redemption payments)'이라는 이 황금의 강은 약간 다른 방향으로 흐르고, 아마 약간 덜 풍부할 것이다. 하지만 그것은 여전히 수억의 돈이며 똑같은 손에 흘러들어갈 것이다.

토지 소유의 **모든** 옛 형태를 혁명적으로 전복하는 경우 정부 관료나 법률가는 1코펙(Kopek; 러시아 화폐의 최소단위)도 얻어낼 수 없다. 또한 전체 상인은 상류계층으로부터 무언가를 직접 강탈할 가능성보다 장차 국내 농민시장이 확대되는 것을 더 선호할 정도로 선견지명은 없다. 옛 러시아에 의해 벼랑 끝으로 내몰리고 있는 농민만이 토지소유제도의 완전한 혁신을 위해 싸울 수 있다.

결론

농업문제는 러시아 부르주아 혁명의 기초로서 이 혁명의 민족적 특성을 규정짓고 있다. 이 문제의 본질은 러시아 농업제도에, 나아가 모든 사회정치제도 속에 존재하는 지주제와 농노제의 잔재를 철폐하려는 농민들의 투쟁이다.

유럽계 러시아의 1,500만 농가가 7,500만 데시아틴(dessiatins)[155]의 토지를 가지고 있다. 주로 귀족지주이며 일부는 졸부인 3만 명의

을 역임했다. 카데트는 제정러시아 말기에 부르주아적인 성격을 띠었던 정당으로, 1905년에 지방자치기구인 젬스트보를 움직였던 자유주의적인 지주, 기업가, 지식인들이 결성했다 – 옮긴이.

155) 러시아 차르 시절의 면적 단위로, 1데시아틴은 2.702에이커(10,926.512㎡) – 옮긴이.

지주가 500데시아틴 이상씩, 모두 합쳐 7,000만 데시아틴을 가지고 있다. 이것이 현실의 주요한 배경이다. 이는 러시아 농업제도에서, 나아가 러시아 국가 및 러시아의 생활 전반에서 봉건지주가 우위를 점하고 있는 주된 이유이다. 경제학적인 의미에서 봉건지주는 대토지소유자이다. 그들의 토지 소유의 기초는 수세기에 걸친 귀족들의 토지 약탈의 역사에 의해 이루어진 것이다. 그들의 현재 농업경영의 기초는 고역제도, 즉 의무적인 봉사인 부역(賦役, corvée)의 직접적인 유제이며 농민의 농기구에 의한 토지경작과 끝없이 다양한 방식으로 가하는 소(小)농경자의 예속이나 다름없는 형태이다. 즉 동계(冬季) 고용, 연차지(annual leases), 분익차지(half-share métayage), 노동지대에 기초한 차지, 채무노예, 절취지(cut-off lands)와 삼림 그리고 초지 및 용수에 의한 예속화 등 **끝이 없다**(ad infinitum). 러시아의 자본주의적 발전은 그 반세기 동안 급속하게 진전되었기 때문에 농업에서 농노제의 유지가 **절대적으로** 불가능하고, 농노제의 철폐는 폭력적 위기, 전국적 혁명이라는 형태를 취하게 되었다. 그러나 부르주아 국가에서 농노제의 철폐는 두 가지 길이 가능하다.

농노제의 철폐는 봉건적인 지주경영이 서서히 융커―부르주아적 경영으로 전개되면서 농민 대중이 토지 없는 머슴(landless husband-men)과 농노(Knechts)로 전락하고, 빈민대중의 낮은 생활수준이 폭력적으로 유지되며, 자본주의 하의 농민들로부터 불가피하게 창출되는 부유한 부르주아 농민인 소수의 대농(Grossbauern)의 발흥에 의해서도 가능하다. 검은 백인단(the Black-Hundred)156)에 속한 지주들과 그들의 총리 스톨리핀은 바로 이 길을 선택했다. 그들은 낡아빠진 중세적 토지 소유 형태를 폭력적으로 파괴하지 않는 한 러시아 발전의 길을 뚫을 수 **없다는** 사실을 인식하고 있었다. 따라서 그들은 **지주의 이익을 위해** 용감하게 파괴해 나갔다. 그들은 최근까지 관료와 지주 사이에 널리 퍼져 있던 반(半)봉건적 공동체에 대한 연민을 떨쳐버렸다. 그들은 공동체를 폭력적으로 파괴하기 위해 모든 '입헌적' 법률을 회피했다. 그들은 부농들(the kulaks)에게 농민 대중을 약탈하고 낡은 토지 소유를 파괴하며 수천 개의 농민경영을 파괴할 수 있는 **백지위임장**(carte blanche)을 일임했다. 자신들의 계급지배를 유지하기 위해서는 다른 방도가 **없다**. 그들은 자본주의적 발전과 싸우는 것이 아니라 자본주의적 발전에 적응해야 한다는 사실을 인식하기 때문이다.

그리고 자신들의 지배를 유지하기 위해 다름 아닌 바로 농민 대중에 **대항하여** 라주바예프와 콜루파예프157)와 같은 '졸부'들과 동맹을 맺었다. 그들에게는 이 콜루파예프 후예들에게 부자가 되라 (Enrichisez-vous), 우리는 당신에게 1루블로 100루블을 얻도록 해주겠다, 그 대신 새로운 조건 하에서 우리의 권력의 기초를 구하는 데 일조하라고 소리치는 것 이외의 대안이 없다. 이와 같은 발전의 길은

---

156) 러시아어로 '초르나야 소트냐'라 불리는 제정러시아의 초민족주의 운동이다. 이 운동의 지지자를 '체르노 소텐치'라고 했다. 이들은 로마노프 황실을 철저히 지지했으며, 제정러시아의 전제군주제로부터 조금의 변화도 용납하지 않으려 했다 – 옮긴이.

157) 라주바예프(Razuvayev)와 콜루파예프(Kolupayev)는 러시아 풍자작가 살티코프 시체드린 (Saltykov-Shchedrin)이 묘사한 자본주의적 사기꾼의 유형이다 – 옮긴이.

그 실현을 위해 농민 대중 및 프롤레타리아트에 대한 대규모의 체계적이고 난폭한 **폭력**을 필요로 한다. 그래서 지주적 반혁명은 전면에 걸쳐 폭력을 조직하기 위해 서두르는 것이다.

또 다른 발전의 길은 첫 번째의 프로이센적인 길과 구별하여 자본주의 발전의 아메리카적인 길이라 불린다. 이 길도 낡은 토지 소유를 폭력적으로 파괴할 것을 요구한다. 러시아 자유주의의 어리석은 속물들만이 러시아에서 믿기 어려운 정도로 첨예화된 위기가 고통 없이 평화롭게 끝날 수 있다고 망상한다.

그러나 이 필연적이며 불가피한 파괴는 농민 대중의 이익에 맞게 수행될 수는 있지만 지주의 이익에 맞게 수행될 수는 없다. 자본주의적 발전의 기초가 되는 것은 지주 경영을 완전히 배제한 자유로운 농업기업가군(mass of free farmers)이다. 이 지주경영형태는 **대체로** 경제적으로 반동적인 반면에 자유로운 농업경영의 요소들은 그 나라의 경제사에 의해 농민층 가운데서 **창출되기** 때문이다. 이러한 자본주의적 발전의 길에서 국내시장이 급속히 성장하고 주민 전체의 생활수준, 능력, 독창력 및 문화가 향상되기 때문에 자본주의의 발전이 매우 넓고 자유롭게 그리고 급속히 **진행될 것이다.** 러시아의 거대한 식민예비지(lands available for colonisation)는 본토의 농민에 대한 억압과 농업정책에 대한 봉건적·관료주의적 시행 때문에 이용에 큰 제약이 있다. 이 예비지는 농업의 급속한 확대와 생산의 증대를 양질 모두에서 촉진하기 위한 경제적 기초를 마련해줄 것이다.

이와 같은 발전의 길은 지주적 토지 소유의 폐지만을 요구하는 것은 아니다. 봉건적 지주의 지배는 수세기에 걸쳐 국내의 **모든** 토지 소유와 농민의 분여지나 비교적 자유로운 변경지방의 이주민의 토지 소유에도 자신의 각인을 새기기 때문이다. 다시 말해서 전제정부의 이주정책은 옹졸한 관료의 아시아적인 간섭이 스며들어 있다. 관료는 이주민이 자유롭게 정착하는 것을 방해하고, 새로운 농업관계에 큰 혼란을 일으키며, 중앙 러시아의 봉건적 관료주의의 해악을 러시아의 변경으로까지 전염시켰다.[158] 러시아에서는 지주적 토지 소유뿐만 아니라 농민적 분여지 소유도 중세적이다. 농민적 분여지 소유는 매우 혼란스럽다. 이는 농민을 수천 가지 소단위로, 중세적인 유형으로, 신분적 범주로 세분하고 있는데, 농민의 토지 관계에 대한 중앙권력과 지방권력의 오만한 간섭의 아주 오랜 역사를 반영하고 있다. 또 이는 농민을 고립시키고 재정적, 연대납세적(連帶納稅的, tax-levying) 특성의 중세적 소조합으로, 분여지 보유를 위한 조합으로, 즉 촌락공동체로 몰아넣는다. 러시아의 경제적 발전은 **실제로** 농민을 이러한 중세적 환경으로부터 끌어내준다. 한편으로는 분여지를 임대하거나 포기하게 함으로써, 다른 한편에서는 매우 다양한 토지 소유 형태, 즉 사유 분여지, 차지 분여지, 구매 소유지, 차지 지주지, 차지 국유지 등의 **일부에서** 미래의 자유로운 농업기업가(혹은 러시아의 미래의 융커적 대농)적 경영 체계가 창출됨으로써 말이다.

러시아에서 **진정** 자유로운 농업기업가적 경영을 확립하기 위해서

---

158) Mr. A. Kaufman, *Migration and Colonisatian*, St. Petersburg, 1905. 이 책은 아주 훌륭한 '자유주의적인' 러시아 변경 정책의 역사에 대해 그 윤곽을 제시해준다. 그는 봉건적 지주 관료주의에 지나치게 관대하다 – 레닌의 주.

는 모든 지주의 토지나 분여지도 '경계철폐'가 필요하다. 중세적 토지 소유의 모든 체계를 폐지하고 모든 토지가 자유로운 토지에 기초하여 자유로운 경영주 앞에 평등해져야 한다. 토지의 교환, 자유로운 이주 선택, 개선 그리고 낡은 연대납세적 촌락공동체 대신에 자유롭고 새로운 협동조합의 설립 가능성을 최대한 창출해야 한다. 바야흐로 모든 토지로부터 모든 중세적 잡동사니를 '일소'해야 한다.

이 경제적 필연성은 토지의 국유화, 사적 토지 소유의 폐지, **모든** 토지의 국가 소유로의 이전으로서, 이는 농촌이 봉건적 관계와 완전히 단절하는 것을 표현하고 있다. 이러한 경제적 필연이야말로 러시아 농민 **대중**을 토지국유화의 지지자로 만든다. 소규모 자작농 대중은 1905년 '농민동맹대회'와 1906년의 '제1차 두마'에서, 그리고 1907년의 '제2차 두마'에서도, 다시 말해서 혁명의 제1기 전체를 통해 국유화의 찬성을 선언했다. 그들이 찬성한 것은 '공동체'가 그들에게 특수한 '맹아', 특수하고 부르주아적이 아닌 '노동원리'를 불어넣었기 때문이 아니다. 오히려 생활이 그들에게 중세적 공동체와 중세적 분여지 제도로부터의 **해방**을 요구했기 때문이다. 그들이 찬성한 것은 사회주의 농업의 확립을 원하거나 건설할 수 있었기 때문이 아니라, 진정 부르주아적인 소경영 건설, 다시 말해서 **모든** 농노제적 전통으로부터 가능한 해방된 경영을 원해왔고 또한 가능했기 때문이다.

이와 같이 러시아 혁명에서 투쟁하고 있는 계급들의 토지의 사적 소유에 관한 문제에 대해 독특한 태도를 규정짓는 것은 우연이거나 여러 교의의 영향(근시안적인 사람들은 이렇게 생각할지 몰라도)이 아니다. 이 독특함은 러시아에서 자본주의 발전의 여러 조건들과 발전의 현 시기에서 자본주의의 요구에 의해 완전히 해명된다. 모든 검은 백인단의 지주, 반혁명적 부르주아지 전체(10월당주의자들[the Octobrists]이나 **카데트**도 여기에 포함된다)가 토지의 사적 소유에 찬성했다. 모든 농민들과 모든 프롤레타리아트들은 토지의 사적 소유에 반대했다. 융커·부르주아적 러시아를 만들기 위한 개량적인 길에 따르면, 필연적으로 낡은 토지 소유의 기초를 유지하고 인민대중은 고통 속에서 서서히 자본주의에 적응해 나가야 한다. 구질서를 타도하는 혁명의 길은 그 경제적 기초로서 러시아의 모든 낡은 토지 소유 형태를 낡은 정치제도와 함께 모두 폐지할 것을 불가피하게 요구한다. 제1기 러시아 혁명의 경험은, 혁명이 농민적 토지 혁명으로만 승리할 수 있으며, 농민적 토지 혁명은 토지의 국유화 없이는 역사적 사명을 완전히 달성할 수 없음을 명확히 입증해주었다.

물론 국제 프롤레타리아 당이며 전 세계 사회주의의 목표를 스스로에게 부과하고 있는 사회민주당은 어떤 부르주아 혁명의 그 어떤 시대와도 동일시할 수 없으며, 그 운명을 부르주아 혁명의 결과에 맡길 수도 없다. 그 결과가 어떠하든 우리는 근로 대중을 위대한 사회주의의 목표로 확고히 이끌어갈 독자적이고 순결한 프롤레타리아 당으로 남아야 한다. 따라서 우리는 부르주아 혁명의 어떠한 성과도 영구적일 것이라고 보장할 수는 없다. 부르주아 혁명 그 자체가 지닌 모든 성과의 비영속성과 내적 모순은 이 혁명에 내재하는 특징이기 때문이다. '반동의 부활을 방지하는 보장책'의 '발명'은 수

박 겉핥기식 사고의 산물일 뿐이다. 우리의 유일한 임무는 사회주의 혁명을 위해 프롤레타리아트를 결집시키고, 구질서와의 모든 투쟁을 가능한 한 단호한 형태로 지지하며, 발전해 나가는 부르주아 사회에서 프롤레타리아트의 가장 좋은 조건을 위해 싸우는 것이다.

그러나 여기서 불가피한 결론은 러시아의 부르주아 혁명에서 우리 사회민주당의 강령은 토지의 국유화**일 수밖에** 없다는 것이다. 우리 강령의 다른 모든 **부분들**과 마찬가지로 우리는 토지의 국유화를 정치적 개혁의 일정한 형태 및 일정한 단계와 결부시켜 제기해야 한다. 정치혁명의 범위와 토지혁명의 범위는 같을 수밖에 없기 때문이다. 우리 강령의 다른 모든 부분들과 마찬가지로 우리는 토지의 국유화를 소부르주아적 환상과 '기준'에 대한 인텔리겐차적이고 관료적인 수단와, 그리고 공동체의 강화나 균등한 토지용익에 대한 반동적 수단와 엄격히 구분해야 한다. 프롤레타리아트의 이익이 요구하는 것은 여러 부르주아 혁명을 위한 특수한 '계획' 혹은 '체계'를 창안하는 것이 아니라, 단지 혁명의 객관적 조건을 **일관되게** 표현하고 이 객관적이며 경제적으로 피할 수 없는 조건들을 환상과 공상으로부터 분리하는 것이다. 토지의 국유화는 농업 분야에서 중세적인 것을 완전히 청산하는 유일한 방법일 뿐만 아니라 자본주의 하에서 생각할 수 있는 최선의 농업관계의 형태이다. ……

1907년 11~12월.

5

국가론 노트
― 마르크스주의 국가론 ―
Marxism on the state

LENIN
COLLECTED
WORKS

VOLUME
33
August 1921
March 1923

THE NEW ECONOMIC POLICY AND THE TASKS OF THE
POLITICAL EDUCATION DEPARTMENTS ∙ ELEVENTH
CONGRESS OF THE R.C.P.(B) ∙ ON CO-OPERATION ∙
HOW WE SHOULD REORGANISE THE WORKERS' AND
PEASANTS' INSPECTION ∙ BETTER FEWER, BUT BETTER

◆

1916년 말에서 1917년 1월까지 집필.
1930년 Lenin Miscellany ⅩⅣ에 처음 발표.
『레닌전집』(러시아어 제5판)
제33권(1962년).

주택문제[159]

『**주택문제**』(1872)에는 프롤레타리아트의 독재와 국가의 문제에 관해 (이것과 관련이 있는) 주목할 만한 부분이 많다.

그러면 주택문제를 어떻게 해결할 것인가? 오늘날 그것은 다른 모든 사회문제와 마찬가지로 해결된다. 즉 수요와 공급의 점진적인 균형에 의해 해결된다. 그러나 이러한 해결방도는 그 자체가 문제를 새로이 발생시키며 따라서 그것은 아무런 해결방도도 되지 못하는 것이다. **사회혁명**이 이 **문제**를 어떻게 **해결할** 것인가 하는 것은 각각의 상황에 의존할 뿐만 아니라 한층 더 광범한 문제와도 관련이 있는데, 그중 가장 근본적인 문제는 **도시와 농촌의 대립**을 폐지하는 문제다. 미래의 사회구조에 관한 공상적 학설을 꾸며내는 것은 우리의 일은 아니므로 이 점을 상세히 논할 필요는 더 이상 없다. 다만 한 가지, 즉 대도시에는 현재 이

159) Lenin, *Marxism on the State*, Progress Publishers, Moscow, 1984, p 38~41.

미 주택이 충분히 있으므로 이 건물들을 합리적으로 이용하는 경우에는 실제적인 주택난을 즉시 완화할 수 있으리라는 점만은 확실하다. 물론 이것은 **현재의 소유자들을 수탈하든가**, 또는 집 없는 노동자들이나 지금의 집에 지나치게 많이 살고 있는 노동자들을 소유자들의 집에 이주시키는 **방법에 의해서만** 실현될 수 있다.

그리고 프롤레타리아트가 정권을 쟁취하자마자 공공복지의 명령에 따른 이러한 방책은 오늘날의 국가에 의한 기타의 수탈 및 주택 점유와 마찬가지로 매우 쉽게 실현될 것이다.(독일어 1887년판, p. 22)

이 글에서는 프롤레타리아 독재의 하나의 기능, 자본주의로부터 완전한 공산주의로의 이행시기에 **국가**(프롤레타리아의 결합체)가 수행해야 하는 하나의 임무가 분명히 표현되어 있다.

이러한 일은 **국가권력을 혁명적으로** 이용하지 않고는 곧바로 시작될 수 없다.

26페이지에서는 다음과 같이 대단히 중요한 의견을 지적하고 있다. 즉 신용·국채·조세 등과 같은 문제는 부르주아지, 특히 소부르주아에게는 큰 이해관계가 있지만, 노동자에게는 거의 아무런 이해관계도 없다는 사실이다. 조세는 결국 노동력의 생산비에 들어간다.
: "…… 국채! 노동계급은 자신들이 그것을 발행하지 않았다는 것을 알고 있으며 그들이 권력을 장악한 후에는 그것을 발행한 사람에게 그것을 상환하게 해야 한다는 것을 알고 있다."(p. 26)

9페이지 "…… **아마 미래에도 시작은 프랑스인에 속할 것이지만, 승리는 오직 독일에서만 쟁취될 수 있을 것이다.** ……" (또한 이것과 동일한 취지로 10페이지에[1887년 1월 10일자의 서문에서] 다가올 **혁명**, '봉기'에 관하여, 그리고 '영광스러운 군대'를 구성하는 '농민의 자식'의 혁명적 활동 등에 관하여 서술하고 있다.)

같은 책, 36~37페이지 : "…… 그러나(도시와 농촌의 대립을 폐지할 필요에 관해 논한 뒤) 모든 사회혁명은 최초에는 사물을 그대로 받아들이고 또한 **기존수단에 의해 가장 극심한 해악을 시정해야 할** 것이다. 그리하여 우리가 이미 보아온 것처럼 주택난은 유산계급이 가지고 있는 화려한 주택들의 일부를 수탈하고, 그 나머지 부분에 사람들을 강제적으로 거주시킴으로써 곧바로 해소될 수 있을 것이다."

(p. 55), 프루동주의자들은 코뮌 내에 수많은 대표를 가지고 있었다. …… 코뮌의 모든 경제적 시책을 '추진하는 정신'의 근간을 이룬 것은 어떤 원칙들이 아니라 단순한 실천적 요구였다는 것은 코뮌의 최대 **명예**이다.

"바로 그렇기 때문에 이 경제적 시책(빵 굽는 사람들의 야간 노동의 폐지, 공장에서의 벌금의 금지, 휴업중인 공장과 제작소의 몰수 및 노동조합으로의 이양)은 결코 프루동의 정신에 합치하는 것이 아니라 독일의 과학적 사회주의의 정신에 합치하는 것이다. 프루동주의자들이 실시한 유일한 사회적 시책은 프랑스 은행의 몰수를 거부한 것이다. 이것은 코뮌이 패배한 원인 중 하나였다. ……"(p. 55)

블랑키주의자는 …… "프롤레타리아트의 정치활동이 필요하고,

또한 계급의 폐지로의, 그와 함께 국가의 폐지로의 과도기로서 프롤레타리아 독재가 필요하다고 표명한 독일의 과학적 사회주의의 견해(이미 『공산당 선언』에서 표명되고 그 이후 수없이 표명되어온 견해)를 거의 글자 한 자 틀림없이" 선언했다. (코뮌 망명자의 선언, p. 55~56)

엥겔스는 국가의 '폐지'라고 '무심코 얘기하고 있다!' 그러나 이것에 구애받는 것은 우스운 다리걸이에 걸려 넘어지는 것이다. : 결정적인 것은 국가의 폐지와 함께 '계급도 함께'라는 구절이다!!

56페이지 중간은 그대로 지나치고, 그다음에 : "…… 혁명 속에, **가장 폭력적인 운동 속에** '있다'란? ……" ('있다'라는 단어를 비웃었던 것. 혁명의 정의로서 나쁘지 않다.)

57페이지 : "…… 모든 정당은 국가에서 지배를 획득하려 하는 만큼 독일 사회민주당도 필연적으로 **자기의** 지배, 노동계급의 지배, 즉 '계급적 지배'를 획득하려고 노력한다. 그리고 영국 차티스트를 비롯하여 모든 참다운 프롤레타리아 당은 항상 프롤레타리아트를 독립된 정당으로 조직하는 것과 계급정책을 첫 번째 조건으로 내세웠으며 또 **프롤레타리아트**의 **독재**를 투쟁의 직접적 목적으로 내세웠다."(p. 57)

"…… 그러나 근로 인민에 의한 모든 노동도구, 모든 공업의 '사실상의 점유'라는 것은 프루동주의자의 '상환'과는 정반대의 것임을 확인하여 두지 않으면 안 된다. 후자의 경우에는 **개개의 노동자**가 주택, 농지, 노동도구의 소유자가 된다. 전자의 경우에는 '근로 인민'이 가옥, 공장 및 노동도구의 총체적 소유자로 남는다. 적어도 과도기에는 이러한 가옥, 공장 등등의 이용권은 비용의 보상 없이는 개인이나 또는 조합에 제공되지 않을 것이다. 이와 마찬가지로 토지 소유의 폐지는 지대의 폐지를 예상하는 것이 아니라, 물론 변형된 형태이지만 지대를 사회에 양도할 것을 예상하는 것과 마찬가지다. 따라서 근로 인민에 의한 모든 노동도구의 사실상의 점유는 임대차 관계의 유지를 결코 배제하는 것은 아니다."(p. 68)

"대체로(p. 69) 프롤레타리아트가 권력을 장악했을 때 생산도구·원료·생활수단을 간단히 무력으로 장악할 것인가, 혹은 그것에 대한 보상을 즉시 지불할 것인가, 아니면 그 소유권을 장기분할 상환할 것인가 하는 점은 문제가 아니다. 그런 문제에 대해 미리 모든 경우를 답하는 것은 유토피아를 날조하는 일이기 때문에 나는 그런 작업을 다른 사람에게 맡기고자 한다."(p. 69)

'일반적으로 문제는 결코 프롤레타리아트가 권력을 장악한 후 생산도구, 원자재 및 생활수단을 순전히 폭력으로써 탈취할 것인가, 또는 이에 대해 즉시 보상할 것인가, 또는 이 재산을 분할 지불하여 점차로 상환할 것인가 하는 데 있는 것이 아니다. 이 문제에 대해 미리, 또 있을 수 있는 모든 경우에 적절히 답하려는 것은 공상을 꾸며낸다는 것을 의미할 뿐이다. 그러므로 나는 이러한 일을 다른 사람에게 일임하려 한다.

『프랑스의 계급투쟁』에 대한 엥겔스의 서문에 관해 카우츠키는 『신시대』(1909) 제27년차, 제2권, 416페이지(『지조 없는 엥겔스』)에서 다음과 같이 쓰고 있다. "엥겔스의 원고에는(카우츠키는 그 바로 전에도 이것에 관해 쓴 적이 있다) 혁명적인 입장이 힘주어 강조되고 있지만, 그러한 혁명적인 부분은, 내가 받은 보고가 정확하다면, 베를린에서 동지 리하르트 피셔(Richart Fisher)에 의해 원고에서 **삭제되었다**. ……"

또한 『신시대』 제17년차, 제3권(1898~1899, 제28호)에서 베른슈타인과 논쟁을 주고받았다. : "…… 독일의 친구들은 결론 부분이 **매우 혁명적이기 때문에**(강조는 카우츠키) 삭제하자고 그(엥겔스)에게 강조했다."(p. 47)

『신시대』 제27년차, 제1권(1908. 10. 2), 6~7페이지, 『계급투쟁』에 대한 엥겔스의 서문에 관해 엥겔스가 카우츠키에게 보낸 편지.

또한(보다 상세하게는 : 카우츠키에게 보낸 엥겔스의 편지에서의 인용을 실은)『권력에의 길』중 관련 부분을 참조하라.

6

국가와 혁명

Государство и Революция /
The State and Revolution

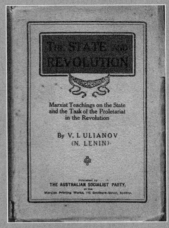

1917년 8월에서 9월 사이에 집필.
1918년 팸플릿으로 발행.
『레닌전집』(제4판) 제25권.

제4장 보론 - 엥겔스의 보충설명[160]

마르크스는 코뮌의 경험이 갖는 의미에 대해 기본적인 것들만 언급했다. 엥겔스는 동시대의 그 주제에 초점을 맞춰 마르크스의 분석과 결론을 설명하고, **또 다른** 면에서 상세한 해석을 가해 그 문제에 관해 특별히 다루어야 할 필요성을 느끼게 할 만큼 이 주제를 특별히 다루고 있다.

주택문제

엥겔스는 그의 저작 『주택문제』(1872)를 통해 코뮌의 경험을 언급하면서, 국가와 관련하여 혁명이 수행해야 할 임무를 다루었다. 이같은 특정 주제를 다루면서 한편으로는 프롤레타리아 국가와 현재의 국가 사이의 유사성, 다른 한편으로는 양자 간의 차이점, 또는 국가의 파괴로의 이행을 지적했다는 점이 주목할 만하다.

---

160) Lenin, *Collected Works*, Vol. 25, pp. 437~440.

그러면 어떻게 주택문제를 해결할 것인가? 그것은 현대사회에서 다른 모든 사회문제와 마찬가지로 해결된다. 즉 수요와 공급의 점진적인 경제적 균형에 의해 해결된다. 그러나 이러한 해결방도는 그 자체가 끊임없이 문제를 새로이 발생시키며, 따라서 그것은 아무런 해결방도도 되지 못한다. 사회혁명이 이 문제를 어떻게 해결할 것인가는 각각의 상황에 의존할 뿐만 아니라 한층 더 광범한 문제와도 관련이 있다. 그중 가장 근본적인 문제는 도시와 농촌의 대립을 폐지하는 문제다. 미래의 사회구조에 관한 공상적인 학설을 꾸며내는 것이 우리의 일이 아니기 때문에 더 이상 이 점을 상세히 논할 필요는 없다. 다만 한 가지, 즉 대도시에는 현재 이미 주택이 충분하기 때문에 이 건물들을 합리적으로 이용할 경우에는 실질적인 '주택난'을 즉시 완화할 수 있으리라는 점만은 확실하다. 물론 이것은 현재의 소유자들을 수탈하든가, 또는 집 없는 노동자들이나 지금의 집에 지나치게 많이 살고 있는 노동자들을 소유자들의 집에 이주시키는 방법에 의해서만 실현될 수 있다. 그리고 프롤레타리아트가 정권을 쟁취하자마자 공익(common good)에 따른 이러한 방책은 오늘날의 국가에 의한 기타의 수탈 및 주택점유와 마찬가지로 매우 쉽게 실현될 것이다.(독일어판 1887년, 22쪽)

위에서 엥겔스가 검토한 것은 국가 권력의 형태 변화가 아니라 단지 국가 권력의 활동 내용이다. 수탈과 주택 점유 등은 현존하는 국가의 명령에 의해서도 수행될 수 있다. 형식적인 관점에서 보면, 프롤레타리아 국가도 거주 지역을 분배하고 주택을 몰수하는 '명령을 내릴' 것이다. 그러나 부르주아지와 관련된 기존의 행정기구나 관료제가 프롤레타리아 국가의 명령을 수행하는 데 전혀 부적절하다는 것은 명백하다.

> …… 근로 인민에 의한 모든 노동도구, 전체 공업의 '사실상의 점유'라는 것은 프루동주의자의 '상환'과는 정반대의 것임을 확인해두지 않으면 안 된다. 후자의 경우에는 **개개의 노동자**가 주택, 농지, 노동도구의 소유자가 된다. 전자의 경우에는 '근로 인민'이 가옥, 공장 및 노동도구의 총체적 소유자로 남는다. 적어도 과도기에는 이러한 가옥, 공장 등의 이용권은 비용의 보상 없이는 개인이나 또는 조합에 제공되지 않을 것이다. 이와 마찬가지로 토지 소유의 폐지는 지대의 폐지를 예상하는 것이 아니라, 물론 변형된 형태이긴 하지만 지대를 사회에 양도할 것을 예상하는 것과 마찬가지이다. 따라서 근로 인민에 의한 모든 노동도구의 실질적 점유는 임대차관계의 유지를 결코 배제하는 것은 아니다.(68쪽)

우리는 여기서 다른 문제, 소위 국가의 사멸을 위한 경제적 토대에 관한 문제를 다음 장에서 살펴보게 될 것이다. 엥겔스는 프롤레타리아 국가가 '적어도 이행기 동안에는' 대가 지불 없는 주택의 사용을 '거의 허용하지 않을 것'이라고 말하기를 아주 조심스러워 한다. 전체 인민의 소유인 주택을 개별 가족들에게 임대하는 데에는 임대차의 집단화와 어느 정도의 통제 그리고 주택분배에 대한 어떤 기준의 설정 등이 전제되어야 한다. 이 모든 것들이 곧 어떤 국가 형태를 필요로 하지만, 그렇다고 특별히 특권적 지위를 누리는 관료들로 이루어진 특수군대나 관료기구를 필요로 한다는 것은 결코 아니다. 임대료 없는 거주지 공급이 가능해질 수 있는 상황으로의 이행이란 국가가 완전히 '사멸하느냐 마느냐'에 달려 있다.

코뮌 이후의, 그리고 코뮌 경험의 영향 하에 있는 마르크스주의의 근본적인 견해에 대한 블랑키주의적 해결책을 언급하면서, 엥겔스는 내친김에 이 견해를 다음과 같이 정식화한다.

> ······ 프롤레타리아트에 의한 정치적 행동의 필연성, 계급의 그리고 이와 함께 국가의 폐지로 이행하는 과정에서 프롤레타리아 독재의 필연성(55쪽)······

쓸데없는 비판에 물들어 있는 자들이나, '마르크스주의를 근절하려는' 부르주아지에게는 '국가의 폐지'라는 **인식**과, 『반뒤링론』(1878)에서 인용된 위의 문장이 보여주는 정식을 무정부주의적인 것이라고 거부하는 것 사이에는 모순이 있는 것처럼 보일 것이다. 기회주의자들이 엥겔스도 역시 하나의 "무정부주의자"라고 분류하는 것은 그리 놀라운 일이 아니다. 그러한 분류는 사회배외주의자들이 무정부주의를 주창하는 국제주의자들을 단죄하는 가운데 점점 일반화되고 있기 때문이다.

마르크스주의는 계급의 폐지와 더불어 국가도 폐지될 것이라는 점을 늘 가르쳐왔다. 『반뒤링론』에 실린 '국가의 사멸'에 관한 유명한 논문은, 무정부주의자들이 국가의 폐지를 단순히 좋아하기 때문이 아니라, 국가가 '하룻밤 사이에' 폐지될 수 있다는 주장을 하기 때문에 무정부주의자들을 비판한다는 점을 명백히 밝히고 있다.

현재 횡행하는 '사회민주주의적인' 교의가 국가의 폐지라는 문제를 놓고 마르크스주의와 무정부주의 사이의 관계를 완전히 왜곡했기 때문에 마르크스와 엥겔스가 무정부주의자들에 대해 어떻게 대응했었는지를 보여주는 명확한 논쟁을 되새겨보는 것이 특히 유용할 것이다.

부록

▶

한국경제와 주택건설의 제문제

소륜(蘇輪, 경제평론가)

주택문제의 등장

옛날부터 주택은 의식주의 문제와 관련되어, 먹는 것 다음가는 인간생활의 필수물로서 등장하였다. 그리고 인류사회가 발전함에 따라 주택문제는 공히 인간사회에서 무시할 수 없는 논의의 대상이 되어 왔다. 그것은 곧 주택난이라는 말로 표현된다. 이 주택난은 20세기 후반기인 오늘에 이르기까지, 문명국들에서 커다란 사회문제가 되어 있다. 현대문명국들은 모두 그 국민에게 만족하게 살 수 있는 주택을 제공하고자 무진 애를 쓰고 고뇌하고 있기 때문이다.

이 주택난은 병으로 비유하면, 보통 급성(急性)과 만성(晚成)의 이중으로서 설명된다. 일반적으로 주택난은 농촌인구의 급격한 도시 유입에 의해서 일어난다. 그리고 근대 자본주의 사회의 성립 이래 끊임없이 발생하는 도시집중은 특히 급격스러운 산업 확충기에 심화된다. 이외에 전후(戰後) 복원이라든가 천재지변에 기인하는 경우도 있다. 이와 같이 비정상적이고 특별한 원인에 의해서 일어나는 것이 소위 급성 주택난이다.

그러나 보다 근본적인 것은 일반 노동자계급의 경제적 빈궁에 기인하는 주택난이다. 이러한 주택난은 부분적, 상대적으로서 사회의 하층계급이 자기의 소득 범위 내에서 문명국민에 상당하는 주택을 얻기 힘겨운 경우다. 이것이 소위 만성적 주택난이다. 이것은 근대의 사회경제적 제관계에 원인을 두고 있는데, 문명국의 대도시에서 항상 격화되며, 도시의 팽창과 더불어 그 폐단이 누차 드러나게 된다.

전자는 급격히 일어나는 소위 양적인 절대적 주택난으로서 사회의 이목을 끄는 일이 많으나, 후자는 만성적인 것으로서 소위 질적 주택난이라 불리며, 그다지 세인의 주목을 끌지 못한다. 그리고 해결의 난점은 오히려 후자에 있다. 이것을 어떻게 해결하느냐가 바로 주택문제다.

제1의 양적 주택난은 주택의 수요에 대한 공급의 절대적 부족 때문이다. 이것은 기록상으로 보면 멀리 고대 로마시대까지 거슬러 올라간다. 당시 로마에서는 부유계급은 자기가 소유하는 독립주택에 살고 있었으나, 대다수의 주민들은 '인술라(insula)'라고 불리는 가구(街區)를 구획 짓는 몇 층짜리의 큰 건물(지금의 아파트 비슷한 건물)에 세들어 있었다. 적당한 교통기관도 없고, 또한 외적의 방어상 제한된 성벽 안의 토지에 밀집해서 거주해야만 했기 때문에 사람들은 조잡한 셋방에서 엄청난 집세를 물어야 했다. 더구나 집세는 도시의 번영, 인구의 집중과 더불어 점점 폭등하자, 마침내 정부로 하여금

집세 제한령을 발포케 하고 또한 2,000에스테르(esther) 이하의 집세
는 1년간 지불을 유예시키기에 이르렀다.

이것이 역사상 가장 초기에 볼 수 있었던 주택난이다. 이것은 토
지의 한정에 따른 주택 제공량의 제한에 의해서 생긴 주택난이다.
그리고 하층주민이 이와 같은 곤경에 보다 쉽게 함몰된다는 사실을
역사는 2000년 전에 이미 말해주고 있다.

경제적 주택난은 무엇보다도 전후 각국에서 뚜렷하게 드러난다.
전쟁 파괴, 피난민 유입, 일반적 빈곤이 이와 같은 절대적 주택난의
기본원인이 되었다.

제2의 질적 주택난을 처음으로 인상 깊게 한 것은 대도시의 발달
이 가져온 불량주택지의 몸서리치는 해악이었다. 이것은 경제사적
으로 보아, 산업혁명이 가장 빨리 이루어진 영국에서 뚜렷이 볼 수
있다. 공장공업의 발달은 인구의 급격한 집중과 근대적 대도시의 출
현을 가져왔으나, 농촌에서 일자리를 찾아 모여든 수많은 빈민들은
생활을 위해서 자기의 노동을 파는 것 외에는 아무것도 가지지 않았
다. 그들은 일을 해서 임금을 받았으나 그것은 물론 그들에게 충분
한 주택을 보장해주는 것이 아니었고, 그들이 찾아낸 주택지라는 것
도 구석진 지역에 자리잡은 빈민굴 이외에 아무것도 아니었다. 이와
같은 빈민들의 노동력을 토대로 해서 자본은 그 원시적 축적을 끝
내고 자본주의 산업의 발전 기초가 구축되어 영국은 선진공업국으
로서 세계시장을 정복했다. 그러나 이러한 과정은 필연적으로 수많
은 모순들을 증폭시켰다. 빈민들이 받는 임금은 오직 최저한의 생활

밖에 보장하지 않는다. 대도시 건축물의 평면적, 입체적 집적과 아울러 공장의 출현에 의해 오염된 공기 때문에 환경조건은 악화되고, 주택의 문화적, 위생적 조건을 점차 악화시켰다. 오직 목숨만을 이어주는 임금으로 생활을 해야 하는 그들의 주거환경은 자유방임주의 구호 밑에 진흙탕과 같은 상태로 빠져들고 말았다.

그 최초의 경고는 1830~32년 사이에 걸쳐 일어났다. 당시 대도시의 초(超) 밀집지구를 엄습한 '콜레라'의 재해가 뜻밖의 결과를 가져왔다. 사람들은 비로소 자유방임 하에서 제멋대로 발전한 도시의 주거상태가 끼치는 재해를 인식하게 되었다. 때는 바야흐로 의원의 개혁, '차티스트' 운동의 앙양기였는데, 찰스 디킨스, 찰스 킹즐리, 벤저민 디즈레일리 등 쟁쟁한 문필가들과 이후 프리드리히 엥겔스에 의해서 빈민굴의 참상이 폭로되었다. 이들은 부자와 빈자의 둘로 나누어진 국민의 한쪽인 빈민들이 어떤 생활을 하고 있는가를 처음 알았다. 오물에 찬 식수, 잡초도 나지 않는 건조한 마당, 10명 내지 20명이 서로 한데 모여 자는 축축한 지하실, 악취가 코를 찌르는 거실, 이런 참상들이 많은 인사들의 가슴을 찔렀다. 모든 형태의 빈민, 불결, 오염, 무질서, 패륜, 범죄가 그 속에서 발생하는 것을 보았다. 각자가 최대한의 이익을 추구해가는 곳에 자연스런 조화가 이루어진다고 생각했던 자유주의 모국에서 간섭이 행해지지 않으면 안 되었다. 대도시의 불량주거지구, 과밀거주는 풍기, 위생, 보안 등 여러 관점에서 볼 때도 방치해둘 수 없는 존재였다. 1848년의 공공위생법을 필두로 하는 주거상태에 대한 여러 공공적 간섭이 차츰 주택정책으로 발전하게 되었다.

이와 같은 과정은 비단 영국에서만 그치지 않고, 산업발전이 뒤떨어진 다른 나라에서도 답습되었다. 많은 나라들이 도시의 공공적이고 위생적인 시설의 정비, 도시 발전을 위한 통제, 불량주택과 불량건물의 제한 및 개량 등 사업에 사회정책의 초점을 돌렸다.

어쨌든 지금의 주택문제는 앞에서 말한 양적 주택난과 질적 주택난이 서로 긴밀히 연결되어 커다란 사회문제로 우리 앞에 등장하고 있다. 그리고 이러한 주택문제를 해결하기 위해서 세계 각국은 모든 노력을 경주하고 있다.

전후 세계 주요 국가의 주택사정을 더듬어보면 대략 다음과 같다.

한국(1959년 현재)	필요 주택 수 473만 호 현재 주택 수 392만 호 부족 주택 수 45만 호 불량 주택 수 29만 호
미국(1955년 말 현재)	현재 주택 수 5,160만 호 부족 주택 수 600만 호 50~55년까지 건설된 호수 726만 호
서독	1945년 현재 부족 호수 230만 호 1949~59년까지의 건설 호수 520만 호 1959년 현재 부족 수 150만 호
일본	1945년(대전후) 현재 부족 수 450만 호 1945~59년까지의 건설 호수 630만 호 1958년 현재 부족 호수 216만 호

현대 국가의 특징은 정부가 국민생활에 간섭통제를 가해 지향하

는 방향으로 이끌어간다는 것이다. 그리고 그러한 현상은 각종의 국가정책에서 엿볼 수 있다. 순수자본주의 체제는 국가권력의 간섭에 의한 수정자본주의 단계로 이행하고, 이러한 수정자본주의는 개인의 인권과 자유로운 창의성을 저해함이 없이 눈부신 사회구조의 변화 속에서 각자가 조화협력을 조성하여 현대사회가 지향할 복지국가로의 발전을 도모하고 있다.

이러한 의미에서 국가의 주택정책은 중요한 의의를 지닌다. 그것은 곧 국민 전체의 복지의 기초가 되며, 산업발전, 재건의욕을 각자에게 고취시키는 토대가 되기 때문이다. 무주택, 불량주택, 국가주택정책의 부재 등이 얼마나 인간생활의 기본조건을 무시하고, 인간의 건전한 삶의 의욕을 감소시키는가 하는 것은 모름지기 자기 집을 가지고 단란한 가정생활을 해본 사람이라면 누구나 다 같이 수긍할 것이다. 세계 각국이 주택문제에 머리를 싸매고 국가예산의 막대한 부분을 지출하여 주택정책에 적극 나서는 것도 바로 이러한 이유에서다.

그러면 다음에 우리나라에 있어서의 주택 문제에 대해서 대략 살펴보도록 하자.

한국경제와 주택문제

한국경제와 주택문제에 관해서는 각계 전문가들이 이미 여러 모로 의견과 대책을 발표하고 있기 때문에 굳이 여기서 재론할 필요가 없다. 하지만 우리의 현실을 다시 한 번 돌이켜봄으로써 주택문제에서 새로이 나아가야 할 길을 모색하는 것도 의미 있는 일이라 생각되기 때문에 그 윤곽을 한번 더듬어보도록 하자.

일제강점기에 한국 주택은 말할 것도 없이 주택구조 및 도시농촌 주택 규모에서도 낙후성을 면치 못하고 있었고, 해방 후에도 이렇다 할 개량 발전의 여지가 없었다는 것은 이미 알고 있는 사실이다. 더구나 한국전쟁을 계기로 주택 규모에 결정적인 타격을 입었고, 폐허 속에서 우방국의 적극적인 원조로 재생의 희망을 갖게 되었으며, 현대적인 도시계획 및 주택신축, 개조의 빛을 보게 되었다.

한국전쟁으로 인한 파괴, 피난민 및 인구의 자연증가(남한의 인구 증가율은 해방 전에는 1.58퍼센트, 지금은 2.88퍼센트이다) 등으로 말미암아 1959년 현재 남한의 주택부족수는 45만 호이며, 현재 주택 중에서 수리 또는 재수리를 요하는 소위 불량주택 수는 29만 호로 무려 75만 호의 주택 부족을 나타내고 있다. 그리고 이것은 앞서 말한 양적 주택난과 질적 주택난이 합쳐져 심각한 사회적 불안을 야기하고 있다.

지금까지 주택정책의 시행기관은 행정부의 보건사회부, 금융기관의 한국산업은행, 사업기관으로 대한주택영단(大韓住宅營團)이 있었는데, 이 모두가 현재까지 원활한 주택사업을 위해서는 부족한 점이 많았다는 것이 전문가들의 평가이다.

주택사업 시행 면에서 볼 때, 정부시책은 크게 국내자원에 의한 것과 원조자원에 의한 것으로 나눌 수 있다. 우선 내자에 의한 사업 실적을 살펴보면, 주택종류별로 분류해서 국민주택 7,140호에 26억 6,000만 원(圓), 난민주택 2,500호에 2억 5,000만 원, 아파트 75세대에 3억 5,000만 원, 상가주택 96동에 21억 4,000만 원, 불량주택 개선비로 158동에 7,000만 원, 외인주택 266세대에 21억 원, 합계 10,235호에 75억 3,000만 원이며, 무주택 일반시민용으로 9,800여 호, 융자액으로 32억 90만 원이고, 상가주택, 외인주택 등 특수주택 362동을 짓는 데 무려 총자금의 60퍼센트에 가까운 42억 원을 들이고 있다. 외자에 의한 실적을 보면 1957년 이래 1959년까지의 3년 동안에 3년간 책정액 140여억 원을 재원으로 하여 건설 준공된 주택 수는 4,000호에 미치지 못하고 있는 실정이다.

뿐만 아니라 주택자금 융자 면에서도 번거로운 절차 때문에 정말 집 없는 실수요자는 주택을 얻으려는 희망을 포기해야 하고 주택 브로커들의 수중에서 농락당하고 말았다. 더구나 신축된 주택은 겉만 번지르르하고 2~3년 후에는 비가 새고 벽이 무너지며 얼마 후 헌집이 된다는 비난이 자자했다. 아무튼 지금까지의 주택정책은 너무나 형식적이고 비현실적이었으며, 일부 악덕 브로커들과 비위공무원들의 음성적 이익의 대상이 되었다고 볼 수 있다. 5·16 쿠데타를 계기로 이제는 주택정책의 새로운 방향과 목적이 제시되어야 하며, 참된 주택개선을 위한 뚜렷한 실천이 요구된다. 그런 의미에서 주택공사의 발족은 의미가 있다고 하겠다.

우리가 한국경제의 실태를 정확히 파악할 때는 한국경제의 후진성 때문에 이상적인 주택개선과 도시계획이 무척 힘들었다는 것을 잊지 말아야 한다. 따라서 우리의 현실에 맞는 한국적 주택정책 수립이 중요하다. 국민소득의 국제 비교 및 우리 국민의 생계비 내역을 참작해서 주택정책의 기초 및 규모를 대략 추정하는 것도 의미 있는 일일 것이다. 여기에 주요 각국의 일인당 소득과 우리 국민의 생계비 내역을 적어본다.

제1표 주요 각국인의 1인당 소득(1959년 달러화 표시)

제1집단	미국 2,250달러 캐나다 1,521달러 스웨덴 1,387달러 영국 1,023달러 덴마크 996달러	제4집단	일본 299달러 아르헨티나 286달러 스페인 264달러
제2집단	프랑스 873달러 서독 833달러 네덜란드 744달러	제5집단	필리핀 200달러 터키 170달러 태국 108달러
제3집단	오스트리아 598달러 이탈리아 459달러 그리스 306달러 브라질 303달러	제6집단	한국 78달러 인도네시아 75달러 인도 65달러 파키스탄 53달러 버마(미얀마) 48달러

제2표 한국인의 생계비 내역(1953년도)

내역	농민	월급생활자	노동자
식비	72.1%	61.8%	65.7%
주택비	3.4%	3.6%	3.0%

광열비	10.9%	4.2%	4.4%
의류	4.1%	2.1%	7.8%
부채	0.7%	1.5%	2.8%
잡비	8.8%	17.8%	16.3%

제1표를 보면 한국의 1인당 국민소득은 제6집단의 첫째로서 78달러이다. 세계 최저소득국가 중에 한 자리를 차지한다. 제2표를 보면 식비 지출이 평균 66.5퍼센트로서, 매우 높은 엥겔계수를 차지하고 있어 우리나라가 경제적으로 후진국이라는 것을 말해주고 있다.

이런 점에서 우리나라 국민 생활수준을 가히 짐작할 수 있으며, 이런 저소득의 대부분을 식비로 지출해야 하는 국민이 주택문제에서 어떻게 고소득의 선진국가와 비교할 수 있을까 하는 비애감이 앞선다. 사실 수년 전부터 도시계획이니 주택건설이니 하는 말이 끊이지 않았고 정부의 적극적인 움직임도 있었다. 하지만 우리의 도시와 농촌 생활의 현실을 냉정히 돌이켜보면 앞서 말한 산업혁명 당시 영국 빈민의 참상을 떠올리지 않을 수 없다. 도시의 도로공사와 도시계획에 따른 주택신축 개선사업이 계속 착공되고, 거센 비만 내리면 몇 군데 주요 도로를 빼고는 서울거리가 진창이 되고 교외는 진흙 때문에 발을 내디딜 수조차 없다. 도심지에 집중된 소수 현대적 고층건물 및 도시 내외에 산재해 있는 소수의 신식주택을 빼고는 노후한 불량 구식 주택 가건물들이 빼곡하고, 심지어는 판잣집이 산등성이까지 파고들어 미관상으로도 혐오감을 준다. 그래서 이것이 일국의 수도인가 하는 의구심마저 들게 한다. 더구나 농촌주택의 참상은 말해 무엇 하랴!

　현재 소득 전체를 소비에 충당해도 살기 어려운 우리 실정에 비추어볼 때 주택을 마련하기 위해 거액의 건축비를 요하는 부담을 집 없는 사람들에게 부담시킨다는 것은 도저히 불가능한 일이다. 더구나 무주택자가 대부분 빈민층인데 왈가왈부할 여유조차 없다는 것은 불 보듯 뻔한 일이다. 이런 점으로 보아 이들에게 주택을 공급해서 인간다운 삶의 혜택을 주고 안정된 생활환경 속에서 재건의 의욕을 고취시키기 위해서는 전적으로 정부의 과감한 시책을 기대할 수밖에 없다.

　한국의 주택실정을 한마디로 말하면 저소득 후진국가로서 엄청난 주택부족을 보이고 있고 더구나 불량주택이 대부분이라는 데에 한국 주택문제의 특징이 있으며, 복지사회국가를 건설하기 위해 이러한 험난한 길을 타계하는 실질적인 정책방안이 시급히 요구되는 바이다. 우리의 생활실정에 맞지 않고 입주절차도 복잡하며 비합리적이고 비현실적인 주택운영 사업을 하루빨리 고쳐나가고, 우리의 현실 경제적 여건에 맞는 새로운 주택행정관리를 실시해야 한다. 다시 말하면 생활개선의 본질에 의거하고 현대인의 요구에 따라 시간, 노력, 경비, 지역, 공간을 가급적 절약하고 가정생활 능률의 증진에 힘쓸 수 있고 작은 면적의 토지에서 가장 문화적이고 위생적인 생활을 즐길 수 있는 값싸고 튼튼한 주택의 확보를 필요로 한다. 집 없는 일반 영세 노동자 소시민을 위한 주택을 건설하기 위해 정부는 과감한 주택계획 및 자금 대출을 실시해야 한다.

1952년에 완성된 마르세이유의 '위니테 다비타시옹' 모형도.

　이러한 우리의 현실을 감안해서 밀집된 도시의 협소한 지역에 좁은 면적과 저비용으로 최대의 이익을 올리기 위해서는 단독주택보다는 집단주택, 곧 아파트가 더 필요하지 않을까 생각된다. 집단주택은 일반 노동자용으로서 소위 문화적 설비를 갖추고 건립되는 것과 불량주택의 개선으로서 공장 노동자용으로 건립되는 것들이 있을 수 있으나 그 본질은 모두 같다. 이 집합주택과 더불어 노동자를 위한 많은 집단주택을 계획적으로 배치한 '위니테 다비타시옹'161)이 있다. 집합주택이 도시적 모습을 띠는 것에 반해, 이 집단주택은 도시의 개인주택이 지닌 결함을 수정해 보다 안락하게 하려는 의도에서 출현한 것이라 할 수 있다.

----

161) 위니테 다비타시옹(Unité d'Habitation, 주택 집합)은 르코르뷔지에의 선례가 없는 과격한 아이디어의 산물이다. 수직으로 높게, 근대의 건축 기술을 사용하여, 조경을 마친 개방 공간에 집합으로 건물을 짓는다는 것은 건강한 녹지를 유지하는 동시에 주택 밀도는 높일 수 있다는 것을 의미했다. 1920년대와 1930년대 햇빛과 신선한 공기가 건강, 특히 결핵과 같은 질병의 치유에 좋다는 이유로 많이 권장되었다.

현재 대한주택영단에서 이 양자의 주택건설을 많이 추진하고 있으나, 모두가 엄청나게 비싸고 돈 없는 사람은 그림의 떡에 불과하기 때문에 영세노동자에게는 적당치 않다. 요는 저가로 입주할 수 있는 '로 코스트 하우징(Low cost housing; 저가주택)'이 절대 필요하며, 그러기 위해서는 정부의 복지사업으로서의 사회 공공정책적인 시책에 의지할 수밖에 없다는 것이다. 미국 같은 나라에서도 슬럼가 같은 빈민굴을 없애기 위해 정부에서 여러 공공기관을 두어 저가주택 정책을 과감히 실시하고 있는 실정이다.

(주: 1960년 10월 1일자로 인구, 주택, 산업의 3대 부문에 걸쳐 광범한 국세조사[國勢調査, census] 결과, 8,019세대 중 자가에 살고 있는 자는 6,494호, 세입자는 1,295호, 세 없이 그냥 빌려 살고 있는 자는 190호, 기타 40호로 무주택자가 20%에 달한다. 서울만 따져보면, 1,798세대 중 849세대, 즉 47%가량이 자가이며, 나머지 53%가 무주택자이다. 바로 여기서 양적 주택난의 단면을 볼 수 있다.)

정부는 주택소유자와 무주택자의 수, 국민 각 계층의 평균수입, 생활력 등을 보다 정확한 통계숫자에 의거해 현실적이고 보다 치밀한 도시계획과 농촌주택 개량 프로그램을 세워 중점적인 주택행정 및 관리를 추진시켜 참된 국민복지의 길을 마련해야만 한다.

그러기 위해서는 주택행정면에서 주택법 수립, 정부자금에 의한 건설계획, 주택 종류별 도시형 아파트, 주택개량계획, 주택건설방법, 민간 자력건설의 독려, 합리적인 토지확보계획, 공공시설(도로, 상하수도, 전기) 확충, 상환연한 임대료 지불문제 등 우리 사정에 맞는 합리적이고 실질적인 계획 실천이 요구된다. 기술적인 면에서도 주택설계 구조(주택 규모, 배치, 평면, 거실, 화장실, 수도, 채광, 도로 등)에서도 우리의 살림에 맞는 합리적인 방법이 절대 필요하다. 그러기 위해서는 혁신적인 주택정책의 방향이 수립되어야 하며 확고하고 중점적인 주택정책의 목적과 효과가 있어야 할 것이다.

고대 주택의 발달사
― 경제사적으로 본 고대 건축의 추이

소륜(蘇輪, 경제평론가)

건축은 의식주의 하나로서 직접 인간생활과 연결되어 있다. 뿐만 아니라 공장, 창고, 정거장 같은 것들은 기술적 생산물로서 모두 자재, 노동, 자본, 경영 등 경제적으로 취급되는 제반 요소들을 적절히 종합 통제하여 만든 것이다. 더구나 공장 같은 것은 생산의 직접적 요소로서, 또한 정거장 같은 것은 운송수단으로서 경제와 결합되어 있다. 목재, 시멘트, 철강재 같은 건축자재도 또한 제각기 독립된 산업의 생산물로서 경제와 연관되어 있다.

이와 같이 건축과 경제는 불가분의 상호관계에 있다. 그래서 멀리 선사시대로 거슬러 올라가 인간문명 발달의 시초를 살펴보고 역사적 인과관계를 파악함과 더불어 건축자재, 건축생산기술, 건축작업 방식의 변천과 추이를 더듬어보는 것도 흥미로울 뿐만 아니라 국가 재건의 현 단계에서 긴요한 문제라 아니할 수 없다.

바야흐로 공장의 건설, 주택의 공급 등은 직접 생산력 증대에 중요한 영향을 주고, 전장(戰場)에서의 건설기술의 질은 전력의 신장에 직접 연결되어 있다. 국가재건사업에 총력을 기울이고 있는 이 마당에서 건축은 단지 조형예술, 순수예술로서의 건축기술에 머물러 있는 것이 아니라 무엇보다도 먼저 경제적 행위로서 그것의 생산기술, 작업방식, 경영에 온갖 창의적 연구를 거듭하고 종합 국력의 일환으로서 그것의 향상을 도모해야 할 것이다.

'국가재건 5개년 경제계획'을 시행하고 있는 지금 건축경제의 역사는 우리에게 소중한 경험과 앞으로의 전망에 새로운 빛을 던져주는 바 적지 않으리라 생각된다.

＊＊

소위 세계의 문명국가들이 지나온 바 있는 공통적인 경제상의 발전단계는 일반적으로 다음과 같이 구분된다.

1. 씨족경제시대(원시사회의 경제)
2. 귀족경제시대(고대사회의 경제)
3. 영주경제시대(봉건사회의 경제)
4. 국민경제시대(자본주의사회의 경제)

그러나 이 발전과정을 상세히 보면 영국, 프랑스 같은 나라는 가장 빨리 자력으로 국민경제시대에 도달했고, 독일이나 러시아 같은 나라는 조금 늦게, 일본 같은 나라는 가장 늦게 영국과 프랑스의 원조를 받으면서 국민경제시대에 도달한 것으로서 제각기 시대적으로 장단이 있고, 한마디로 씨족경제시대나 영주경제시대라고 통칭해도 현상적으로는 상당한 차이가 있다.

그러나 이러한 시대구분에 시간적, 현상적 차이가 있다 하더라도 그 속에는 공통성이 있기 때문에 본론에서는 그 공통성에 입각해서 건축과 경제와의 관계를 서술하고자 한다.

씨족경제시대의 건축과 그 생산

인류경제의 최초의 단계를 씨족경제시대라고 부르는 것은 세계의 어떤 나라, 어떤 씨족이든 그들이 겪은 최초의 생활이 씨족을 단위로 하고 이것을 중심으로 이루어졌기 때문이다. 씨족이란 동일한 선조에서 나온 사람들 또는 그렇게 믿는 사람들에 의해서 구성되어 있는 혈연적 집단으로서 소위 가족도 그 구성단위로서 포함되어 있었다. 원활한 집단생활에 필요한 정치적 통제, 법률적 규정, 종교적 계율, 오락적 관습 등은 모두 씨족 단위로 통제되고 형성되었다.

그리고 씨족의 장로(長老)는 혈연상으로 최연장자인 동시에 경제, 정치, 법률, 종교, 문화 등에서 최고 지위자이기도 하고, 최고 권력의 소유자이기도 했다. (주: 이러한 형태의 씨족은 보다 낡은 형태가 발전한 것으로서 모건의 연구에 의하면, 일반적으로 남자를 중심으로 하던 씨족 이전에 어머니, 즉 여자를 중심으로 한 씨족, 더 거슬러 올라가면 집단혼에

260

입각한 '푸날루아[punalua]' 씨족도 존재했다.)

일반적으로 씨족경제시대라고는 하지만 시간적으로 아주 오래된 것으로 그 상한과 하한은 심한 차이가 있는데, 경제의 발전으로 보아 보통 다음 세 단계로 설정되어 있다.

제1기 – 어로경제기. 어로를 주로 하고 수렵과 식물채집을 부로 한다.

제2기 – 어장에서 농경으로의 이행기. 농경이 일반화되고(목축도 포함된다) 어로와 병행해서 수렵이 이것을 보충한다.

제3기 – 농경경제 확립기. 농경이 농업으로서 확립되고 어로와 수렵, 목축이 종속적이 된다.

고고학적으로 제1기는 신석기시대, 제2기는 금석병용시대, 제3기는 철기시대라고 불린다. (주: 학자에 따라서는 신석기시대 이전에 구석기시대와 청동기시대를 드는 사람도 있다.)

제2시기의 건축과 그 생산을 개관하여 보면 다음과 같다.

수혈(竪穴)주거(Pit-house) 형태.

이 당시의 사람들이 주택의 필요성을 느끼고 의식적으로 주거를 건축했다고는 볼 수 없고 본능적으로 식량, 의복과 더불어 날씨로부터 자신의 신체를 보호하기 위해 주거를 찾았다고 볼 수 있다. 그래서 해안가에 있는 자연 동굴을 주거로 삼고 이용하기 시작했다고 볼 수 있다. 이것은 고고학적 자료가 설명해주고 있다. 어류와 조수(鳥獸)를 찾아 전전하는 생활에는 이런 동굴 이용이라는 것이 가장 편리했고, 생산기술이 낮은 당시로는 불가피한 현상이었다. 하지만 방랑적인 어로, 수렵경제생활에서 자연 동굴이 언제까지나 씨족 전체를 수용하는 데 충분히 존재했다고는 생각할 수 없다. 여기서 이용에서 생산으로의 새로운 발전이 있게 된다. 이에 따르는 최초의 해결방법은 경사지를 선정해서 간단한 지붕을 씌우는 방식이었다고 볼 수 있다. 깊은 구덩이는 아닐지라도 패인 곳에 간단한 지붕을 씌우면 그대로 동굴과 같은 형태가 된다. 그래서 경사지이용주거를 최초로 생산된 주거라고 생각할 수 있다. 그리고 이 경사지이용주거가 발전하여 수혈(竪穴)주거(Pit-house)에 이르렀다고 볼 수 있다. 수혈은 적어도 지면을 1미터 정도 파야 했기 때문에 땅을 파는 도구, 이를테면 나무 도끼나 돌도끼 등이 있어야 했다. 이러한 사실은 곧 농경이 이미 가능했다는 사실을 반증해준다. 원시적 인간이 갑자기 땅을 파헤치고 수혈주거를 생산했으리라고는 도저히 생각되지 않기 때문이다.

그리고 수혈주거는 대부분 충적층(沖積層)의 평지에 존재하는데 평지에 주거를 세우고 생활한다는 자체가 농경이 있었다는 것을 충분히 말해준다고 볼 수 있다. 왜냐하면 농경이 필요 없는데 굳이 하천 범람의 피해가 많은 충적지의 저지대에 주거를 가질 이유가 없기 때문이다. 고고학적 유적도 이 시대의 주거지역이 먼저 홍적층(洪積層)상의 고지에 출현하여 점차 저지를 향해서 진출하는 경향이 있었다는 것을 입증해 주고 있다.

농경은 아직 식량획득의 주요수단이 되지는 않았으나, 어로와 수렵생산기술의 진보에 유래하는 생산성의 향상은 방랑을 멈추고 일반적인 정주(定住)를 가능케 했으며 생산성 향상에 따른 생산력의 증대와 생산물의 풍요는 인구증가를 낳았고, 인구의 증가는 씨족 이동을 곤란케 하여 정주를 강화하고 장기화하는 원인이 되었다. 이렇게 해서 정주가 불가피하게 되면 주거문제는 이 씨족사회에서 가장 중대한 사회적 문제가 되고, 그것의 새로운 타개책이 절실히 요구된다.

그리고 이 수혈주거는 한 걸음 더 나아가 평지에 풀을 깔고, 점토로 이겨 돌을 쌓고 초목으로 지붕을 엮어서 평지생활의 변모를 가져왔고 발전하기에 이르렀다.

그래서 이 시대의 건축, 주거는 동굴생활→경사지주거→평지주거 및 수혈주거의 순서로 발전했다고 볼 수 있다.

건축재료

이 단계에서 건축은 곧 주거라고 겨우 말할 수 있을 뿐이고, 그 주거의 생산은 앞에서 말한 대로 동굴생활→경사지주거→평지주거 및 수혈주거라는 발달과정을 밟았기 때문에 생산의 대상으로는 첫째 토지와 지면이며, 건축자재는 가까이 있는 나무나 또는 그 가지, 나뭇잎, 풀, 점토, 돌조각 등이었다는 것은 고고학이 증명하는 바이고 누구든 쉽게 추측할 수 있는 바이다.

생산기술

제1기시대의 생활자재의 생산에 사용된 여러 가지 생활수단을 고고학에 의해서 정리해보면 다음과 같다.

가) 어로용
    ㄱ. 맨손, 낚싯바늘(골제), 창(골제로서 끈과 경석제의 부표가 붙어 있다).
    ㄴ. 그물(網; 식물 직조제로 돌이나 흙으로 만든 종이 붙어 있다).
    ㄷ. 매생이(獨木舟; 통나무를 파서 만든 작은 배).
나) 수렵용
    ㄱ. 맨손, 투석, 돌막대기, 돌창, 화살(촉은 뼈에서 돌로 발달함).
    ㄴ. 그물, 덫.
다) 식물채취용
    ㄱ. 맨손, 나무막대기
라) 의류생산용
    ㄱ. 맨손, 방추차(돌 또는 토제), 성(筬, 베틀), 침(鍼, 골제).

마) 토기생산용

    ㄱ. 맨손

    ㄴ. 요(窯)는 아직 발명되지 않았다.

활동수단(도구)으로서는 맨손 자체가 아직 중요한 요소를 차지하고 있었고, 발견 또는 발명된 여러 수단은 나무, 뼈, 돌을 그 재료로 삼고 있었다.

동물적 생활에서 인간적 생활로의 발전 계기가 된 것은 이 같은 도구의 사용이었다. 도구야말로 불안정한 식량 획득을 안정적인 식량생산으로 발전시킨 직접적인 원인이었고, 생산의 가장 중요한 요소를 이루었다.

이 시기에서 건축, 주거의 생산기술이란 곧 가) 땅을 파기 위한 나무막대기(돌로 끝을 보강했다), 나) 초목을 자르고 헤치기 위한 돌도끼 등이다.

목기와 석기, 이것이 건축생활에서 생활수단의 최원시형태이고 전부였다. 자르고 판다는 기능을 가진 활동수단이 모든 생산부문에서 공통적으로 적용되었고 이 시기의 건축생활기술도 이러한 성질의 활동수단에 의해서 특정지어졌다.

생산활동과 그 조직

일시적 정주가 건축생산에 대한 직접적 동기였다면 그 건축생산활동은 식료생산 이외의 여가에 극히 짧은 시간을 틈타 행해졌다고

볼 수 있다. 그리고 씨족을 구성하는 각 가족의 몇몇을 수용하는 소
규모 주거를 생산하는 것은 혼자서도 할 수 있었지만, 서너 명이 협
력해서 보다 효과적으로 수행했을 것이다. 그렇기 때문에 아주 소박
하지만 분업과 분업에 입각한 협업이 행해졌을지도 모른다. 아무튼
생산활동은 매우 우연적이고 불연속적이기 때문에 활동의 조직도
그리 논의될 만한 것은 못 된다. 따라서 주거의 생산을 전문으로 하
는 사람들 - 목공 등이 아직 존재하지 않았다는 것은 분명하다.

이 씨족경제시대의 제1기에서 발전한 어로생산은 인구 증가를 통
해 일시적 정주를 초래하고 정주는 어로생산의 보조로서 수렵 외에
농경을 개척함에 이르렀다. 이 농경이 축적 가능한 생산물을 가져
왔기 때문에 차츰 경제상의 지위를 높여 어로와 병행적인 지위를 차
지함으로써 우리의 선조들은 이미 씨족경제의 제2기에 발을 내딛게
되었다.

씨족경제 제2기의 건축과 그 생산

제1기의 말기에 나타나고 있던 식물재배는 이 시기에 이르러 겨
우 농경의 형태를 취하기에 이르렀다는 증거이다. 대륙에서는 주로
보리, 벼가 주요 농경생산의 대상이 되었다. 세계사는 모든 문명민
족이 반드시 어로, 수렵(에서 목축)경제를 지나 농경경제로 발전했다
는 것을 실증하고 있다. 그리고 이 시기에 가장 주목되는 것은 토기

의 생산과 그 발전이다. 토기는 보조적인 기구로서 돌도끼처럼 공작적 도구로서의 적극성을 가지는 것은 아니다. 그것의 생산은 정주 당시에 처음 시작된 것으로(깨지기 쉽기 때문에 방랑생활에는 적합지 않다.) 정주(따라서 농경의) 발달을 시사해주는 것으로서 중요성을 띠고 있다.

이 시기에서 주거건축을 보면 제1기의 말에 발달한 수혈주거(또는 평지주거)가 이 시기에도 이어졌다. 수혈주거는 추운 지방에 적합하고, 평지주거는 온난한 지역에 적합한 형식이다. 아무튼 이 모두 동굴생활에서 한 발 앞선 경사지 이용의 중간 형태를 지나 스스로 땅을 파거나 땅 위에 지푸라기·점토·돌을 깔고, 기둥을 세우고, 지붕을 덮는다는 완전한 생산활동으로 옮겨졌다는 것은 공통적이다. 그리고 이 시기의 건축발달을 시사하는 것으로서 고상(高床)주거의 출현이 있다. 이것은 농경에 의한 경작이 일반화됨에 따라 주거가 홍적층 위에서 충적층 아래로 진출했기 때문에 기존의 수혈식 또는 평지식 주거가 부적합해지고 지면보다 한층 높은 곳에 상면(床面)=기거면(起居面)을 정하는 고상식(高床式)이 필연적으로 요청되었고, 실시되었다는 것을 말해준다.

수혈주거 및 평지주거→고상식(지상)주거(high floor house, chickee house; 인디언 고상식)

이것이 이 시기에 이루어진 주거양식의 그리고 동시에 그 생활방법의 대진보로서, 철기에 의한 농경생산의 발달과 더불어 표리(表裏)를 이루는 중요한 현상이었다.

고상식(高床式) 주거 형태.

건축재료

주거가 수혈 또는 평지식에서 고상식으로 진전한 사실은 목재가
주요한 건축자재가 되었다는 사실을 의미하고, 아울러 이 시기의 분
묘가 옹관(甕棺)과 석관(石棺)이었다는 사실로 미루어 흙과 돌의 이용
가치도 높았다는 것을 알 수 있다.

그러나 목재, 석재, 흙항아리가 모두 손질이 가고 다듬어진 것이
아니라 원형 그대로, 예를 들면 목재는 잘라진 채로, 석재는 부식된
평범한 돌 조각, 흙항아리는 일반 토기와 같은 생산물이었다. 유럽
에서는 이때 벽돌도 나타났다. (주: 토기 제1기에서는 아주 원시적인 손
으로 빚은 점토로 그릇 모양을 만든 다음 그대로 햇볕에 말렸으나, 제2기
에서는 토기를 굽기 위해서 가마를 만들었다.)

생산기술

고상식 주거는 제2기의 말기에 나타났다고 볼 수 있다. 이 시기에서 대표적인 건축은 수혈식 또는 평지식 주거였다고 보는 것이 무난하다. 그래서 이러한 순서에 따라 그 생산과정을 검토해보도록 하자.

수혈주거를 고고학적으로 분석해보면, 일반적으로 다음과 같은 형식과 구조방법에 따르고 있다.

평지는 일반적으로 불규칙한 원형, 타원형, 모서리가 둥근 사각형이다. 그곳에 기둥을 세우고 기둥 꼭대기를 서로 덩굴 줄기로 묶고, 풀잎 같은 것을 엮어 지붕을 씌운다. 건물바닥의 중앙 가까이에 돌이나 흙항아리로 화로를 만들고 주위에는 배수구를 설치한다. 이것은 나무괭이, 돌도끼, 돌칼 같은 것으로 충분히 생산할 수 있는 구조방법이며 방식이다.

그러나 고상주거가 되면 평상 형식의 바닥을 만들고 그 위에 사람과 곡식을 넣은 토기, 장신구 등의 무게를 지탱하지 않으면 안 된다.

그렇게 하기 위해서는 보다 큰 목재의 사용과 목재의 연결기술이 필요한데, 돌도끼 같은 것으로는 그렇게 하기 힘들다. 하지만 고상식 주거가 일반화되는 제2기의 말기에는 벌써 철삽, 쇠낫이 생산되기 시작하고 있었기 때문에 이것들을 건축생산의 생산수단으로 전용함으로써 고상주거의 생산과 그 원료인 통나무의 생산이 가능했던 것이다. 이 철기의 도입에 의해서 보다 큰 나무들이 벌채되어 상면을 지탱하는 기둥과 대들보와 서까래를 다듬고, 기둥과 서까래의 접촉면을 가공하여 연결을 가능하게 함으로써 단순히 통나무를 덩굴 줄기로 묶는 원시적 방법을 벗어나 건축술의 일보를 내딛게 되었다. 그러나 통나무에서 각재(角材)를, 각재에서 널빤지를 생산하기 위해서는 특수한 철기, 즉 톱이 필요하고 그 외에 끌이며 대패가 있어야 하나 아직 그런 것까지는 만들지 못했다. 그렇기 때문에 앞에서 말한 바와 같이 돌도끼는 패고 깎고 구멍을 뚫는 기본적 역할을 했고, 통나무에서 각재로, 각재에서 널빤지로의 발전에 공헌을 했다. 하지만 탄력성이 적은 돌은 그 두께를 얇게 하는 데 한계가 있었기 때문에 각재에서 한 장의 널빤지를 만들기 위해서는 그것을 자르고 깎는 지극히 힘들고, 비경제적인 방법을 쓰지 않으면 안 되었다. 그래서 통나무에서 각재, 특히 널빤지의 생산은 철제 톱이 발명되기 전까지는 보류되지 않을 수 없었다.

그렇다면 석기에 이어 나타난 청동기는 어째서 석기를 전면적으로 퇴출시키지 못했던가! 이제 청동기와 석기와의 장단점을 살펴보자.

청동은 다음과 같은 결함을 가지고 있었다.

1. 파편을 다시 사용할 수 있다.
2. 돌보다 가공이 쉽다.
3. 돌보다 훨씬 탄력이 있다.
4. 재련에 따라 임의로 형태를 만들 수 있다.

이런 점에서 석기보다 우월하지만 반면에,

1. 경도는 반드시 돌보다 낫다고 할 수 없다.
2. 주석의 함유량에 따라서 강도와 탄성이 변화한다.

그러나 철은 유치한 방법으로 생산되더라도 경도가 돌에 가까울 뿐만 아니라 그 이상 단단하고 강인함에서는 돌이나 청동에 비할 바가 아니다. 이리하여 돌과 청동의 성질을 하나로 겸비하는 최신, 최우수의 원료로서 철은 기본적 생산수단(도끼, 괭이, 낫 등)의 온갖 생산부문에서 생산수단의 원료로서 급속도로 채용되었으며, 여기서 문명시대로 비약하는 직접적 동기가 마련되었다. 그러나 이 시기에도 역시 1기와 마찬가지로 주거건축의 생산과정에서 세부적인 분업과 협업은 있었더라도 건축생산이 경제의 일부분으로서 독립하고 이것에 전문적으로 종사하는 목공의 발생과 같은 사회적 분업은 아직 일어나지 않았던 것이다.

씨족경제 제3기의 건축과 그 생산

제1기에서 제2기에의 발전이 어로경제에서 어로농경병용경제로의 발전으로 특정지어진다. 하지만 제2기에서 제3기에로의 발전은 어로농경병용경제에서 농업경제에로의 발전으로 표현된다. 제2기의 말기에 나타난 철을 원료로 하는 기본적인 여러 도구의 생산과, 특히 철제농구에 의한 농경생산기술의 변혁은 농경을 농업으로 만들어 경제의 주요부문이 되도록 했고, 사회의 많은 구성원들로 하여금 농경을 전문 직업으로 하는 농민이 되게 했으며, 어로, 수렵, 목축을 그 부수적인 부문으로 전락시켰다.

제1기에서 제2기로의 발전에서는 생산의 대상을 변화시키는 것을 중축으로 행해졌으나, 제2기에서 제3기로의 발전은 활동수단(생산수단)의 변화(그것의 원료가 돌에서 철로 변화했다)와 어로와 수렵과 농경을 병행해서 농업을 주업으로 하고 어로, 수렵을 부업으로 하는 사회적 분업의 확립을 중축으로 행해졌다. 전자가 생산과정에서 소극적 역할을 하는 대상의 변화에 입각했다면 후자는 생산의 활동수단, 따라서 생산기술과 활동방법 및 그 조직이라는 적극적 요소의 변혁에 입각해 있다는 점에서 제2기에서 제3기로의 발전은 주목할 만하다.

그렇다면 제3기에서의 건축과 그 생산은 어떠했는지를 살펴보기로 하자.

주거건축

제1기의 홍적층 대지 위의 수혈 내지 평지주거가 제2기 말의 농경의 발달에 따라 점차 충적층의 저습지로 이행하면서는 습기를 피하기 위한 고상주거의 생산이 불가피해졌다. 이미 발견된 철제의 여러 도구, 특히 도끼 같은 것은 이런 주거의 제작을 가능케 했다. 하지만 농경이 농업으로 경제의 윗자리를 차지한 시기에서는 그 생산 장소인 충적층 저습지는 사회구성원 모두에게 이미 떠날 수 없는 장소가 되었고 사람들은 여기에 얽매이게 되었다. 경작지를 홍수와 가뭄으로부터 보호하고 자라나는 농작물을 병충해와 짐승의 위협으로부터 보호하기 위해서는 부득이 이러한 장소에 고착하지 않을 수 없다. 충적층 저습지가 정착지가 되고, 주거의 구조로서 고상식이 일반화된다는 것은 당연한 일이다.

주거의 첫째 기능은 말할 나위 없이 인간이 그 안에 있으면서, 날씨와 기후의 위협을 피하고 안심하고 휴식하는 데 있다. 그 외에 조리, 식사와 같은 영양적 측면과 세수, 목욕, 용변 등을 해결하는 등 소위 음식섭취와 배설, 휴식의 삼자는 모두 인간 자체를 유지, 존속시키는 생물적 기능을 구성하는데, 주거는 적어도 이런 것들을 충족시켜줘야만 한다. 그러나 주거의 기능은 여기에 그치는 것이 아니라 식량을 저장하고 의류를 생산하며 여러 도구들을 생산하는 등 생산적 기능도 갖추고 있다. 이 중에서 생산적 측면이 차츰 분화 독립해 가는 것이 건축 자체의 분화발전이다. 씨족경제의 제3기에 들어서는 이미 거주가옥, 저장고, 작업장이 각각 독립가옥을 이루고 다시 비료창고, 가축 우리 등이 독립하여 이것들이 한 단위기 되어 일가족의 주거를 구성함에 이른 사례마저 있었다는 것을 유물을 통해 추측할 수 있다. 주거 전체가 한결같이 이런 진보가 있었다고 말할 수는 없다. 하지만 당시의 농업생산력의 발달로 미루어보아 이 같은 발달을 이룩했다고 볼 수 있는 것은 결코 무리가 아니다.

고상식 주거의 일반화라는 면과 아울러 주거가 본래의 생리적 기능을 주로 하고 생산적 기능이 별실 또는 별동으로 분리해가는 경향이 나타났다는 사실은 이 시기의 중요한 현상이며 주목할 만한 발전이었다.

이 외에 고상식 주거에서 궁전으로, 씨족적인 조상숭배에 의한 주거에서 신전으로 변화가 일어났던 것도 주목할 만하다.

건축자재

메소포타미아나 이집트 같은 충적층에서는 건조기와를 사용했으나 동양에서는 목재가 주요 건축자재였다. 동양은 홍적층, 충적층 기타의 삼림에 나무가 덮여 있었다는 사실 때문에 그런 것이며, 목재가 많은데 굳이 기와를 만들 필요가 없었기 때문이었다. 즉 생산성 측면에서 목재가 벽돌을 훨씬 능가하고 있었기 때문이다. 이에 당시의 건축자재를 열거해보면 다음과 같이 구분된다.

1. 목재 ─ 벌채한 통나무, 각목, 널빤지.
2. 철재 ─ 꺾쇠와 못의 발명(목재의 연결수단).
3. 석재 ─ 부정형의 형태에서 정형으로 됨.
4. 벽돌 ─ 점토를 햇볕에 말린다(주로 유럽에서 쓰임).
5. 점토제품 ─ 점토를 원료로 함.

생산기술

지면을 파는 괭이
초목을 벌채하는 철제 도끼, 톱, 망치

목재를 가공하는 철제 도끼, 톱, 끌, 대패, 송곳, 망치

석재를 자르는 철제 끌, 망치 등

여러 가지 철제도구들을 이용해 비로소 돌, 나무, 흙 등 그 이전에 얻을 수 있는 온갖 재료를 자유자재로 변형할 수 있게 되었다. 지금까지 불가능했던 것들이 쉽게 다루어지게 된 것이다.

1. 통나무를 각목, 널빤지로 변형할 수 있다.
2. 목재와 목재의 결합에 접목, 연결용 꺾쇠를 사용한다.
3. 돌을 평평하게 다듬을 수 있다.

이 세 가지는 어쩌면 이 시대에서 가장 중요한 생산기술상의 일대 진보라 말할 수 있다. 이 시기에서 또 하나의 주요한 사실은 생산활동과 그 조직에 따르는 전문화=직업화다. 이러한 경향은 이중의 원인에 의해서 건축생산의 영역에 도입되었다. 하나는 작은 나무를 잘라 통나무로 만든 다음 덩굴줄기 같은 것으로 묶는 간단한 방식은 누구나 할 수 있는 일반적인 것이다. 하지만 큰 나무를 벌채해서 이를 가공하거나 각목이나 널빤지로 변형시키고 이것을 꺾쇠로 연결시키는 것은 이미 상당한 고도의 경험적 지식과 기능을 필요로 하는 것으로서 농경의 남은 시간에 누구나 하는 쉬운 일이 아니다. 여기에 생산기술상의 필연적 요구로서 건축 생산활동의 전문화, 즉 숙련, 특수기능의 문제가 발생한다.

그리고 한 평 정도의 소규모 주거는 수혈식이든 평지식이든 고상

식이든 자가용적(自家用的) 생산으로 누구나 할 수 있으나 규모가 큰 궁전, 신전, 하물며 피라미드 같은 방대한 구조물은 짬짬이 할 수 있는 성질이 못 된다. 여기에도 전문화의 필연성이 존재한다. 제3기에서는 이러한 건축생산 기술상의 요구와 사회적 요구라는 이중의 원인에 의해서 전문화가 불가피하고 전문화는 다른 부분들과 마찬가지로 직업화하여 정착되기에 이르렀다.

주요한 건축자재가 목재였던 동양에서는 이 전문화, 직업화된 사람들이 목수를 주축으로 하는 수공업자가 된 것은 당연하다. 그리고 이들 직업화된 수공업자가 부담하는 것은 궁전이나 신전 같은 범주의 것에 한했고, 일반 서민의 주거건축 등은 여전히 뒤떨어진 자가용적 활동을 통해서 생산되었다.